책임혁명

RESPONSIBILITY REVOLUTION

사회적 책임을 다하는 기업이 살아남는다

책임혁명

RESPONSIBILITY REVOLUTION

제프리 홀렌더 · 빌 브린 지음
손정숙 옮김/박희준 감수
추천의 글 피터 셍게(MIT 교수 · 지식경영이론)

도서출판 프리뷰

차례

7 사회적 책임을 넘어 기업 의식의 실천 • 227

"책임 혁명은 기업에 대한 생각을
안에서부터 뜯어고치는 것이다.
일하는 방법을 혁신하고, 새로운 경쟁 논리를 도입하며
앞장서서 개척할 새로운 분야들을 찾아내고
기업의 목적 자체를 다시 규정하는 일이다."

이제는 행동에 나서야 한다

최근 몇 년은 여러 면에서 역사의 전환기였다. 급락하는 경제로 미국은 대공황 이래 그 어느 때보다 많은 일자리를 잃었다. 미국 최초의 흑인 대통령이 취임해 미국 역사상 최대의 경기부양책을 내놓았다. 세계 여러 나라들이 2009년 12월에 역사적인 기후협상을 위해 모였고, 기후 위기에 책임이 있는 나라들이 모여서 커지는 위기와 파국을 피하기 위해 과감하고 신속한 변화의 필요성을 인정하고, 미래 세대가 질 비용을 처음으로 인정했다.

2009년은 정말 극적인 한 해였을 뿐 아니라 경제와 사회, 정치, 환경면에서 곧이어 닥칠 격변의 한 장면을 보여 준 해였다. 세계야생기금 WWF에 따르면 우리는 지금의 생활양식을 유지하기 위해 지구 자원의 1과 1/3을 쓰고 있다. 만약 중국이 천연자원 추출과 생태계에 미치는 영향면에서 미국의 소비 비율과 맞먹게 되면 지구가 두 개는 있어야 할 것이다. 이런 환경 남용과 그 결과로 생기는 환경의 질 저하 파장은 불공정하게도 가난한 이들의 머리 위로만 떨어진다. 현재 대략 10억 명이 깨끗한 식수를 제대로 마시지 못한다. 세계보건기구WHO는 그 수가 2020년에는 30억 명으로 불어날 것으로 추산한다. 정치인들이 목청을 돋우고 일반 대중의 우려도 커지고 있지만, 2006년과 2007년 전 세계 이산화탄소 배출량은 기후변화정부간협의체Intergovernmental Panel on Climate Change

가 제시한 최악의 시나리오를 이미 넘어섰다. 탄소배출은 2008년에 약간 줄었지만 이는 세계적인 경기후퇴 때문이었다. 분명히 우리는 아직 기후변화를 초래하는 요인의 속도를 늦추지 못했고 사회와 환경의 많은 불균형들을 제대로 바로잡지 못하고 있다

그렇지만 기업과 공공 부문은 그저 어떻게 하면 경제를 '정상'으로 돌려놓을 것인가에 대해서만 관심을 갖고 있다. 모든 부문에서 점점 더 많은 지도자들이 앞에 놓인 도전의 깊이와 폭이 얼마나 심각한지 깨닫고 있지만, 아직도 약간의 미세조정만 거치면 정상으로 돌아갈 수 있을 것으로 생각한다.

이런 태도 때문에 우리는 앞날에 대해 대단히 이중적인 생각을 한다. 한편으로는 진정한 변화가 필요하다고 생각한다. 지금까지 우리는 엄청난 양의 쓰레기와 오염물질을 발생시키고, 전 세계 농민을 궁핍으로 몰아넣고, 어류나 삼림 같은 귀중한 자원을 자연이 보충하는 속도보다 더 빨리 고갈시키며, 종種과 생태계를 파괴하고, 지구를 뜨겁게 만드는 방식으로 살아 왔다. 하지만 이런 식으로 계속 살겠다는 사람은 이제 찾아보기 힘들다. 다른 한편으로 우리는 과거와 근본적으로 다른 미래를 만드는 게 정말 가능할까라는 회의적인 생각을 한다. 그러다 보니 더 나은 길로 나아가자는 집단의지가 없는 것이다.

더 나은 미래를 건설하는 데는 기업도 선도적인 역할을 할 분야 가운데 하나이다. 그런 면에서 이제 막 싹트기 시작한 '기업의 사회적 책임' CSR 운동은 우리에게 희망을 준다. 하지만 이 분야도 이중적인 생각이 퍼져 있기는 마찬가지다. 많은 기업 경영자들이 편협하게 자기 이익만 생각하고 더 넓은 차원에서 사회와 환경에 미치는 영향을 외면하다간 환경운동가들의 분노를 자초해 기업 이윤을 위험에 빠뜨린다는 점을 인정한다. 그 결과 점점 더 많은 다국적 기업이 번지르르한 사회적 책임 보

고서를 내놓고, 기업 책임을 담당하는 고위 임원 자리를 신설하고 있다. 그러다 보니 기업의 사회적 책임 컨설팅이 요즘 호황을 누리는 것도 놀랄 일이 아니다.

한 번 더 강조하지만 나는 많은 사람들이 이러한 CSR 프로그램들을 보고 변화가 제대로 달성된 것으로 잘못 생각하지 않을까 걱정된다. CSR에 많은 노력을 기울이고 있음에도 불구하고 우리는 여전히 잘못된 비즈니스 모델 때문에, 그리고 잘못된 에너지 때문에 잘못된 제품을 계속 만들고 있다. 극소수의 기업들이 이제 막 시작된 변화의 전략적인 의미들을 제대로 체득하기 시작했다. 하지만 이 소수의 선도적인 기업들조차도 기업에 부여된 막중한 임무를 일상적인 기업 운영에 진정으로 통합시키지 못하고 있다.

나는 다음의 두 가지가 충족되어야 이런 상황을 바꿀 수 있다고 본다. 하나는 지금보다 훨씬 더 고무적인 미래에 대한 비전을 갖는 것이고, 다른 하나는 그러한 미래를 향해 가려면 무엇이 필요한지에 대한 컨센서스를 이루는 것이다. 이런 점에서 제프리 홀렌더와 빌 브린 두 사람이 쓴 이 책은 더 말할 나위 없이 시의적절하다.

진정으로 지속가능한 기업들이 들어설 새로운 영역이 어떤 모습일지에 대해서는 아직 제대로 된 그림이 없다. 하지만 제프리 홀렌더는 누구보다도 이 영역을 탐구하느라 많은 시간을 쏟은 사람이다. 그는 21년 전에 사회적 정의justice와 환경적 정의를 제품, 시장, 그리고 경영 혁신과 결합시켜야 한다는 신념을 가지고 세븐스 제너레이션을 공동 창업했다.

오늘날 세븐스 제너레이션은 재활용 종이타월과 티슈에서부터 생분해성 세제에 이르기까지 온갖 종류의 가정용 제품을 파는 대표적인 소비재 기업으로 성장했다. 이 회사는 제품을 이용해 소비자들에게 더 건강한 가정과 생태계를 만드는 방법을 가르친다. 이런 식의 혁신적인 마케팅을 통해 책임 마케팅responsible marketing이라는 새로운 영역을 개척해 나가고 있다. 세븐스 제너레이션은 이런 혁신에 힘입어 미국에서 가장 빨리 성장하는 천연 가정용 제품 및 퍼스널 케어personal care 제품 브랜드가 되었다. 그리고 신뢰받는 기업 파트너 네트워크인 '자기 확장적 발전 관계'SDERS를 구축해 규모는 작지만 눈부신 성장을 이루었다. 2008년에 세븐스 제너레이션은 약 1억 5000만 달러의 연매출을 올렸다고 발표했다. 150명도 채 안 되는 인력으로 이를 달성했는데, 어느 기업이라도 부러워할 만한 매출 생산성이다.

홀렌더 회장과 기업 전문 작가 빌 브린은 이 책에서 본인들이 생각하는 더 나은 기업에 대한 비전을 제시했다. 그런 기업은 환경과 더 조화를 이루며, 더 신나고, 보람 있는 일터를 제공한다. 이 비전에는 원칙과 실천 사항이 모두 담긴다. 목적 의식에 어떤 어려움이 따르는지, 그리고 그러한 목적을 기업의 일상적인 활동에 구현시키려면 어떻게 해야 하는지와 같은 내용이 포함되는 것이다. 진정한 약속과 함께 그 약속을 실행에 옮기는 기술, 두 가지 모두에서 역량을 키워나가야 한다.

홀렌더는 투명성의 충실한 신봉자이다. 많은 기업들이 투명성이라는 원칙은 받아들이면서도 그것을 실천하는 데는 어려움을 겪는다. 물론 그럴 만한 이유가 있을 것이다. 반면에 자신의 장점은 물론 결점까지도 공개하며, 사실을 중시하고 남의 말에 귀를 기울이며, 반성하고, 배우는 일을 게을리하지 않는 기업들도 있다. 이런 일을 잘 하는 조직은 높은 수준의 자기비판을 수용하고, 경영진이 소중히 여기는 신념들에도 기꺼이 도전하는 문화를 권장한다. 이런 문화는 조직의 구성원을 비롯해, 종업원이 아닌 사람들, 업계 전문가가 아닌 사람들에게까지 전파된다.

앞에서 소개한 변화들 가운데 어느 것도 빨리, 그리고 쉽게 이룰 수 있는 것은 없다. 주주와 사회에 이득을 주는 조직은 자신이 누구이고, 어떤 조직이 되려고 하는지에 대해 끊임없이 반성하며, 자기와 세상을 다르게 보는 사람들의 비전을 받아들이고, 그렇게 하는 데 어떤 문제가 있는지 밝힌다. 그런 조직에서는 비록 최종 답안이나 공식이 없더라도, 모든 간부들이 자신의 책임이 무엇인지 안다. 책임 있는 기업을 만든다는 것은 한마디로 언제 끝날지 모르는 과정이다.

조직개발 분야의 선구자 중 한 명인 리처드 벡카드는 "사람들은 변화에 저항하는 게 아니라 변하지 않으려고 저항하는 것"이라는 말을 입버릇처럼 했다. 모든 간부들이 기업을 탈바꿈시키기 위해 열의와 정성을 다 쏟는다면 이 변화의 여정은 시작된 것이다. 이 책은 이러한 변화를 이끌어내는 데 큰 기여를 할 것이다.

피터 M. 셍게 (MIT 교수/지식경영이론)

책임혁명—우리의 선언

　　세븐스 제너레이션이 20년 전 당시 포트 하워드 제지회사의 경영진에게 표백하지 않은 재활용 섬유로 화장실 티슈를 만들어 팔겠다고 했을 때 그들은 웃었다. 당시에도 종이업계는 재생 폐휴지로 티슈를 만들었지만 그 사실은 철저히 비밀에 부쳐져 있었다. '재활용' 이라는 말이 곧 '불량' 이라는 말과 동일시되던 시대에 우리가 이를 고객에게 알리고 팔겠다고 나선 것은 미친 소리나 다름없었던 것이다.

　　그 후에도 우리는 업계의 관행을 깨는 일을 계속했다. 우리가 파는 제품을 우리 입으로 비판하고, 종업원 모두에게 주식을 나눠주었다. 최고 경영진의 봉급 총액이 비非 간부 전체 직원 봉급의 14배를 넘지 못하도록 제한했다. 강아지들이 버몬트 주 벌링턴에 있는 본사 구내를 돌아다니도록 놔두었고, 사무실 하나는 직원들이 낮잠자는 방으로 만들었다. 제품 광고를 하는 대신 통신판매 카탈로그 표지에 빌 클린턴과 앨 고어 얼굴을 넣어 공개적으로 지지의사를 밝혔다.

　　우리는 언제나 제품을 파는 회사라기보다 활동가 쪽에 더 가까웠고, 기업을 변화시키려는 운동에 동참한 몇 안 되는 기업군에 속해 있었다. 그리고 벤&제리, 바디샵, 파타고니아, 워킹 애셋과 같은 이단자들과 나란히 기업이 유익한 일을 할 수 있는 무궁한 잠재력에 대해 토론을 거듭했다.

오늘날까지 세븐스 제너레이션은 수많은 시행착오를 거치며 정직하고 투명한 기업 책임 모델의 설계 실험실 역할을 했다. 해보지 않은 일이 없고 어떤 짓도 망설이지 않았다. '기업 의식'corporate consciousness 담당 임원 자리도 새로 만들었다. 그렇게 해서 20만 5000명에 이르는 의식 있는 소비자들로 탄탄한 세븐스 제너레이션 왕국을 세웠다. 우리는 PR 담당 임원 대신 대화 전문 '컨버세이셔니스타'conversationista를 두고 있다. 그리고 브랜드 매니저 대신 '브랜드 마더'brand mother가 있다. 우리의 기업 약속은 분기별 이익이나 자기자본이익률ROE, 시장점유율에 관한 게 아니라 공정하고 평등한 세계의 창조, 의식 있는 소비를 권장하고 새로운 가능성을 창출하는 연합체 구축에 관한 것이다. 우리 회사 이름은 광고 대행사가 작명한 게 아니라 이로쿼이족의 말에서 유래한 것이다.

오늘날 녹색 제품은 자칭 '사회적 책임 기업'이라고 주장하는 기업만큼이나 그 수가 많다. 킴벌리 클락의 스카트 내추럴 티슈는 미국 내 월마트 매장 어디서나 구할 수 있고, 클로록스의 그린웍스 세제는 타겟에서, 유기농 치리오스 시리얼은 세이프웨이에서 판다. '청정 석탄'과 '온실가스 친화적'인 원자력은 연방정부가 나서서 홍보한다. 그리고 하이브리드 스포츠 유틸리티 자동차는 가까운 자동차 대리점에 가면 볼 수 있다. 우리 운동에 사람들이 동참한 것인가? 아니면 우리 운동에서 핵심 내용이 빠져 버렸기 때문인가?

분명히 그 어느 때보다도 기업 책임이라는 말이 자주 들리는 건 사실이다. 언론은 호의적인 보도를 하고 회의주의자들조차도 환경 개선과 에너지 효율이 비용을 절감한다는 사실에 눈을 뜨게 되었다. 그러나 올바른 처신을 약속하는 행동규약에 서명한 기업이 수천 개에 이르지만 2008~2009년의 끔찍한 경기후퇴를 초래한 사건들을 보면 진정으로

'책임 있는' 방향으로 가고 있는 기업은 극소수에 불과하다는 사실을 알 수 있다. 그래서 혁명이 필요하다. 이제는 더 이상 기업 책임과 관련해 그동안 해온 식으로 점진적 개선, 미세조정, 안이한 업그레이드에 머물러 있을 수 없다. 점진적인 접근을 하기엔 시간이 부족하다. 피터 셍게가 최근 출간한 책에서 공저자들과 함께 선언했듯이 이것은 '꼭 필요한 혁명'이다.(1) 이 혁명을 하지 않으면 기업들은 앞으로도 계속해서 어려움을 겪게 될 것이다.

물론 대부분의 혁명은 주인공들이 분수를 지키지 못해 피를 흘리고 불행한 결말을 맺는다. 많은 기업 혁명가들은 현 상태를 단번에 뒤엎으려는 급진적인 일정을 선호했다. 그러나 결국엔 반동(예를 들어 리엔지니어링)에 얻어맞고, 부풀린 주장(닷컴 혁명) 때문에 평가절하 당했으며, 오만과 고삐 풀린 리스크 떠안기(금융파생상품 열풍)로 무너졌다. 우리가 시도하는 변화는 다르다. 이 혁명은 전면적인 변화를 추구하지만, 변화는 우리 마음속에서 시작된다. 그것은 바로 우리 마음속에 거의 무의식처럼 깊이 뿌리박은 방식을 치워내는 일이다. 그동안 우리는 이 방식에 얽매여 기업의 목적을 너무 좁은 의미로 규정해 왔다.

너무도 많은 기업들이 말로는 기업 책임을 받아들인다고 하면서도, 자기들이 하는 활동이 사회에 손상을 주고 환경을 훼손하는 게 당연하다고 생각해 왔다. 중요한 것은 그저 주가 상승과 경영진의 자리 보존뿐이었다. 소수의 이익이 다수의 복지보다 훨씬 더 중요한 것으로 간주되어 왔다. 대부분의 경영진은 지금도 사회적 이익을 이윤 동기보다 앞세우겠다는 생각을 하지 않지만, 그럼에도 불구하고 우리는 그런 낡은 정신 모델이 조만간 바뀔 것이라고 믿는다. 소수이기는 하지만 실제로 점점 많은 기업 혁명의 선구자들 사이에서 그런 생각이 벌써 바뀌고 있다. 생각이 바뀌면 우리의 미래도 함께 바뀐다.

이 책을 쓰면서 우리는 이 문제가 세븐스 제너레이션을 포함해 어떤 한 기업에 국한된 게 아니라, 그보다 훨씬 더 큰 문제라는 것을 알게 되었다. 반역에 동참한 기업들이 복잡한 사회문제와 환경문제에 정면으로 맞섬으로써 시장점유율을 늘리고, 수익을 증가시키는 효과적인 방안들을 만들어내고 있다. 이런 기업의 설립자나 최고경영자CEO들을 만나 보면 그들의 반응은 대단히 긍정적이었다. 평소에 인터뷰를 하지 않는 많은 사람들을 비롯해 책임 있는 자리에 있는 많은 부류의 혁명가들이 우리와 만났다. 그들은 이 책을 읽는 독자들이 자기들이 거둔 성공을 보고 배우고, 자기들이 저지른 실수에서 교훈을 얻을 수 있다면 더 많은 기업이 기업 책임을 더 진지하게 생각하게 될 것이라고 생각했다.

따라서 이 책을 읽어가다 보면 노련한 혁명가에서부터 시작해 기업 책임과는 관계가 없는 기업들에 이르기까지 다양한 부류를 만나게 될 것이다. 이들 모두가 최근 시작되고 있는 지속가능 경제의 틀 안에서 번창할 기업을 만드는 데 필요한 새로운 모델을 제시한다.

파타고니아, 오가닉 밸리, 세븐스 제너레이션 같은 기업들은 지속가능성을 증진시키기 위해 점진적인 방법을 택한 개척자들이다. 이들은 과거의 성공을 기반으로 혁신을 계속해 왔으며, 이미 이룬 성공을 기반으로 선두에서 혁명을 이끄는 주역들이기도 하다.

나이키나 팀버랜드와 같은 큰 브랜드들도 있다. 이들은 오래 전에 부득이하게 변화를 받아들였고, 지금은 새롭고 놀라운 방식으로 지속가능성을 혁신의 강력한 동인으로 이용한다.

막스 & 스펜서나 노보 노디스크 같은 유럽의 선구적인 기업들도 포함시켰다. 이들은 가능성의 영역을 새롭게 개척해 나감으로써 경쟁 기업들이 따라올 수밖에 없도록 만들었다.

이베이나 IBM처럼 전통적인 기업들 가운데서도 혁명적인 성과를 낳은 경우들이 있다. 이들은 자신이 보유한 막강한 자원을 동원해 사회의 골치 아픈 문제들을 푸는 데 기여한다.

마지막으로 에치Etsy나 린든 랩Linden lab 같은 아웃라이어들도 있는데, 이들은 변화의 필요성을 가장 앞서 실감한 기업들이다.

이들 반란가 그룹은 자신을 비롯해 어떤 기업도 책임혁명이 제대로 뿌리내리게 하지 못했다는 점을 최초로 인정했다. 이 책에 등장하는 모든 기업들은 정도의 차이는 있지만 모두가 변화의 와중에 있다. 이들은 재정적, 사회적, 그리고 환경적으로 지속가능한 조직을 만들기 위해 하나같이 훌륭한 아이디어를 내놓고 있다. 물론 사명감에 기반을 둔 기업을 만드는 데 하나의 로드맵만 있는 것은 아니다. 하지만 이 혁신 기업들은 앞으로 나아갈 길을 제시하는 여러 항해 기준점을 보여준다. 각자의 사정에 가장 잘 들어맞는 항로를 찾고, 그들의 경험에서 영감을 얻는 것은 우리들 각자의 몫이다.

너무 오랫동안 우리는 '책임 있는' 기업이 어떤 것인지에 대한 정의를 내리는 데 위험할 정도로 편협하고 소심한 입장을 취해 왔다. 그동안 우리는 조금 덜 나쁜 기업이 되려는 정도의 노력을 두고도 이를 미화하고 대단히 중요한 변화의 사례라고 추켜세웠다. 언행이 일치하지 않은 행동을 마케팅 캠페인의 일환이라고 호도했고, 겨우 기존 규정을 따르는 정도의 조치를 '발전적인 조치'라고 떠들었다. 그리고 요란한 미사여구로 가득하지만 실패와 문제점에 대해서는 내용이 빈약하기 짝이 없는 기업 책임 보고서를 수백만 부씩 만들어 돌렸다.

책임혁명은 이산화탄소를 감축하고, 에너지 사용을 줄이며, 공장을 감독하고, 자선 기부를 하는 것 이상의 일이다. 그것은 기업에 대한 생각을 안에서부터 새롭게 뜯어고치는 것이다. 즉 일하는 방법을 새롭게 혁신하고, 새로운 경쟁 논리를 도입하며, 앞장서서 개척할 새로운 분야들을 찾아내고, 기업의 목적 자체를 다시 규정하는 것이다.

이렇게 해서 우리는 기업 책임의 영역뿐 아니라 전략, 리더십, 경영 분야에서도 최고의 선택이 무엇일지에 대해 머리를 모았다. 많은 사람들이 우리를 도와 이 책의 핵심 원리 일부를 개발하는 데 기여했다. (앞으로 그 원리들을 설명하면서 누가 도움을 주었는지 일일이 감사를 표할 것이다.) 우리는 혁명가 기업이라는 새로운 부류의 기업들이 어떻게 이론을 실천으로 바꾸고, 더 큰 이익에 어떻게 기여함으로써 자신들의 수익도 증대시키는 조직을 만들어 가는지를 보여주려고 한다. 이 책은 변화에 대한 책이기는 하지만, 동시에 기업이 안으로부터 변하는 것에 도움을 주려고 쓴 책이다. 기업이 우선순위를 바꾸고, 조직을 정비하는 법, 경쟁 방법, 나아가 세상과 소통하는 방법을 변화시키는 일을 도와주기 위해 쓴 책이다.

우리는 많은 기업, 어쩌면 대부분의 기업이 기존의 행태를 스스로 바꾸려 들지 않을 것이라는 점에 동감한다. 그럼에도 불구하고 기업은 변할 것이다. 그러나 갑자기 하늘에서 무슨 계시의 불빛을 보고 변하지는 않을 것이다. 그것은 엄청난 수의 소비자와 떼거리로 몰려드는 경쟁자들, 삶의 가치를 추구하는 종업원들, 그리고 비록 뒤늦게 반응하지만 연방정부까지도 그들을 변하도록 만들기 때문일 것이다. 변화는 이미 진행 중이고 책임혁명은 퍼져나가고 있다. 어쩌면 여러분도 반란이 여러분의 업계를 휘젓기 시작한 것을 목격하고, 그 변화의 선봉에 서겠다는 결심을 했는지도 모르겠다. 그렇다면 여러분은 명분의 세계에 동참한 것이다.

책임혁명의
시작

진정한 명분의 세계로

1

세계 경제는 2009년 여름 목을 조여 오는 대공황의 위협에서 벗어나기 위해 안간힘을 쓰고 있었다. 기업 성공담을 찾아 금융계를 기웃거리는 사람은 더 이상 찾아볼 수 없었다. 대형 금융기관들은 몇 년간 경제와 사회를 망친 각종 잘못들을 집약적으로 보여주었다. 은행들은 윤리규정을 어기고 범법행위를 저질렀는가 하면, 회계장부에서 수십억 달러를 감쪽같이 분식하는 등 어두운 이면을 낱낱이 드러내 보여주었다. 두 번 다시 보고 싶지 않은 광경들이었다.

때문에 침울한 위기의 와중에 한 은행이 밝은 면을 조금이라도 보여준 것은 놀라운 일이었다. 그것은 바로 2009년 6월에 트리오도스 은행 N.V.가 2008년도 실적 보고서를 발표했을 때였다. 사람들은 놀랐다.

네덜란드에 본사를 두고 서유럽 여러 나라에 지점을 거느린 트리오도스(1) 은행의 수신규모는 37억 유로를 약간 넘는다. 월스트리트의 거대 공룡 기관들은 이 은행을 거의 무시했다. 하지만 월스트리트가 지구촌 경제를 거의 붕괴시킬 정도의 혼란에 휘말리고 신용시장이 꽁꽁 얼어붙었던 당시 일년 동안 이 은행의 수입은 25%나 증가했고 대출금융자산도 같은 폭으로 뛰어올랐다.

Triodos ❀ Bank

트리오도스는 오로지 지속가능한 프로젝트와 사업에만 자금을 지원해 이런 빛나는 성과를 이루었다. 2008년 한 해 동안 이 은행은 9000개가 넘는 사회 및 환경 친화적인 사업에 자금을 지원했다. 대출자의 뒷배경이 아무리 흠잡을 데 없고 사업계획이 탄탄해도, 환경이나 사회에 기여하지 못하는 사업은 트리오도스로부터 대출받을 기회가 없었다. 트리오도스는 재생가능 에너지와 유기농, 소액 금융, 공정한 거래와 관련된 기업에만 투자함으로써 경제를 보다 지속가능한 방향으로 이끌어가려고 노력했다. 그렇게 하니 이윤은 따라왔다. 은행 파산이 주기적으로 닥쳐왔지만 트리오도스는 설립 이후 30년 간 한 번도 분기 손실을 기록한 적이 없었다. 트리오도스 은행장이자 최 고경영자인 피터 블롬은 이렇게 말했다. "우리 은행의 최우선 목표는 지 속가능성을 극대화하는 것입니다. 이런 모델 안에서 우리는 주주 이익 을 극대화하고자 합니다. 하지만 어디까지나 지속가능성이 우선입니 다."(2)

지금까지의 통념에 따르면 이익보다 가치를 우선시하는 것은 본말이 전도된 전략이다. 그것은 매출 증대에 역행하고, 혼란을 불러오는 극단 적인 방법처럼 보인다. 트리오도스 은행이 보여준 활력과 성과는 이런 회의주의자들이 생각을 고쳐먹도록 만들 근거가 될 만하다. 이 네덜란 드 은행은 '기업 책임' CR(3)이 유례없는 '불연속 평형' punctuated equilibrium 의 시기에 들어섰음을 보여주었다. 불연속 평형이란 저명한 고생물학자 스티븐 제이 굴드(4)가 주장해 논란을 일으킨 이론으로, 그는 진화란 대 부분 천천히 진행되지만 한상 그런 것은 아니라고 전제했다. 진화에는 때때로 급작스런 이행이 일어나기도 하는데, 그 과정에서 기존의 종種은 사라지고 완전히 새로운 형태의 종이 그 자리를 대신한다. 트리오도스 은행은 사명mission을 가장 우선시하는 투자 정책을 취함으로써 일관되 게 좋은 성과를 냈다. 그것은 기업 책임이 스스로의 진화 과정에서 극적 인 진화의 시기, 다시 말해 가속도가 붙은 변화의 시기에 접어들고 있음 을 보여주는 뚜렷한 증거였다. 물론 앞으로 기업 책임이 어떤 형태를 취 할지에 대해서는 제대로 알려진 게 없다. 그렇지만 기업 책임이 점진적 인데서 한 발 더 나아가 혁명적인 변화의 길로 접어들고 있다는 사실은 모두 다 안다. 다음과 같은 증거들이 이를 뒷받침한다.

새롭게 전면에 등장하는 가치 주도형 기업들, 일부는 새로 생겨나고 있고, 일부는 이미 자리를 잡고 있는 이들 기업들이 보다 나은 형태의 자본주의를 만들어 가고 있다.

가치 주도형 리더라는 새로운 세대가 '기업은 장사만 잘하면 된다'는 식의 알파 자본가적인 주장을 걷어차 내고 있다.

정직하고 투명하게 행동하라는 혁신주의자들의 주장이 '과실'過失이나 '책무'accountability 같은 낡은 주장을 대신하고 있다. '기업 책임', '생태 효율성'과 같은 유행어들이 이제는 '기업 의식'corporate consciousness, '자원 지능'resource intelligence, '사회적 혁신'social innovation 같은 새로운 용어로 대체되고 있다. 하나같이 우리가 겪는 현실 경험을 담은 용어들이다.

무엇보다도 미래의 흐름을 만들어 갈 기업들은 덜 오염시키고, 덜 낭비하고, '덜 나쁘게 행동하라'는 윤리주의자들의 명제에서 한 걸음 더 나아가고 있다. 이들은 모두를 풍요롭게 하고, 모든 것을 새롭게 충전하며, '모두에게 이득이 되게 하라'는 혁신주의자들의 강력한 명령을 충족시키기 위해 애쓴다.

불연속적이고 가속도가 붙은 이 극적인 변화의 순간은 업계에 몸담고 있는 우리 모두에게 영향을 미친다. 이 변화의 순간이 앞으로 미래 기업의 조직, 전략, 경쟁 방법을 결정할 것이다. 이제 누가 새로운 리더인지 드러내 보여주고, 누가 가짜이고, 누가 겉으로만 환경 친화적인 기업인 양 행세하는 그린워시greenwash인지 폭로될 것이다. 기업의 사회적 책무에 대한 정의를 다시 내리고, 성장과 경쟁에서 앞설 힘의 원천이 무엇인지 다시 규정해 줄 것이다. 이러한 변화는 또한 우리로 하여금 그간 우리가 알고 있던 기업 책임 개념의 종말을 예고하는 데 그치지 않고, 이를 대체할 완전히 새로운 모형이 어떤 것이 될지에 대해 생각하도록 만들 것이다.

책임혁명의 주창자들

21세기의 첫 십년은 기업 책임이 진화하는 데 변화의 가속도를 붙여준 결정적인 촉매 역할을 했다. 이러한 변화에 따라 우리 앞에 놓인 미래는 유례없는 불확실성에 쌓이게 되었지만, 동시에 기업들은 엄청난 발전의 기회를 맞았다. 이 기간 동안 우리는 전 세계적으로 경기후퇴를 겪었고 그에 따른 무서운 후폭풍을 겪었다. 수백만 개의 일자리가 사라지는 데 따른 두려움, 엄청난 액수의 CEO 연봉 패키지에 쏟아진 분노, 경영 책임자들이 장부를 조작하고 기업 환경을 오염시켰다는 의혹들이 쏟아졌다. 리더들에 대한 실망감은 말할 수 없는 정도에 이르렀다. 기업과 경영 책임자들은 남을 배려하지 않는 탐욕스러운 인물로 매도당했고 자본주의 자체가 큰 상처를 입었다.

사정이 이렇다 보니 최고경영자라는 사람들이 '기업 책임'을 다하겠노라고 아무리 떠들어도 공허한 울림에 지나지 않았다. 놀랄 일도 아니었다. 그렇기는 하지만 갈수록 많은 기업 리더들이 보다 너그러운 형태의 자본주의를 지향해 나아가고 있다. 너그러운 자본주의란 공공 이익을 위해 의식적으로 노력하는 자본주의를 말한다. '국부론'The Wealth of Nations의 저자로 유명한 아담 스미스는 다른 저서 '도덕감정론'The Theory of Moral Sentiments에서 이렇게 주장했다. "인간은 본질적으로 이기적이긴 하지만… 인간의 본성 속에는 타인의 운명에 관심을 가지고, 타인의 행복이 자신에게 꼭 필요한 요소라고 느끼게 만드는 원칙들이 분명히 있다. 이때 그에게 돌아오는 것이라고는 타인의 행복을 바라보는 즐거움 외에는 아무 것도 없을지라도 그렇다."(5) 아담 스미스의 주장은 사회적으로 인정받고 싶어하는 욕구가 무슨 대가를 치르더라도 이기고야 말겠다는 자기중심적 욕구 못지않게 인간 행동의 강력한 동기 유발 요인이 될 수 있다는 것이다. 이런 개념에 근거해 점점 더 많은 기업 혁신가들이 새로운 형태의 기업을 꿈꾸게 되었다. 이들은 이윤을 창출하는 도구로서의 기업을 사회적 도전과 환경적인 도전에 대응하는 보다 큰 목표를 위한 하나의 수단이라고 생각한다.

새로운 의식으로 무장한 기업들은 손익계산서 상의 이익에만 매달리지 않고 사회적 복지와 환경의 건강을 추구한다. 그런 활동을 통해 공감과 관용, 열정과 포부처럼 단순한 금전적 관심을 넘어서는 본능들을 스스로 일깨운다. 이에 따라 이들은 경쟁 기업이 추구하는 이윤 제일주의보다 훨씬 더 활기찬 비즈니스 모델을 만들어내고 있다. 장기적으로는 진정으로 사회적 책임을 다하는 기업만이 이윤 추구에 매달리는 경쟁 기업들을 제치고 살아남게 될 것이다.

'이윤 추구' 모델에서 '목적(그리고 이윤) 추구' 모델로의 근본적인 변화는 피터 드러커 같은 선지자도 오래 전에 예고한 바 있다. 그는 이렇게 말했다. "사회적 이슈와 국제적인 이슈가 모두 사업 기회가 된다. 이러한 사업 기회들은 올바른 독창적 기업가 정신과 제대로 된 투자, 집단행동과 만나기를 기다린다."[6] 드러커의 비전이 맞아떨어지는 순간이 도래하기까지는 오랜 시간이 걸렸지만 이제 그 순간은 분명 가까이 와 있다. 한때는 많은 이들이 골치 아픈 사회 문제들과 정면으로 맞서는 데서 훌륭한 사업 기회가 나온다는 생각을 믿지 않았다. 하지만 이제 이러한 생각이 기업 사고思考의 주류 자리로 들어오게 되었다.

이런 주장이 옳다는 것을 증명할 만한 두 가지 대단히 중요한 논거가 전통적인 자본주의의 열렬한 옹호자 두 사람의 입에서 나왔다. 마이크로소프트 설립자인 빌 게이츠와 월마트의 CEO를 지낸 리 스코트가 바로 그들이다.[7] 스코트는 2008년 1월에 월마트 종업원 및 공급자 연례 회의에서 공개 성명을 내고 기업의 에너지 사용량 감축과 공급 체인에

Microsoft®

서 일하는 노동자들의 근로조
건 개선을 전면적으로 약속했
다. 바로 다음 날 빌 게이츠는
스위스 다보스에서 열린 세계경제포럼 연설을 통해 다음과 같이 '창조
적 자본주의'의 도래를 예고했다. "창조적 자본주의 사회에서는 많은 사
람이 세상의 불공평을 완화시키는 일을 통해 돈을 벌고 사회적으로 인
정도 받게 될 것입니다."

게이츠와 스코트의 연설에서 주목할 점은 그들이 사실은 이미 많은
업계 리더들이 내린 결론을 한 번 더 강조한 것에 지나지 않는다는 것이
다. 그 결론이란 이미 경제적 압력과 사회적 압력들로 인해 기업이 보다
광범위한 사업 목적 모델을 받아들이지 않을 수 없게 되었다는 것이다.
국제적 자문사 맥킨지의 2007년 보고서에 따르면 조사 대상 CEO의
90% 이상이 사업을 할 때 5년 전보다 경제적, 사회적 전략을 훨씬 더 많
이 고려하게 되었다고 답했다. [8] 한때 기업 책임을 '공상적 박애주의의
겉치레 쇼'라고 비웃었던 이코노미스트도 2008년 1월에 실린 기사에서
"기업 책임이라는 개념이 급속히 번지고 있으며, 대기업 가운데 이를 무
시할 수 있는 곳은 이제 거의 없다"고 인정했다.[9] '자본주의의 도구'임
을 자청한 포브스까지도 자신들이 고수해 온 이윤 중심 정신에 놀라운
전환이 일어나고 있다는 점을 당당하게 인정했다. 이 잡지는 2008년 3
월호에 실은 한 기사에 '기업은 오로지 이윤 극대화를 위해서만 존재하
는가?'라는 부제를 달고는 이렇게 단호히 덧붙였다. '우리는 그렇게 생
각하지 않는다.' [10]

그렇다면 이런 생각이 세기 초 엔론, 월드컴, 타이코 등의 회계부정
사건이 터진 뒤 요란하게 제기되었던 '기업 책무' corporate accountability와
는 어떻게 다른가?

■ 회계부정 사건의 여파로 이제 기업들은 자신의 평판을 지키기 위해 더 노력해야 한다.

■ 전 세계를 상대로 시장 개척에 매달려 온 글로벌 기업들도 이제는 사회적 역할에 나서야 한다.

■ 인터넷 덕분에 고객은 그 어느 때보다 막강한 힘을 쥐게 되었다. 기업 행동을 샅샅이 감시하며, 사소한 부정의 낌새만 보여도 불매운동을 조직적으로 벌일 수 있는 힘을 갖게 된 것이다.

■ 폰지 사기극과 금융시장 와해에 마음이 상한 국민들이 '나쁜 기업'을 징벌하고, 모든 기업에 대해 '좋은 일'을 할 것을 요구하고 있다.

■ 종업원들은 이제 기업이 이윤보다 더 큰 목적을 받아들일 것을 요구한다. 이는 최고의 인재를 채용하려는 경쟁에서 이기기 위한 핵심 요소이다.

■ 비정부기구 숫자가 기하급수적으로 증가하면서 이들이 기업의 사회적 공헌을 끈질기게 요구하고 있다.

■ 주식 투자자들이 기관 투자가를 대상으로 강력한 지배구조 원칙과 책임감을 중시하는 투자 전략을 받아들이도록 압력을 가하고 있다.

사람들은 정치적 입장을 막론하고 다음과 같은 결론에 의견일치를 보이고 있다. 그것은 바로 미국 정부가 월스트리트와 미국 자동차 산업에 대해 긴급구제의 손길을 뻗치고 있지만, 사실은 기업이야말로 전 세계의 골치 아픈 문제들에 혁신적인 해답을 재빠르게 제시할 존재라는 것이다. 그 증거가 될 만한 예를 두 가지만 들어 보자. 유니레버는 전 세계적으로 팔리는 립튼 차 티백을 환경 친화적인 것으로 만들겠다고 서약했는데, 이로 인해 1백만 명의 아프리카 차 재배농이 가난에서 벗어나게 되었다.(11) 다른 예로, 미국 연방정부는 허리케인 카트리나가 강타했을 때 수준 미달의 대응밖에 하지 못했다. 반면에 세계적 수준의 물류 조직을 갖춘 월마트는 도움의 손길을 뻗친 수많은 개인 자원봉사자와 비영리 단체들과 함께 정말 효과적인 초기 대응을 했다.

무엇보다도 기후 변화 때문에 기업은 물론 사회 스스로가 교통에서부터 에너지원에 이르기까지, 그리고 지정학적인 문제에서부터 도시 문제에 이르기까지 모든 것을 다시 생각해야 한다는 압력을 받고 있다. 석유왕 T. 분 피켄스가 석유에 기반을 둔 미국 경제가 국가안보에 위협이 된다고 미국을 공격했을 때, 사람들의 사고방식이 변했다는 점이 분명해졌다. 기업이란 환경적, 사회적으로 지속가능한 것이어야 한다는 주변적 개념이 이제는 주류의 자리로 옮겨왔다. 이와 함께 업계의 분위기가 근본적인 변화를 겪는 것이다.

더 나은 자본주의 만들기

기존의 기업들도 책임 있는 행동을 해야 하는 여덟 가지 핵심 동인이 무엇인지 안다. 업계 내부에서도 이에 공감하는 목소리가 많아지고 있다. 이런 목소리를 내는 사람들이 지배적인 위치를 차지하게 되었고, 이들의 입지는 향후 몇 십년간 그대로 지속될 것이다. 이들이 더 나은 자본주의를 건설하려는 운동의 실질적 후원세력이 되고 있는 가운데, 차세대 기업가들이 운동에 가속 페달을 밟고 발화점에 성냥불을 그어대는 역할을 하고 있다. 이들은 생태 생물학자 데이비드 스즈키 같은 선지자의 목소리에 귀를 기울인다. 스즈키는 다음과 같은 말로 많은 기업가들의 마음을 뒤흔들어 놓았다. "산업화 된 선진국들이 차지하는 인구 비율은 지구촌 전체 인구의 20%밖에 되지 않지만, 그들이 사용하는 자원과 만들어내는 유해 폐기물은 전체의 80% 이상을 차지한다."[12] 사람들은

"이처럼 과도한 소비는 우리의 자식 및 손자 세대에게 물려 줄 자원을 모두 써 버리는 짓"이라는 스즈키의 주장을 받아들였다. 이에 동조한 기업가들은 지금과 같은 형태의 기업으로는 우리가 버틸 수 없을 것이라고 생각해 기업 리메이크에 착수했다. 구세대와 전위적인 신세대를 막론하고 좋은 기업들이 전면에 등장하기 시작했다. 다음과 같은 이유들이 작용했다.

1. **기후변화가 초래하는 위협과 기회에 대비** 탄소 배출량 제한이나 탄소세 도입을 통해 화석연료에 더 많은 부담을 안기려는 정치적 압력이 거세지고 있다. 따라서 경쟁력을 유지하려는 기업들은 청정 기술과 재생가능 에너지를 반드시 도입해야 하게 되었다. 미국의 벤처 기업들은 2007년 3분기까지 녹색 산업에 26억 달러 이상을 투자했다. 사상 최고 수준이다. 이런 투자는 즉각 성과를 가져다주었다. 태양 에너지, 풍력, 바이오 연료, 연료전지 분야 기업들의 수입이 2005년 400억 달러에서 2007년에는 700억 달러로 뛰어올랐다. 전 세계적인 경기후퇴 때문에 이런 기세가 일시적으로 주춤해지기도 했다. 하지만 2009년 2분기에 들어서면서 청정 기술과 재생 에너지에 대한 벤처 캐피탈 투자가 다시 가파르게 늘어났다. 보스턴에서 열린 녹색 기술 관련 기업 임원 회의에서 클라이너 퍼킨스의 빌 조이는 미래에 대해 다음과 같이 말했다. "지금껏 본 바에 따르면 에너지와 녹색 기술은 이번 세기 들어 우리에게 가장 큰 경제적 기회를 가져다 줄 것입니다."(13)

2. **기업의 소중한 자산인 평판을 지킬 안전장치 마련** 포춘에 따르면 특허와 상표를 비롯해 지식, 창의성, 소비자 관계 등 궁극적으로 기업의 평판을 높일 수 있는 모든 '무형 자산'이 평균적인 미국 기업의 총 가치에서 차지하는 비중은 75%에 달한다. 국제투명성기구의 2009년 부패지

수 조사에 참여한 전 세계 응답자의 절반 이상이 민간 부문은 정직하지 않다고 생각하고 있었다. 이런 상황에서는 좋은 기업 시민이라는 이름만이 기업의 평판을 빛나게 해준다.

3. 최고 수준의 인재를 끌어들이는 강력한 힘 구글의 창립자인 래리 페이지와 세르게이 브린은 주주들에게 보낸 '소유주 매뉴얼'을 통해 이렇게 주장했다. "재능 있는 인재들은 구글에 모여든다. 우리가 그들에게 세상을 바꿀 힘을 주기 때문이다." 저술가이며 기업 전략가인 개리 해멀은 너무 많은 기업에서 종업원들이 할당량을 달성하는 것 이상의 야심을 품지 않는다고 말했다. 목표 할당량만 가지고는 강한 성취욕과 능력을 갖춘 이들에게 충분한 자극제가 되지 않는다. 구글처럼 '세상의 정보를 조직화하는 노력'(14)이 되었건, 홀푸즈처럼 '모든 지구인의 건강과 복지 향상을 위한 노력'(15)을 하건, 겐자임처럼 '중증 질환을 앓는 사람들을 위한 혁신'(16)을 추구하든, 어려운 문제의 해법을 찾는 데서 즐거움을 얻는 우수한 이들에겐 대담한 비전이야말로 강력한 유혹이 된다.(17)

4. 종업원들의 헌신 강력한 사명감을 축으로 하는 기업은 최상의 인재를 끌어들일 뿐만 아니라 최상의 결과를 만들어낸다. 날마다 창의성과 역량을 다 발휘하도록 종업원들에게 동기 부여를 해주기 때문이다. 해마다 포춘이 선정하는 '가장 일하고 싶은 100대 직장' 명단에 이름을 올리는 조직들 대부분은 단순한 이익 창출을 넘어서는 핵심 목표를 가지고 있다. 이런 목표가 열정을 불러일으킨다. 이러한 목표는 개인적 욕구를 뛰어난 기업 성과로 변모시키는 데 필요한 연료 역할을 한다. 스타벅스 회장인 하워드 슐츠는 저서 '포 유어 하트 인투잇' Pour Your Heart In to It에서 "종업원들의 열정적인 헌신 없이는 스타벅스가 번창할 수도 고객

의 마음을 얻을 수도 없다"[18]고 강조했다. 열정의 가 치를 안다는 말이다. 슐츠의 주장을 뒷받침해 줄 만 한 증거 하나를 들어보겠다. 1997년부터 2007년 사 이에 '가장 일하고 싶은 일터' 명단에 들어 있던 기 업들의 연간 수익률은 S&P 500지수의 수익률을 두 배 넘게 웃돌았 다.[19]

5. 외부 이해 관계자들의 '영업 허가' 영업 허가license to operate란 일정 한 법적 규제 조건을 충족시키거나 그 기준 이상을 달성해야 얻을 수 있 다. 따라서 영업 허가는 필요하지만 성가신 사업비용으로 생각되어 왔 다. 요즘은 사회가 기업 운영에 대해 사실상의 허가권자 역할을 한다. 사 회의 승인을 얻는 것은 단순한 생존의 전제조건이 아니다. 그것은 기업 이 진정한 경제적, 사회적 편익을 창출할 길을 열어 주기 때문에 성공을 위한 해법이라고 할 수 있다. 월마트는 이를 뒤늦게 안 바람에 새 점포를

내는 데 사회적 승인을 얻으려 고 힘겨운 싸움을 벌여야 했다. 반면에 구글은 이런 승인을 얻

고 있다. 검색 엔진 업계의 거물인 구글은 개발 단계에 있는 재생가능 에 너지 기술에 수억 달러를 투자했다. 지구촌이 찍어 준 이러한 승인 도장 은 구글의 브랜드 이미지에 일종의 시금석 역할을 하는 동시에 성공의 표식이 되었다. 홀푸즈의 CEO 존 매키는 "주주가치를 높이고 싶으면 지 역사회에 긍정적인 세력이 되는 게 좋다"[20]고 했다. 고객들이 사회에 공헌하는 기업에 보상을 해준다는 점을 안 것이다.

6. 공급업자와의 관계 재설정 사회운동가들이 미국 굴지의 의류 브랜 드들이 해외 공장에서 보건, 안전, 어린이 노동 규정을 지속적으로 위반 해 왔다고 폭로하자 표적이 된 기업들은 일단 속이 뻔히 보이는 반응부

터 보였다. 판매업체들이 지켜야 할 '행동규약'을 공표하고, 이를 계속 어기는 업체를 밝혀낼 감시팀을 파견했다. 예를 들어 갭Gap은 처음으로 사회적 책임 보고서를 내고 회사가 새로운 노동기준에서 미달된 136개 공장에서 철수했다고 당당하게 공표했다. 그러나 최근 들어 이 의류업체는 내부 감시만으로는 공급 체인의 복잡한 문제를 해결할 수 없고, 단순히 규약을 위반한 공장 목록을 작성하는 것만으로는 공공의 신뢰를 얻지 못한다는 점을 알게 되었다. 2006년에 갭은 회사 웹사이트에 하도급 계약을 맺은 공장들을 공개해서 사람들이 직접 그 공장들의 상태가 어떤지 살펴볼 수 있게 함으로써 업계를 깜짝 놀라게 했다. 갭과 나이키는 단순히 하도급 업체를 감시하기보다는 노조와 비정부기구 관계자들과 함께 협력하면서 하도급 업체들이 지속가능하고 바람직한 직장이 될 수 있도록 도와주는 파트너가 되고 있다. 사람에 투자하고 직원들을 잘 대우하는 하도급 업체는 원가 절감 등을 통해 효율성이 높아졌고, 품질 향상을 이루어서 자신들의 사업을 성장시키고 나아가 고객사의 사업실적까지 좋아지도록 도왔다.

7. 막강한 힘을 가진 규제 세력인 NGO와 좋은 관계 유지 지난 15년간 NGO는 세력이 급격히 커져서 전 세계에서 여덟 번째로 큰 경제 세력이 됐다. 현재 NGO의 숫자는 수백만 개에 이르고 연간 운영예산도 1조 달러를 넘어선다. 이들의 영향력 역시 이런 급속한 확산에 비례해 확대되고 있다. 얼마 전까지만 해도 월마트는 NGO에 노골적인 적대감을 표시해 왔다. 그러나 뼈아픈 대가를 치르고서야 아무리 기를 써도 이들을 피해 숨을 수 없다는 사실을 알게 되었다. 이 소매업계의 거인은 환경 친화적 전략이 필요하다는 것을 마침내 인정한 뒤 자신을 가장 맹렬히 비판해 온 세력에게 도움을 청했다. 월마트의 전임 CEO인 리 스코트는 지속가능한 어장을 만들고, 탄소배출량을 줄이는 등의 영역에서 기업

혁신을 추진할 때 NGO가 꼭 필요한 존재라고 강조했다. NGO는 한때 기존 체제에 도전하는 아웃사이더였지만 갈수록 인사이더, 다시 말해 이들이 바꾸고자 하는 체제의 강력한 일부분이 되고 있다. 양심적인 기업은 시장을 지키는 이 막강한 세력의 새로운 파트너가 되기에 최상의 적임자이다.

8. 책임 있는 기업 활동을 바라는 사람들의 열망에 부응 2008년 11월 대선에서 다수의 미국 국민들은 변화에 찬성표를 던졌다. 뒤이은 몇 달 동안 납세자들은 월스트리트에 구제금융을 쏟아 붓느라 더 얇아진 지갑으로 겨우 살아야 했다. 그러자 다수의 미국인들은 경제 성장과 사회 정의를 함께 추구한 기업들에 보상을 안겨 줌으로써 변화를 추구했다. '애드버타이징 에이지'Advertising Age 매거진의 칼럼니스트 조나 블룸은 소비자들의 새로운 기대를 이렇게 설명했다. "소비자들, 특히 젊은 세대의 소비자들은 새로운 방법으로 기업을 판단하기 시작했다. 그들은 영향력이 가장 큰 기업보다는 자신의 가치를 함께 나눌 수 있는 기업이나 브랜드를 더 칭찬한다… 이들은 돌을 던지거나 깃발을 흔들어 대던 것을 웹을 통한 캠페인이나 소비 지갑을 여는 일 등 훨씬 더 효율적인 전술로 바꾸었다… 규모가 크거나 오래된 브랜드일수록 이런 새로운 세대들의 움직임을 따라잡기가 어렵다. 하지만 오늘날처럼 막강한 정보력과 능력 있는 소비자에게 물건을 팔려면 반드시 이러한 변화를 따라가야만 한다."(21)

기후변화에 대한 큰 깨달음을 뜻하는 녹색 각성. 무형 자산이 지닌 뚜렷한 가치. 우수 인재를 확보하기 위한 전쟁. 가치를 추구하는 종업원들이 보여주는 놀라운 힘. 사회가 기업에 면허를 주는 시대. 투명한 공급망. 지구촌 전체에 걸친 NGO들의 활동. 사회활동가 역할을 하는 글로벌 소비자의 등장. 이런 변화를 가져다주는 힘들이 기업 환경을 새로 만들어 가고 있다. 이런 흐름을 포착하고 반란에 가담한 기업들은 변화곡선의 상향 축에 안착해 진정한 가치를 창출해 나갈 것이다.

책임 기업과 혁명가들

증거 사례들이 늘어감에 따라 이제는 회의론자들조차도 지속가능성을 추구하는 기업이 이익에만 집착하는 경쟁 기업들에 비해 뚜렷한 경쟁우위를 누리고 계속해서 큰 재무성과를 낸다는 사실을 인정한다. 몇 가지 실제 사례들을 소개한다.

1995년에서 2007년 사이에 사회적 책임 투자 자산은 324%나 증가해 같은 기간 중 260%에 조금 못 미치는 증가세를 보인 포괄적 투자의 성장세를 눈에 띄게 앞질렀다. '사회적 투자 포럼' 이사회 의장인 셰릴 스미스는 "사회적 투자가 전례 없이 활발히 이루어지고 있다"[22]고 밝혔다. 타임에 따르면 최근의 대불황에 따른 거품 붕괴 기간에도 사회적 책임 관련 펀드 투자는 전례 없이 높은 비율로 증가해 2조 7000억 달러에 이른 것으로 추산되었다.[23]

화학 표백제 브랜드인 클로록스는 2007년에 천연 화장품 회사 버츠비를 매출액의 다섯 배가 넘는 금액인 9억 5000만 달러에 사들였다. 버츠비는 2년 만에 큰 영향력을 가진 업체로 성장해 2009년 조사에서 미국의 최고 '녹색 브랜드' 목록에 이름을 올렸다.

재생에너지 산업도 마찬가지다. 생물연료, 풍력, 태양광 발전에서 매출은 신용경색이 시장의 숨통을 조이기 시작하던 2008년에도 50%나 성장했다. 재생가능 에너지의 미래는 더욱 밝아 보인다. 리서치 회사인 클린 에지는 2008년 1150억 달러 규모였던 위의 세 가지 기술이 십년 내에 3250억 달러 수준까지 뛰어오를 것이라고 추정했다.

녹색 분야 아닌 곳에서 경쟁하는 기업들도 이러한 흐름에 동참하고 있다. 컨설팅 회사인 A.T. 커니가 벌인 설문조사 결과를 보면, 지속가능성과 관련된 활동을 실천해 온 기업은 2008년 대불황의 와중에도 금융시장에서 '평균 이상'의 실적을 올렸다. 이는 기업 하나당 시가market value가 평균 5000만 달러씩 증가했다는 뜻이다.[24]

소매 분야에서는 보스턴의 한 컨설팅 업체가 9000명의 선진국 소비자를 대상으로 한 조사 결과 글로벌 경제가 거세게 곤두박질친 2008년에도 더 많은 쇼핑객들이 2007년보다 더 조직적으로 녹색 제품을 구입한 것으로 나타났다.[25]

마침내 월스트리트를 좌지우지하는 실력자들도 지속가능성을 중요하게 여기기 시작했다. 2008년에 골드만삭스는 세계 최대 금융회사 여럿과 함께 태스크 포스를 만들었다. 기업의 환경, 사회, 윤리적 지배구조와 관련된 쟁점을 투자분석의 핵심에 두도록 하기 위해서였다. 골드만삭스의 애널리스트들은 이런 움직임을 "해당 기업의 경영 상황을 경쟁자들과 비교해 총체적으로 알 수 있도록 해주는 훌륭한 가늠자"[26]라고 평가하고, 장기적 성공 가능성을 보여주는 것이라고 주장했다.

이들이 이런 움직임에 동참하게 된 데는 골드만삭스의 놀라운 조사결과도 어느 정도 동기부여를 했다. 골드만삭스에 따르면 2005년부터 2007년까지 환경, 사회 및 지배구조와 관련된 문제들을 지속적 경쟁우위의 지렛대로 삼는 데 앞장선 기업들이 일반적인 주식 펀드보다 25%나 높은 실적을 올렸다.

기업의 사회적 책임이 경쟁우위를 구축해 주고 브랜드를 빛낸다는 것을 알게 된 기업들은 자사 웹사이트나 연차 보고서, 그리고 간혹 광고에도 좋은 일을 한다는 메시지를 넣어 기업의 가치와 비전을 알리는 데 다투어 앞장서고 있다.

■ 현재 5만 2000여 개의 기업이 웹 페이지에서 지속가능 경영의 3대 축을 강조하는데, 이는 기업 성과를 평가할 때 전통적 의미의 이익뿐 아니라 사회적, 환경적 영향력도 함께 감안하기 시작했음을 보여준다.

■ 130여 개국 4700여 개의 회사에서 모인 대표들이 유엔지구협약에 서명하고 인권, 노동, 환경과 반부패를 위한 노력 등 10가지 원칙을 준수하겠다고 서약했다.

■ 점점 더 많은 미국의 대기업 최고경영자들이 기업의 사회적 책임 관련 회의에 참석해서 노동 기준을 향상하고, 쓰레기 제로를 달성하기 위한 노력을 하고 있다는 사실을 밝히고 있다.

대부분의 경영자들이 기업 책임을 경쟁 우위의 원천으로, 혹은 불가피한 최우선 고려사항으로 간주하고 있는 만큼 상당수의 기업들이 책임을 다했다고 생각할 수도 있다. 그런 기준에 부합되는 기업도 더러 있기는 하다. 하지만 기업들이 사회와 환경에 주는 영향을 개선하려고 많은 일을 하고 있음에도 불구하고 제대로 바람직한 성과를 내지 못하는 경우들이 많다.

넘어야 할 장애물

엄격하게 손익만 따지는 행태에서 벗어난다는 것은 위험과 기회로 가득 찬 여정을 시작하는 것과 마찬가지다. 목적 중심의 모형, 즉 이익을 내는 게 전부가 아니라고 생각하는 모형으로 옮아가는 것은 위험하고도 고통스런 일이다. 진실 되지 않은 마음으로 사회와 환경 문제에 책임을 다하겠노라고 선언한 기업은 냉소주의와 불신을 불러온다. 반발이 따르는 것도 피할 수 없다. 기업의 사회적 책임이란 풍요로운 기회의 땅이다. 그러나 여기 도달하려면 다음과 같은 여섯 개의 무서운 지뢰를 피해 나가야 한다.

1. 관심 분야가 너무 많아 집중을 못하는 경우 기업의 책임은 자선활동에서 종업원 처우개선에 이르기까지, 지구촌의 기아문제 해결에서 지구 보호에 이르기까지 폭넓게 고려한다. 이처럼 광범위하고 계속 늘어나는 사회적으로 가치 있는 활동들을 마주하게 되면 많은 기업들이 어떤 것에 전념해야 할지 혼란스러워진다. 이들이 느끼는 혼란은 기업 책임과 관련해서 내는 번지르르한 보고서나 광고를 보면 금방 드러난다. 2008년에 영국의 100대 기업 가운데 여덟 곳이 기업 책임 보고서를 발행했는데, 그 목적은 대체로 해당 기업이 사회적 이슈를 민감하게 받아들이고 있다고 널리 알리려는 것이다. 하지만 전략적으로는 별로 의미가 없는 경우가 많다. 이런 보고서는 그 기업이 여러 이익집단의 요구에 관심을 갖고 있고, 많은 사회적 기회에 관심을 갖고 있음을 보여준다. 그러나 이처럼 온갖 일에 매달리는 것은 결코 잘하는 짓이 아니다. 그렇게 하다간 기업의 사회적 영향력을 확대한다는 본래의 목적이 흐려지고 만다.

2. 최고 경영진의 생각은 확고한데 중간 간부들이 우왕좌왕하는 경우 CEO들이 기업 책임이라는 대의명분을 중시하는 쪽으로 확고하게 방향 전환을 했다고 하더라도 이런 목적 지향적 전략을 고객, 소비자와 접목시키는 방법에서는 확고한 입장을 정하지 못한 경우가 많다. 중간 관리

층이 비전을 사업에 녹여낼 방법에 대해 확고한 입장을 갖고 있지 못하면 아이디어는 방향을 잃고 만다. IBM이 최근 전 세계 경영자 250여 명을 상대로 벌인 설문조사 결과 응답자의 3분의 2가 새로운 수익원 창출을 위해 기업의 사회적 책임에 초점을 맞추고 있다고 대답했다. 하지만 '고객이 기업의 사회적 책임에 대해 어느 정도의 기대치를 가지고 있는지 잘 모른다'고 답한 사람도 76%나 되었다. 보고서는 이런 단절 현상이 '심각하다'(27)고 경고했다. 이런 기업들은 그저 경영진이 앞장서서 올바른 선택을 해주기를 바랄 뿐이다.

3. 기업 내부의 소통 부재 기업은 보통 기업 책임 담당자를 임명한 뒤 관련 부서에서 책임 관련 제안들이 만들어져 나오기를 기다린다. 그러나 기업 책임과 관련해 열심히 노력하더라도 관련 제안이 기업 전체의 의사결정에 영향을 주지 못하는 경우가 대부분이다. 일본 자동차 회사

도요타의 예를 보자. 이들은 하이브리드 자동차 프리우스를 내세워 자동차 업계의 녹색 책임을 주장하는 데 앞장섰다. 그러나 2007년 이 기업의 모회사가 디트로이트에서 연료기준 강화 반대 로비를 펴 프리우스를 타는 소비자들을 깜짝 놀라게 만들었다. 프리우스는 도요타에 '녹색 후광'을 가져다 주었지만, 모기업은 툰드라 모델 등 기름을 많이 먹는 대형차도 많이 팔아서 "대형 트럭 분야에서도 GM을 꺾고 싶었던 것"이라고 천연자원보호위원회 데런 로바스는 말했다.(28) 이것이 바로 기업의 사회적 책임이 조직의 일상 업무와 유리되었을 때 일어나는 현상이다. 도요타는 평판에 타격을 입었고, 환경 문제에서 큰 성과를 올릴 좋은 기회도 잃었다.

4. 압력 단체들과의 갈등 해결을 홍보에만 의지하는 경우 2008년 미국 최대 사모펀드의 하나인 콜버그 크라비스 로버 KKR는 대표적인 시민

단체인 환경보호기금에 가입했다. M&A 전문 투자회사인 자기들이 소유한 기업들의 환경 관련 성과를 측정하고 그 수준을 향상시키기 위한 것이었다. 이 두 기관의 제휴는 언론의 떠들썩한 조명을 받았다. 다음과 같은 두 가지 이유에서 아주 돋보이는 사례였기 때문이다. 첫째, 기업 세계는 여전히 환경 관련 활동에 회의적일 때가 많다. 둘째, 많은 환경단체들이 '공해 유발 기업'을 믿는다는 생각에 대해 알레르기 반응을 보이고 있었다. KKR의 파트너인 프레드 골츠는 뉴욕타임스에 이렇게 말했다. "환경보호기금EDF에 가입함으로써 우리 회사는 시대를 앞서가고 미래를 내다보려 한다."(29) 그러나 많은 기업 경영자들은 미래를 내다보려고 할 때 압력 집단들과 양보 없는 논쟁을 벌이고, 그러고 나서는 기업의 사회적 책임CR을 내세우는 홍보PR로써 그들을 달래려는 방법을 쓴다. 장기적으로 보아 이런 식의 대처는 사회와 기업 이익 모두에 보탬이 되지 않는다.

5. 기업 인수가 능사는 아니다 클로록스가 버츠비를 합병한 것처럼 큰 브랜드가 환경 친화 기업을 인수하는 데는 윤리적 기업이 갖고 있는 명성을 이용해 회사의 이미지를 개선하려는 계산이 작용한다. 인수 대상 기업의 좋은 이미지를 끌어다가 대기업의 치부를 가리는 치장으로 이용하는 것이다. 하지만 그런 경우 적어도 이들 가운데 어느 한 쪽은 소비자의 비난에 직면하게 된다. 대기업은 겉으로만 환경 친화를 표방하는 그린워셔greenwasher라는 낙인이 찍히고, 지속가능한 기업 활동을 해온 인수 대상 업체는 명성을 팔아먹었다는 오명을 쓴다. 프랑스의 거대 화장품 회사 로레알이 모발 및 피부 관련 제품 업계의 윤리적 혁신자라 목청을 높이던 바디샵을 인수하자 바디샵의 진주처럼 깨끗하던 명성은 순식간에 오점으로 뒤덮였다. 한 브랜드 지수 조사에 따르면 기업 인수 한 달 뒤 바디샵에 대한 소비자들의 '열광'과 '만족도' 순위는 가파르게

곤두박질쳤다. 소비자들은 로레알이 바디샵의 성장 전망에 대해 높은 가치를 부여했을 뿐, 기업 가치에 대해 그런 것은 아니라고 생각했고, 따라서 그 가치가 지속될 것인지에 대해 의심을 품었다.

6. 그린 제품 성장과 그린워싱의 폐해 녹색 제품과 녹색 서비스 시장은 급속히 성장했다. 그러자 이 시장을 겨냥한 필립스 전기, 킴벌리-클라크, 월마트, 스테이플즈, 홈디포와 같은 대형 브랜드들의 제품이 쏟아져 나왔다. 캐나다 정부의 에코로고 프로그램을 운영하는 리서치 업체 테라초이스TerraChoice에 따르면 환경 친화적인 제품의 총 수는 2006년부터 2009년까지 세 배 이상 늘었다. 그러나 녹색 상표를 붙인 방충제, 세탁기 같은 제품이 쏟아져 나오면서 해당 기업들이 지키지 못할 약속을 담은 녹색 광고도 늘어났다. 테라초이스의 2009년 보고서는 북미에서 방영되는 소위 환경 친화적인 광고의 98%가 놀랍게도 '거짓이거나 오해를 불러일으키는 내용'이라고 결론지었다. 소비자를 속이려 한다기보다는 제품의 과장 광고에 가깝다고 할 수 있는 광고도 많았다. 하지만 어느 쪽이든 결과는 마찬가지라고 보고서는 지적했다. "그린워싱은 친환경을 주장하는 모든 행위에 대해 냉소주의와 의심을 퍼뜨리게 되고… 시장에서 진정한 친환경 혁신을 지연시키는 역할만 할 것이다."(30)

사회적 책임이라는 정신을 축으로 삼아 기업을 이끌어갈 명분과 필요성은 분명히 있다. 하지만 이 야심찬 목표를 성취하는 것을 막는 걸림돌들이 있는 것도 사실이다. 근본적인 변화를 가로막는 장벽은 수없이 많고 견고하다. 더 나은 미래를 만들려는 경영자 또는 경영자를 희망하는 이들은 우선 진정으로 '좋은 기업'이 무엇인지를 마음속에 그리고, 그런 다음 이를 달성해 나가는 과정에서 만나는 장애물들을 이겨내기 위해 노력해야 한다.

기업 책임 2.0

얼마 전 포춘 500대 기업 가운데 한 곳의 기업 책임 담당 여성 부사장을 만났더니 지난 몇 년 동안 여러 차례 직책 이름을 바꾸려고 해봤다는 말을 했다. '기업 책임'이란 말은 자기가 맡고 있는 일의 정신도 본질도 제대로 담아내지 못한다는 것이었다. 다시 말해 자기는 투자자들뿐만 아니라 사회에도 투자수익ROI을 돌려주기 위한 혁신을 추구하는데 '기업 책임'이란 말로는 제대로 설명이 안 된다는 말이었다. 그녀는 이렇게 말했다. "나는 기업 책임이란 용어는 치워야 한다고 확신합니다. 단지 이를 대체할 만한 용어가 생각이 안 나서 그대로 두고 있는 것뿐입니다."

이런 말을 하는 사람은 그녀뿐만이 아니다. 런던에 있는 지속가능성 관련 싱크탱크에서 발간하는 '윤리적 기업'Ethical Corporation 매거진 역시 "기업의 사회적 책임이란 용어는 이제 바다로 쓸려 떠내려 갈 위기에 처했다"(31)고 했다. 환경단체 그리스트Grist의 블로거인 데이비드 로버츠는 기업 책임에 대해 이렇게 불만을 토로했다. "무미건조한 기술 관료 냄새가 나는 용어입니다. 이런 말로는 도저히 대중의 상상력을 사로잡을 수가 없습니다."(32) '진정성: 소비자가 정말 원하는 것'Authenticity : What Consumers Really Want의 저자인 제임스 H. 길모어와 B. 조셉 파인 2세 역시 비슷한 입장을 갖고 있다. 그들은 이렇게 지적했다. "소비자들은 기업이 제품을 더 많이 팔기 위해 내세우는 여러 계획들에 대해 거부반응을 갖고 있습니다. 이런 맥락에서 기업의 사회적 책임을 '속임수'라고 생각하는 소비자들은 점점 더 많아질 것입니다."(33) 이런 추세가 거대한 변화의 소용돌이라고 말할 정도는 아니지만 그렇게 될 조짐은 이미 나타나고 있다.

기업의 사회적 책임에 대한 관심이 높아지면서 진정성에 대한 문제는

어차피 제기될 수밖에 없다. 체면을 구긴 보험업계의 거물 AIG 역시 웹사이트에 '기업책임'이라는 버튼을 마련해 두고 있기는 하다. 그러나 버튼을 누르면 아무 곳으로도 연결되지 않고 그냥 사라져 버린다. AIG가 기업 책임을 어떻게 생각하는지 보여주는 단적인 증거이다. 시티그룹 웹사이트에서 '기업 책임'을 검색해 보면 시티가 동유럽의 한 작은 국가에서 '기업의 사회적 책임 분야 최우수 은행상을 받았다'는 자화자찬 정도가 전부이다. 최근의 미국 경제 대재앙을 야기한 AIG, 시티, 모기지 업계의 거물 패니메이 등을 보자. 이들이 자신들의 몰락을 가져온 무모한 도박에 대한 언급은 쏙 뺀 채 얼마나 많은 기업 책임 보고서를 발행했는가? 이들의 몰락은 수백 만 개의 일자리를 없앴을 뿐만 아니라, 기업 책임이 전혀 다른 새로운 비즈니스 방식을 의미한다고 기대한 사람들의 환상도 깨뜨려 버렸다.

금융 스캔들에 시달리던 패니메이는 2004년 '비즈니스 윤리'Business Ethics의 '100대 최우수 시민 기업' 명단에 1위로 올랐다. 연방 감독 당국이 패니메이 회계 보고서의 거짓 여부에 대한 조사에 착수하기 직전이었다. 이를 통해 우리는 기업 책임이라는 것이 너무도 자주 평판을 조작하고 브랜드를 홍보하기 위한 방편으로 이용된다는 결론을 내릴 수 있다. 이들 기업들은 보고서에 적당한 자료를 만들어 넣기만 하면 더 나은 기업 시민이 되는 것으로 생각했다. 진정으로 좋은 기업이 되려면 기업이라는 천에다 더 나은 세상을 향한 열망을 촘촘히 짜넣듯이 해야 한다는 사실을 간과한 것이다. 패니메이와 같은 '최우수 기업 시민'에게서 기대하기엔 너무도 앞서 나간 생각이었다.

우리는 아직 기업 책임이라는 긴 여로의 종착지에 도달하지 못했다. 하지만 그 진화 곡선의 바깥 구간에 다가가고 있다는 것은 알 수 있다.

여기서 조금만 더 나아가면 기업 책임은 기업들에게 영업 허가를 내주는 데 있어서 최소한의 요구 조건이 될 것이다. 하지만 그 이상은 아니다. 소비자들은 기업 책임 보고서가 해당 기업이 더 위대한 목적이나 더 높은 비전을 가졌음을 보여주는 지표라고 믿지 않는다. 다우존스 지속가능성 지수 상장이나 사회적 책임 기업 뮤추얼 펀드에 편입된다는 것은 더 유익한 일에 적극적으로 참여하는 것이 아니라, 사회에 해악을 덜 끼치는 정도라고 하는 편에 더 가까울 것이다. 이런 식으로 우리는 진화의 교차로, 혹은 스티븐 제이 굴드가 말한 불연속 평형의 시점으로 다가간다.

앞으로도 많은 기업들이 지금껏 해온 것처럼 하면서 말로는 사회에 이로운 일을 한다는 주장을 계속할 것이다. 하지만 그것은 마케팅을 위한 수사에 지나지 않는다. 많은 기업들이 기업 책임 코디네이터 자리를 늘리겠지만 이들은 아무런 권한도 없다. 이런 기업들은 자신들이 만든 기업 책임 관련 부서를 국외자처럼 취급한다. 책임 관련 사업을 요란하게 펼치면서도 실제로는 기업 내부에서 별다른 관심을 기울이지 않는다. 어쩌면 전혀 기울이지 않을 것이다. 허울만 번지르르한 보고서를 발행해 자신들이 훌륭한 기업 시민이라고 주장하지만, 그 어디에도 그들이 사회와 환경에 미치는 영향과 관련해 실제로 얼마나 많은 노력을 기울였는지에 대해서는 밝히지 않는다.

이런 흐름에 맞서 반란에 가담한 혁명적인 기업들도 있다. 이들은 '새로운 책임의 시대'를 선언한 오바마 대통령의 목소리에 귀 기울이고, 이미 상공회의소가 제시한 지평선 너머를 생각한다. 이들은 경제 성장을 사회 정의와 결부시키는 데 힘을 쏟는다. 그리고 금융 위기와 기후 온난화 위기를 더 큰 선善을 추구하는 행동 원칙을 정착시킬 정말 드물게 좋은 기회로 본다. 이들에게는 가치가 바로 혁신의 원천이다. 그것은 투자 수익뿐 아니라 목적에서 얻는 수익까지 보장해 주는 기회이다. 우리는 좋은 기업들이 기업 책임 부사장이란 직책을 버리고 이윤과 사회를 위한 혁신을 강조하는 새로운 직책을 만들 것이라고 때 이른 기대를 해 본다. 그렇게 해서 만들어지는 새 직책의 이름은 '기업 기회'Corporate Possibility 부사장이나 '기업 의식'Corporate Consciousness 수석 부사장쯤 될 것이다.

이제 우리는 극소수의 혁명적인 기업들이 창안하고 있는 기업 책임 이후 시대에 대해 생각하기 시작했다. 분명히 말하지만 미래는 책임혁명의 선봉에 선 기업들의 차지가 될 것이다. 다시 말해, 보다 광범위한 기업 비전에 몰두함으로써 종업원과 이해 관계자들에게 최상의 결과를 보장해 줄 뿐 아니라, 시장 점유율도 넓혀 가는 이단적인 기업들이 미래의 주인이 될 것이다.

혁명적인 책임 기업의 청사진

기존의 기업을 혁신 기업으로 탈바꿈시키기는 데 있어서 유일한 정답은 물론 없다. 이것은 실험과 적응, 숱한 실패를 거쳐 성공에 이르는 하나의 과정이다. 모든 기업이 각각의 문화와 자신의 성격에 가장 잘 맞는 공식을 찾아내야 한다. 또한 이런 충격들이 모조리 긍정적으로만 작용하는 기업이란 있을 수 없다. '녹색'의 물결에 올라탄 최초의 기업군을 포함해 모든 기업은 아직 미완성인 진행 과정에 놓여 있다. 그러나 우리가 아는 진정으로 책임을 중요시하는 기업들은 사명, 투명성, 성실, 진정성, 혁신 등과 관련된 일련의 원칙들을 고수한다. 21세기에 맞닥뜨리게 될 여러 도전에 당당히 맞설 준비가 되어 있는 목적 지향의 기업을 건설하는 데 필요한 원칙들이다.

1. **관건은 사명** 책임 있는 기업은 자기들이 표방하는 목적이나 가치가 기업에서 만들어내는 제품이나 판매하는 서비스보다 훨씬 더 중요하다고 믿는다. 이들에게는 신념을 지키는 게 곧 전략이다. 이들이 하는 사업은 개혁을 절실히 필요로 하고, 그들은 그 개혁을 이루어내고자 한다.(34) 오가닉 밸리Organic Valley는 미국에서 두 번째로 큰 유기 낙농업체다. 인습에 얽매이는 것을 철저히 싫어하는 농부들이 모인 이 협동조합은 대규모 농업 기업의 잘못된 관행과 인습에 과감히 저항한다. 어떤 조직이 무언가 큰 것, 사람들에게 정말 중요한 목적을 표방하면 스스로를 경쟁자와 뚜렷하게 차별화시키게 된다. 같은 게임을 하고 있으면 차별화 할 수가 없다.

2. **투명성이 무기** 진정으로 책임 있는 기업이 되려면 불투명해서는 안 된다. 인터넷 덕분에 고객과 시민 단체는 이제 기업의 일거수일투족을 관찰할 수 있다. 좋은 기업은 이들의 눈앞에 자신을 드러내 놓는다. 투명한 기업은 사회와 환경에 바람직하지 못한 영향을 미친 게 있다면 까발려 보임으로써 비판에 대해 선수를 친다. 뿐만 아니라 비판 세력과 함께 문제를 고쳐나가기 위한 첫걸음을 떼어놓는다. 세계 최대 인슐린 제조사인 덴마크의 제약업체 노보 노디스크Novo Nordisk가 동물실험, 줄기세포 연구, 유전자 기술 등과 같은 논란이 많은 문제에 관련되어 있다는 사실을 공개한 것도 이런 이유에서이다. 장기적으로 보는 눈이 더 많아지면, 결국 지지자들이 더 많아지고 어려움이나 적은 줄어든다.

3. **공동체 같은 기업** 과거에는 업무가 서열에 따라 부여되었다. 경영진이 전략을 하달하면 종업원은 이를 실행에 옮겼다. 이제 좋은 기업은 공동체처럼 일한다. 인재들은 공동체의 목적의식에서 영감을 얻어 혁신적인 아이디어를 생산하는 지능을 제공하고, 이러한 아이디어들을 현실화하는 데 필요한 화력을 제공한다. 엄청난 성공을 거둔 가상현실 프로

그램 '세컨드 라이프'Second Life를 만든 린든 랩 Linden Lab은 직원들 스스로 전략적 방향을 설정 하도록 허용해 주면, 그들이 점차 종업원이 아 니라 기업가처럼 행동하게 된다는 것을 알았 다. 기업이 공동체를 닮아가려고 노력하면 사람들의 창조적 역량은 더 촉진된다.

4. **소비자와 소통** 진정으로 사회적 책임 의식을 갖춘 기업은 단선적이 지 않다. 이들은 '모든 사람만큼 똑똑한 사람은 없다'는 경구의 의미를 잘 안다. 더 많은 이들이 머리를 맞댈수록 시장과 세계에서 진정한 차별 화를 이룰 기회도 커진다. IBM에는 멘사 수준의 아이디어맨들이 넘쳐나 지만 그들의 머리에만 의존하지는 않는다. 빅 블루 IBM은 전 세계에서 가장 총명한 인재들을 끌어들여 세계가 직면한 힘든 도전에 맞서 나간 다. 좋은 기업은 진심으로 고객과 외부 이해 관계자들의 목소리에 귀 기 울인다. 그들은 상호소통 한다. 어떤 기업들은 고객을 기업 혁신 절차의 핵심 부분에 과감하게 불러들이기도 한다. 일반 대중을 통제의 대상으 로 보는 게 아니라 그들이 가진 힘을 이용한다.

5. **실천** 좋은 일을 하는 기업이라는 마케팅 캠페인만으로는 부족하 다. 스스로 '지속가능한 기업' 또는 '책임 있는 기업'이라고 선포한 기 업들은 실제로 이 목표를 모든 활동의 핵심 에 놓는다. 영국의 소매업체 막스&스펜서는 런던 본사 로비에 거대한 전광판을 만들어 자신들이 이룬 사회 및 책임 관련 100대 과제의 성과를 홍보한다. 이 전 광판이 전하는 암묵적인 메시지는 다음과 같다. 막스&스펜서는 진실로 '사회적 효용을 창출하는 일'에 몰두하고 있으며, 스스로 그 결과에 책 임을 지고 공개한다는 것이다. 진정으로 책임 있는 기업은 말과 행동을

일치시킨다.

6. **명확한 기업 의식** 어떤 회사가 되어야 하는지에 대해 일치된 입장을 세우지 않고서는 일관된 정신을 기업의 모든 활동에 자리잡게 할 수 없다. 따라서 기업에 가장 중요한 것이 무엇인지에 대해 대단히 명확한 인식을 가져야 하며, 그러한 인식을 바탕으로 중요한 전략적 결정들을 실천해 나가야 한다. 지난 20년의 대부분 기간 동안 세븐스 제너레이션은 조직의 '집단 의식'collective consciousness을 개발하는 데 몰두했다. 그렇게 함으로써 우리가 일하는 방식, 그리고 무엇을 성취할 것인지에 대해 보다 명확한 인식을 갖도록 했다.

이 모든 일은 제대로 된 질문을 하는 데서 시작한다. 어떤 분야에 몸담고 있건 여러분이 던지는 질문이 그 해답의 형태를 결정한다. "시장점유율을 확보하려면 어떻게 할까요?"라고 묻는다면 "더 지속가능한 경제를 만들기 위해 어떤 일을 해야 할까요?"라고 물을 때와 사뭇 다른 답을 얻게 된다. 그 답에 따라 여러분이 만들어나갈 미래도 달라진다.

기업에 몸담은 우리는 너무도 오랫동안 첫 번째 유형의 질문을 제기하는 데만 능숙했지 두 번째 질문을 생각하는 데는 서툴기 짝이 없었다. 다음은 모든 기업 경영자가 던져야 마땅하지만 실제로는 거의 아무도 제기하지 않는 질문이다. "세상이 절실히 원하는 것 가운데 유일하게 우리 기업만이 제공할 수 있는 게 무엇인가?" 이런 질문을 통해 우리가 맞닥뜨린 거대한 도전과 무궁무진한 기회에 대응하는 최적의 방법이 무엇인지를 모색한다. 설혹 이것이 '올바른 질문'이 아니라 하더라도, 우리는 이를 통해 제대로 된 대화, 책임감 이상의 것을 향해 우리 앞에 놓인 새로운 가능성의 영역을 개척해 나갈 수 있게 될 것이다.

가치에 충실한 기업 2

지속가능한 가치 추구

미 국에서 두 번째로 큰 유기 낙농업체 오가닉 밸리 농장 에서 일하는 사람들은 지금도 그 날을 '드라이 써즈데 이' Dry Thursday라고 부른다. 12월 어느 날이었는데, 지속가능한 방식을 추구하는 기업들에게 잊지 못할 교훈을 심어 준 날이었다. 그것은 바로 사명을 최우선으로 삼아야 한다는 교훈이었다.(1)

'잉크' Inc. 매거진이 전한 이야기는 이랬다. 2004 년 말 성공 가도를 질주하던 오가닉 밸리는 공급 위기라는 악몽 같은 순간을 맞이했다. 몇 달도 안 돼 소비자들은 유기농 유제품으로 몰려들었다. 순식간에 수요가 공급을 집어삼켰다. 오가닉 밸리는 곧 유통업자의 주 문 가운데 40% 정도를 소화할 수 없게 되었고 그 때문에 많은 이들의 불 만을 샀다. 수요 급증을 주도한 세력 가운데 하나는 최대 고객인 월마트 였다. 월마트가 유기농 우유에 대해 엄청난 관심을 보임에 따라 오가닉 밸리의 모든 공급이 말라붙을 지경에 이른 것이었다.

그렇게 해서 그 문제의 목요일에 전혀 CEO 답지 않은 외모의 오가닉 밸 리 공동창업자 조지 시몬을 비롯한 경영진은 소나무 목재로 치장한 이사회 회의실에 모여 회사의 정체성을 결정할 중대한 질문과 마주했다. 모든 고객 에 계속 공급을 축소해야 할 것인가? 아니면 일부 고객만 골라 이들에 대한 공급만 완전히 끊을 것인가? 후자를 택한다면 그 불운한 고객은 누가 될 것 인가? 오가닉 밸리의 오늘이 있게 도와 준 유기농 식료품 업체인가? 아니면 유기농 식품을 주류 소비층에 판매해 온 월마트 같은 대형 소매업체인가?

얼마 지나지 않아 대화는 매출 규모나 대금 회수 등의 문제에서 보다 큰 주제로 옮아갔다. 오가닉 밸리가 진정으로 표방하는 가치는 무엇이 며, 어떻게 해야 기업이 지속적으로 이 가치에 따라 운영될 것인가 하는 문제로 옮겨간 것이다.

잉크 매거진 기사에 따르면 어깨까지 늘어뜨린 머리에 집무실에서도 맨발로 돌아다니기를 좋아하는 시몬 회장은 성장 일로에 있는 전국적인 기업의 CEO라기보다 어떤 공동체의 우두머리 같은 모습이다. 그와 몇몇 낙농업자들은 창업 20여 년 만에 오가닉 밸리를 200여 종 이상의 제품을 생산하며 연간 5억 달러가 넘는 매출을 올리는 기업으로 키웠다. 이 모든 것이 이윤보다 목적을 앞세우는 방식에 따라 이루어진 것이었다. 오가닉 밸리는 증시에 상장된 대규모 농업 기업들과 달리 주주가치 극대화를 목표로 삼은 적이 한 번도 없다. 이 기업의 목표는 협동조합에 가입되어 있는 농장들의 가치를 극대화하는 것이다.

장시간에 걸친 열띤 토론이 끝난 뒤 시몬을 비롯한 의사 결정자들은 월마트와의 거래를 끊기로 했다. 쉽지 않은 결정이었다. 월마트를 버리는 것은 시장 점유율 확대라는 사업 논리나, 손쉽게 유기농 제품을 접할 수 없는 사람들에게 유기농 제품을 공급한다는 유기농 운동의 논리 모두에 어긋나는 것이었다. 그러나 시몬은 오가닉 밸리가 거대 공급자 하나에 지나치게 의존하면 쉽사리 가격인하 압력에 노출될 것이라고 생각했다. 그것은 이 기업의 핵심 사명에 반하는 것이다. 그 사명이란 조합원인 농장들에게 안정적인 가격과 지속적인 영업 환경을 제공한다는 것이다. 월마트의 영향에서 벗어난다는 것은 오가닉 밸리가 영농업자들, 사업이 자리를 잡기까지 도와준 유기농 식자재상, 그리고 소규모 소매 체인에게 의리를 지키겠다는 분명한 신호를 보내는 것이었다.

이 결정은 벤톤빌에 자리한 거대 기업 월마트를 뒤흔들었고 식료품 소매업계에 충격을 안겨주었다. 그 일로 오가닉 밸리는 무지막지한 가격 후려치기로 소기업과 지방 커뮤니티들을 위협해 온 월마트에게 '노' No라고 말할 용기를 가진 기업으로 각인되었다. 이것뿐이 아니다. 오가닉 밸리는 다윗과 골리앗의 이야기를 흉내내려고 한 게 아니었다. 실제로 오가닉 밸리의 낙농제품은 소리 소문 없이 월마트의 진열대로 되돌아왔다. '드라이 써즈데이'의 진정한 의미는 오가닉 밸리로 하여금 기업의 진정한 목적, 생생한 목적을 재발견할 수 있도록 해준 것이었다. 그 목적이란 회원 농장들을 육성하고, 한발 더 나아가 미국 식료품 공급 구조의 거대 기업화를 저지하는 데 힘을 보태는 것이었다. 시몬은 이렇게 말했다. "우리는 대기업에 맞선 것이 아니라 정말로 중요하다고 생각한 것에 대해 가치서약을 한 것이었습니다."[2]

지속가능한 활동을 추구하는 기업들에게 이 이야기가 주는 교훈과 핵심 전제는 더 큰 목적, 다시 말해 '조합 농장을 건전하게 육성하는 것'(오가닉 밸리)[3]에서부터 '건강회복 및 장수'(의료기기 전문업체 메드트로닉)[4], '복부와 영혼에 즐거움을 전파하기'(벤&제리 아이스크림)[5]에 이르기까지 더 큰 목적을 위해 일하라는 것이다. 이런 목적은 사람들의 상상력에 불을 붙이고 기업이 능력을 발휘해 세상에 유익한 힘이 되도록 도와준다.[6] 기업은 창의성, 지식, 자본을 동원해 사회의 어려운 문제들과 씨름할 수 있는 독특한 위치에 있다. 지구 온난화에서부터 경작지 유실, 빈곤 및 전 세계의 기아, 인구 과밀 및 자원의 과잉 소비에 이르기까지 다양한 문제들을 다룰 수 있다. 기업이 영리만 추구하는 냉혹한 집단에서 인간의 잠재력을 개발하는 촉매자로 바뀔 때 세상에 진정하고도 유익한 변화를 가져올 수 있다. 경영전략가이자 작가인 짐 콜린스는 이런 기업들은 "아주 큰 관점에서 성공의 의미를 규정짓는다"[7]고 했다.

가치를 중시하는 기업이 성공한다

최근 몇 년간 기업들이 스스로 내세우는 가치의 의미를 공표하는 일이 유행처럼 번졌다. 큰 규모의 기업 거의 대부분이 시향하는 목표와 이 상을 담은 선언문을 내놓았다. 이런 문건들이 회의실에 내걸리고 기업 책임 보고서에도 실렸다. 하지만 대부분의 경우 기업이 내세우는 가치 는 중역실 문밖을 벗어나지 못한다. 기업 전략이나 중요한 투자 결정, 인 사정책에도 전혀 영향을 미치지 못하고 있고, 기업 문화에 아예 침투할 엄두도 못 낸다.

예를 들어 이라크에서 추악한 거래로 유명한 유전 서비스 분야의 거 대 기업 핼리버튼이 그들이 선언한 가치에 따라 행동했는지 여부는 독 자들의 판단에 맡기겠다. 이 기업은 가치 선언을 통해 "우리 사회의 훌 륭한 이웃 기업으로 인정받겠다"[8]고 밝혔다. 엑슨모빌이 그들이 정한 사명에 따라 합당한 의무를 다했는지도 마찬가지다. 이 기업은 사명에 서 "환경에 충격을 주는 일을 하지 않겠다"[9]고 다짐했다. 대단히 낮은 수준의 사명을 정했음에도 불구하고 이 두 거대 기업은 그걸 지키지 못 했다. 많은 사람들이 그렇게 생각할 것이다.

이처럼 겉으로 시늉만 하는 기업들이 있는 게 사실이다. 하지만 자신 이 정한 가치를 진정으로 지키는 기업들이 종업원 동기 부여, 파트너와 의 관계, 지속가능한 경제적 가치의 창출, 나아가 새로운 사업 기회를 창 출하는 데 더 뛰어나다. 이런 기업들은 더 큰 목적을 찾아 이를 실현하려 는 인간의 핵심적인 욕망을 자극한다. 이런 주장은 나치 강제수용소 생 존자로 유명한 정신과 의사 빅토르 프랑클이 잘 설명한다. 명저 '의미를 찾아서' Man's Search for Meaning에서 프랑클은 가치 있는 목표를 추구하는 것은 선택의 문제도 아니고 도덕적인 필요성에 의해서도 아니며, 인간 이 갖춘 기본적인 조건 같은 것이라고 주장했다. 그는 이렇게 말한다. "우리는 궁극적으로 자신이 처한 문제에 대해 책임을 지고 올바른 해답 을 찾아내고, 또한 자신이 정한 과제를 수행해 나간다. 그러한 과정에서

삶의 의미를 구한다."(10)

직원들 스스로 정답을 찾도록 하는 문화를 만드는 기업이야말로 가장 성공한 기업이라고 할 수 있다. 10여 년 전에 짐 콜린스와 제리 포라스는 경영학의 고전이 된 저서 '성공하는 기업의 8가지 습관' Built to Last에서 존슨&존슨Johnson&Johnson, 3M, 프록터&갬블Procter&Gamble 같은 장수기업의 비결을 면밀히 검토했다. 두 저자는 이들 기업 모두 강력한 사명을 갖고 있다는 사실을 알아냈다. 사명은 단순히 돈을 버는 게 아니라 회사가 존립하는 근본적인 이유이다. 그것은 곧 여러 해 동안, 어쩌면 한 세기 이상 조직을 이끌고 조직에 영감을 불어넣어 줄 근본 정신을 말하는 것이다.(11)

최근에는 하버드 비즈니스 스쿨의 로자베스 모스 캔터 교수가 가치가 얼마나 중요한지 입증하는 증거를 내놓았다. 캔터 교수는 프록터&갬블, 세멕스CEMEX, 방코 헤알Banco Real 등 십여 개의 다국적 기업을 2년간 면밀히 조사한 결과(12), 가치와 기준이 널리 공유되는 기업에서는 종업원들이 더 뛰어난 의사결정을 하고 더 효율적으로 협업하며, 더 효과적으로 기회나 위기에 대처한다는 결론을 얻었다. 종업원들 각자가 특별히 중요한 목적을 위해 일한다고 느낄 때 이들이 기업에 특별한 기여를 할 가능성이 훨씬 더 커진다. 더 중요한 것은 목적을 추구하는 기업은 파트너 업체들이 자석처럼 끌리는 존재라는 점이다. 공급업체에서부터 고객, 더 큰 공동체에 이르기까지 모두가 호의적인 협력을 할 것이며, 이를 바탕으로 새로운 기회를 잡을 조직의 역량도 더 높아진다.

캔터 교수는 이렇게 강조했다. "가치야말로 이 시대 가장 활발하고 성공적인 다국적 기업들의 핵심 성분입니다. 가치란 나중에 생각해 볼 문제가 아니라, 기업에 이윤과 성장을 가져다주는 출발점입니다."(13)

사실 어떤 기업이 진정으로 가치에 전념한다면 기업의 규모와 상관없이 이득을 얻게 되어 있다. 가치를 추구하는 기업은 다른 경쟁 업체들과 근본적으로 다르다. 윌리엄 C. 테일러와 폴리 라바르는 저서 '창조형 리더는 원칙을 배반한다' Mavericks at Work에서 기업이 가진 독특한 가치체계는 그 기업으로 하여금 해당 업계의 관행에 도전하도록 만들고, '독창적인 청사진'을 갖도록 해준다고 했다. 이런 기업은 확고한 목적의식을 가지며 그 목적을 실행에 옮길 태세가 되어 있다. 그리고 "가장 강력한 아이디어는 개혁과 쇄신을 위한 의제를 제시하는 것, 기업을 대의명분을 갖춘 조직으로 바꾸는 것"이라고 강조했다.(14)

명분으로 뭉친 집단: 오가닉 밸리 협동조합

오가닉 밸리는 목적의 첫 번째 원칙을 이렇게 정했다. '무엇을 파느냐보다 무슨 가치를 표방하느냐가 더 중요하다.' 이 기업의 사명은 환경 보호, 지역 경제 지원, 건강한 먹을거리, 동물을 인도적으로 취급하기까지 등 유기농 식자재와 관련된 모든 문제가 진정으로 중요하지만, 그 가운데서도 가장 중요한 것이 농가 보호라는 생각에 바탕을 두고 있다.

1935년 이후 5백 만 명의 자영농이 농토를 떠났고, 남은 인원도 대부분 55세 이상이라는 점에서 오가닉 밸리는 가족농을 '멸종 위기에 처한 종족'(15)이라고 불렀다. 이들의 개혁 의제는 이런 파멸적인 추세를 역전시키는 것이다.

오가닉 밸리 본사는 위스콘신 주 라파즈의 작은 마을을 둘러싼 숲과 들판을 내려다보는 언덕에 자리하고 있으며, 주를 잇는 가장 가까운 고속도로에서 40마일 이상 떨어져 있다. 헛간처럼 생긴 본사 건물은 이 조직이 전원생활 양식을 보존하려 한다는 것을 외관으로 보여준다. 그 뿐리는 20여 년 전에 소농들이 사는 곳에서 쫓겨나지 않으려고 필사적으로 애쓰던 때로 거슬러 올라간다. 당시 재래식 낙농제품의 도매가격이 지나치게 출렁이며 많은 이들이 이중으로 손해를 봤다. 공급이 1% 초과될 때마다 우유 제품 가격은 25%씩 떨어졌다. 1989년부터 2008년까지 재래식 우유의 연간 도매가 변동을 나타낸 차트를 보면 마치 상어 이빨처럼 들쑥날쑥하다.

지난 20여 년간 라파즈를 비롯해 오지 지역에서 농토를 경작해 온 가족농 가운데 많은 수가 쉽지 않은 선택에 직면했다. 빨리 규모를 키우거나, 그렇지 않으면 팔아치우고 떠나는 것이었다. 낙농업의 전망은 대단히 어두워서 나중에 오가닉 밸리의 최고경영자가 된 조지 시몬은 1980년대 후반에 자신이 키우던 소떼를 팔아치울 결심을 했다. 나중에 오가닉 밸리 이사가 된 짐 밀러는 1990년대 초반 자신의 농장을 모두 잃을 뻔했고 거의 고사 직전까지 갔다. 300에이커에 달하는 농장은 1852년 이래로 밀러 가족의 것이었다. 오가닉 밸리가 내세우는 사명은 이런 개인적인 경험에서 나왔다.

오가닉 밸리는 가족, 농장, 농토와 직접 관계를 맺고 있다는 점 때문에 목적의식이 특히 더 강하다. 사명 의식이 분명하게 된 것은 조직이 농부들을 상대로 직접 지급액을 극대화하는 데 역량을 집중하기 때문이다.

오가닉 밸리는 유기 낙농제품에 대해 최대한 공정하고 안정된 가격을 부여함으로써 농부들을 보호한다. 농부들에게 더 많은 돈을 지급할 수 있게 된 이유 가운데 하나는 이들이 32개 주에 걸쳐 1300여 개의 가족 농장이 가입한 조합이기 때문이다. (오가닉 밸리는 라파즈 지방의 유기농 식자재 생산자 협동조합을 가리키는 브랜드이다. 이들이 생산하는 낙농제품, 우유, 육류 등이 오가닉 밸리라는 브랜드로 시장에서 유통된다.) 자영농 보호를 표방하는 그 브랜드 파워 덕분에 오가닉 밸리는 농부들에게 지불하는 '최저 공급가' base-pay price를 지켜나갈 영향력을 갖게 되었다. 실제로 지난 20년 동안 조합이 지불한 가격은 통상적인 도매가 대비 평균 38%나 높았다. 우리는 굽이치는 키커푸 강을 굽어보는 바람 잘 통하는 모퉁이 사무실에서 시몬을 만났다. 그가 일곱 곳의 선구적 낙농업자들과 조합 활동을 시작한 지 오랜 시간이 지난 뒤였다. 그는 이렇게 말했다. "우리는 처음부터 유기농 제품 가격을 가족농을 보호할 수 있는 수준으로 정해야 한다는 입장을 굽히지 않았어요. 농업에 종사하는 그 누구도 제품의 실질 원가를 반영하는 안정된 가격을 설정하지 못했습니다. 그러나 우리는 이를 관철시켜 나갔지요."

다음은 이들이 내세우는 목적의 두 번째 원칙이다. '차별화 된 가치를 표방하려면 남다른 조직을 만들어라.' 오가닉 밸리는 협동조합을 통해 농부들에게 더 나은 가격 조건을 제시했고, 이를 통해 재래식 낙농제품을 파는 대규모 시장에 지속가능한 대안을 제시했다. 그리고 유기농 우유와 치즈뿐 아니라 계란, 소고기, 돼지고기를 위한 시장을 개척했다. 또한 다음과 같이 단순하면서도 강력한 생각을 토대로 한 비즈니스 모델을 만들었다. 사람들은 자기 몸에 좋을 뿐만 아니라 환경에도 좋은 우유와 식료품에 많은 돈을 쓴다는 것이다. 이 모델은 2005년부터 2007년까지 오가닉 밸리의 매출을 해마다 1억 달러 이상씩 증가시키는 데 도움이 되었다. 대 불황이 밀어닥쳐 일부 소비자들이 재래식 낙농제품으로 되돌아가기도 했지만 오가닉 밸리의 2008년 매출은 22% 증가했다. 2009년에는 4% 증가를 목표로 했다. 사회적 가치를 추구하는 기업이 이룰 수 있는 금전적인 성과인 셈이다.

차별화 된 기업

19세기 중반에서 유래를 찾을 수 있는 협동조합 방식의 기업 형태는 현재 대략 8억 명의 회원을 거느린 전 지구적인 운동으로 진화했다. 미국의 경우 주식시장을 통해 지분을 보유하고 있는 이들보다 협동조합 회원의 숫자가 더 많다. 보스턴에 있는 텔러스 연구소의 선임연구원인 마저리 켈리는 '스트래티지+비즈니스' 매거진에 쓴 글에서 협동조합이 기업과 사회에 인상적인 영향을 미치는 강력한 엔진이 되는 경우가 많다며 이렇게 주장했다. "소유 지분을 가진 사원이 업무에 몰두하는 기업은 일반적인 회사에서는 불가능에 가까운 성과를 달성하기도 한다."[16]

켈리는 협동조합이 분기별 이익 목표 달성이라는 단기적인 부담감을 피할 수 있기에 성공을 거둔다고 했다.[17] 이해 당사자가 직접 소유권을 가지고 가치를 추구하는 기업은 전통적인 기업들을 괴롭히는 어려운 문제들을 다루는 데도 유리하다. 오가닉 밸리는 이러한 원칙을 통해 상호 충돌되는 전략적 목표들을 조정해 나간다.[18]

사회개혁을 통한 가치 추구

오가닉 밸리 상표를 단 제품이 널리 펴져 나감에 따라 조합은 단순한 유기농 식자재 사업을 뛰어넘어 다른 분야로까지 진출할 수 있게 되었다. (이 브랜드의 우유, 버터, 계란, 치즈, 육류 등은 현재 미국 내 1만 300여 곳의 매장에서 판매되고 있다.) 조합은 이제 대규모 농업 기업이 해온 기존 관행과 관례들을 조용히 거부해 나가고 있다. 이제 이 분야는 개혁의 준비를 확실히 갖추고 있다.

미국의 많은 농부들이 화학비료, 일괄작업 방식의 가축사육장, 유전자변형 종자에 대한 의존에서 벗어나지 못하고 있을 때 오가닉 밸리는

21세기에 맞는 가족농장의 미래지향적 비전을 그려냈다. 2003년부터 2008년까지 오가닉 밸리의 매출은 거의 153% 증가했다. 이는 중소 규모의 무공해성 농장이 오늘날의 거대 화학과 거대 석유 시대를 뛰어넘을 수 있음을 보여주는 강력한 증거이다. 협동조합이 올린 인상적인 매출 기록은 기업화 된 농업의 '녹색 혁명'에 지속가능한 균형추를 달아주었다. 기업 농업은 무리한 방식으로 산출량과 수확량 극대화를 밀어붙였다. 반면에 오가닉 밸리의 농부 개혁가들은 농업의 다른 미래를 궁리하고 소비자와 이해 관계자, 그리고 전체 공동체에 유익한 것에 대한 개념을 새롭게 만들어 가고 있다. 명분을 지향하는 협동조합이긴 하지만 그렇다고 무모한 자신감에 빠져 있지는 않다. 이들은 유기농의 장점을 내세우면서도 화학비료 농업의 단점을 강조하지 않는다. 시몬의 설명에 따르면 그 이유는 기업식 농업이 활동하는 환경 안에서 유기농업을 키워내야 했기 때문이다. 재래농들을 밀어내고서는 그들을 조합이 추구하는 명분에 동참하도록 끌어들일 수 없다. "그들 가운데 많은 이들이 우리 이웃입니다. 따라서 우리는 초창기부터 기존 시스템에 대해 적대적인 자세를 취하지 않았어요. 그저 소리 소문 없이 우리의 대안을 구축해 나갔을 뿐입니다."

동반 성장으로 강력한 차별성 유지

오가닉 밸리의 핵심 사명은 그들의 '핵심 역량'과 긴밀히 연관되어 있다. 다시 말해 유기 낙농제품 시장을 구축하고, 이 시장에 농부들이 접근할 수 있도록 유도하는 능력과 핵심 사명이 쌍둥이처럼 한데 엮인 것이다. 우유를 생산, 운반하고, 품질을 검사하고, 치즈와 기타 유제품을 만드는 여러 분야에서 오가닉 밸리는 서로 협력한다. 본질적으로 조합은 영농 비즈니스에 속한다. 조합은 제품 공정과 유통 능력을 극대화 하는 데 외부 조직의 기술을 빌린다. 시몬은 "우리는 협동조합이며 협동을 믿는다"고 말한다.

근본적으로 오가닉 밸리의 성공은 사명을 추구하는 농부들과 사명을 추구하는 관련 업체간의 활발한 관계 덕분에 가능했다. 농부들은 농업에 계속 종사하기를 바라고, 사명감에 충실한 관련 업체들은 지속가능한 사업을 키우고자 하는 열망을 갖고 있다. 어느 한 쪽도 다른 한 쪽 없이는 성공할 수 없다. 이러한 두 개의 핵심 집단 외에도 오가닉 밸리는 세 부류의 협력자들에 의지해 사업을 키워나간다.

■**뜻을 같이하는 이해 관계자** 가장 안쪽에 있는 계층이다. 더 좋은 상품가격과 거래 조건 등을 협상해 회원 생산자들의 편익을 도모하는 비영리조직인 전국농민기구NFL 등이 여기에 해당된다. 오가닉 밸리가 초창기 시절에 NFL은 금전적, 물류적 지원을 아끼지 않았다. 무엇보다도 가장 중요한 가공공장들과의 협상을 맡아서 처리해 주는 신뢰를 보여주었다. 지금도 85곳의 협력 치즈 가공업체 가운데 오가닉 밸리가 직접 소유하고 있는 곳은 단 한 곳뿐이다.

■**사업 파트너** 세계 최대 유기농 요구르트 회사인 스토니필드Stonyfield 등이 여기에 해당된다. 오랜 기간 동안 스토니필드(지금은 프랑스 다국적 기업 그루페 다농의 사업부가 되었다)는 오가닉 밸리와 함께 일했다. 둘은 지속가능한 가격을 협상하고, 수요 공급 추세를 예측하고, 각자의 사업을 확장하는 데 도움이 되는 장기 계약을 체결했다. 그러면서 둘은 지속가능한 유기 가족농업이라는 공동의 비전을 실현하는 데도 힘을 모았다. 두 조직은 목적과 이윤 면에서 서로 파트너 관계가 되었으며, 그렇게 해서 서로의 영향력을 몇 배로 키웠다.

■**고객** 오가닉 밸리의 가장 바깥에 있는 계층이다. 유기농 운동에 동력을 제공하는 데는 농업과 다시 인연을 맺고 싶어 하는 고객의 욕구가 어느 정도 역할을 했다. 오가닉 밸리는 농부들을 조합 마케팅 전략의 전위에 포진시켰다. 첫 번째 슬로건인 '건강한 지구를 위해 농민과 소비자가 함께 노력하자'가 성공을 거두었다. 오가닉 밸리가 그 가치 고리의 시작점에 있는 농부와 끝에 있는 고객 사이에 서로 관계를 구축해야 성공할 수 있다는 점을 처음부터 인식하고 있었다는 말이다. 농민과 소비자는 서로서로, 그리고 규제당국과 협력하면서 사실상 유기농 낙농제품의 기준을 만들어 나갔다. 고객들은 항생제와 성장 호르몬을 투여하지 않고 살충제를 뿌리지 않은 곡물을 먹인 소한테서 짜낸 우유가 좋다는 신호를 농민들에게 보냈다. 시몬은 이렇게 설명했다. "갑자기 농민과 고객이 대화를 시작한 것이지요. 양측이 서로 파트너 관계를 맺은 것입니다."

가치를 공유하는 사람들의 공통분모

오가닉 밸리에서 농부들은 금전 배당을 조합에서 받는데, 그 액수가 조합원 개개인이 달성한 연간 매출액의 5.5%에 달한다.

조합원이 되면 농장마다 한 표씩 투표권이 돌아간다. 농장 규모가 소 40마리이건 400마리이건 똑같다. (투표는 이사회 이사를 선출하거나 조합의 정관을 바꿀 때 주로 행사된다.) 오가닉 밸리의 생산자들은 사명, 수익, 투표권 등을 통해 조합과 밀접한 이해관계를 갖기 때문에 사업 성공을 가져다 줄 일에 아주 적극적으로 참여한다.

오가닉 밸리는 2%라는 소박한 이익 목표, 사업을 안전하게 유지하기에 적당한 정도의 목표를 정해놓고 그 목표가 달성되면 조합은 생산자와 조합원 모두에게 특별배당금을 지급한다. 조합이라는 조직보다는 조합원들이 실제 이익을 실현하는 것을 우선시한다. 이런 식으로 오가닉 밸리는 농부와 조합 일을 하는 사람들이 조합에 함께 속해 있으며, 이들은 본질적으로 같은 미래를 공유한다.

상호의존성을 구축하는 또 다른 메커니즘은 매달 오가닉 밸리 경영진과 집행위원회 사이에 열리는 두 시간짜리 전화회의이다. 집행위원회는 미국 전역의 40개 낙농지역에서 생산되는 우유, 계란 등의 제품 '풀'을 대표하는 농부들로 구성된다. 위원회는 최전방 정찰병처럼 품질 문제나 사료가격 변화 등에 대해 조기경보를 보낸다. 이처럼 농부들의 '시장정보'와 경영진의 의사결정권이 탄탄하게 연결될 때 작은 문제가 큰 문제로 갑자기 악화되어 손도 못 써 보게 되는 일은 줄어든다.

오가닉 밸리는 40개 지역의 농부들과 일년에 두 번씩 대면회의도 한다. 이를 통해 전국의 생산자들은 조합이 전략을 수립하고, 가장 중요한 도매가격을 정할 때 직접 목소리를 낸다. 생산자들은 전략을 짜는 데 자신들이 직접 관여하기 때문에 경영진의 전략을 수용할 가능성 또한 높아진다.

조합의 낙농 담당 이사인 짐 위디버그는 이렇게 말했다. "우리는 하향식 기업이 되고 싶은 생각이 추호도 없습니다. 자발적인 참여가 밑에서부터 나올 때 우리의 성공 확률은 더 높아집니다. 조직원의 지지가 확보되기 때문이지요."

어려운 시기에 빛을 발하는 가치

'드라이 써즈데이'의 공급 위기는 오가닉 밸리처럼 사명을 중요시하는 기업이라도 때로는 멈춰 서서 핵심 신념을 궤도수정하고 재음미해 보아야 한다는 사실을 보여 주었다. 큰 위기가 찾아올 때는 특히 더 그렇다. 캔터는 "위기란 때때로 가치의 중요성을 일깨워 준다"고 했다. 콜린스 역시 비슷한 결론을 내리고 이렇게 강조했다. "어려운 시기에 승자가 되는 쪽은 어떤 일을 당하더라도 마지막으로 기댈 가치를 지닌 사람들입니다."(19) 월마트와의 마찰 덕분에 시몬을 비롯한 오가닉 밸리 경영진은 지속가능한 경영방식을 추구하는 기업이라면 맞닥뜨릴 수밖에 없는 하나의 질문과 마주하게 되었다. 그것은 바로 우리가 하는 일의 진정한 목적이 무엇이냐는 것이었다. 대답은 그들이 농업 관련 사업에 종사하면서 동시에 개혁 사업에도 몸담고 있다는 것이었다.

드라이 써즈데이 사건은 오가닉 밸리가 가진 가치에 대한 생각을 강철처럼 단단하게 만들어 주었다. 최근의 끔찍한 경기불황도 마찬가지 역할을 했다. 2009년 봄에 경제가 어려워지자 소비자들은 이름 없는 값싼 브랜드의 유기농과 재래식(비유기농) 우유에 끌렸다. 그래서 유기농 우유 수요가 타격을 입었다. 일부 유기농 우유 유통업자들은 이러한 경기후퇴에 대응한다며 농민들에게 지불하는 도매가를 깎았다. 그래서 인위적으로 소매가를 끌어내렸다. 그러나 책을 쓰고 있는 지금도 오가닉 밸리의 입장은 확고하다. 도매가를 후려치거나 조합원을 줄이는 대신 농부들이 공급량을 7%씩 줄이도록 했다. 이처럼 안정적인 가격정책을 유지함으로써 농부들은 여전히 앞날을 계획하고 끔찍한 시장 변동의 파장을 피할 수 있었다. 시몬은 준비한 성명서에서 "이런 조치야말로 가족 농장을 보호하고 조합을 지킨다는 우리의 사명에 가장 충실한 것이다"(20)라고 했다.

앞으로 경제가 더 악화되면 오가닉 밸리도 어쩔 수 없이 농부들에게 지불하는 도매가를 낮춰야 할지도 모른다. 조합이 바로 얼마 전까지만 해도 누려 온 두 자리 숫자의 성장률을 다시 누릴 수 있을지, 더 큰 규모의 자본화된 경쟁자에게 선두자리를 내줄지는 아무도 장담할 수 없다. 분명한 것은 식료품 업계의 거대 기업들이 연간 90억 달러에 이르는 유기농 시장에 뛰어듦에 따라 오가닉 밸리도 사방에서 도전에 직면하리라는 것이다.

좋은 세상 닷컴: 이베이가 만든 목적 추구 벤처

목적 우선의 벤처 설립은 힘든 일처럼 들릴 것이다. 대기업에 속해 있는 사람들에게는 특히 그렇다. 하지만 개인의 능력 범위 밖에 있는 일은 아니다. 열정적인 사회적 기업가 프리야 하지와 이베이의 주목받는 마케팅 담당 이사 로버트 차트와니가 이룬 눈부신 자취를 생각해 보자.

30대의 두 사람은 현재 캘리포니아 실리콘 밸리에 살고 있다. 2003년 여름에 두 사람은 서로 모르는 사이였고, 각자 인도 북서부로 여행을 떠났다. 두 사람은 그곳에서 하루에 고작 몇 달러로 연명하는 가난한 장인들의 삶을 보고 충격을 받았다. 그들이 가난한 이유는 큰 시장에 접근할 수 없었기 때문이다. 미국으로 돌아오는 길에 두 사람은 개발도상국에 거주하는 수천 여 명의 재능 있는 장인들을 해마다 공산품과 수공 액세서리를 550억 달러어치씩 사들이는 수백 만 명의 미국 소비자와 연결시키겠다고 결심했다.

차트와니는 이런 계획을 이베이에서 키워나갔다. 하지는 비즈니스 스쿨 동기생 몇 명과 '좋은 세상 주식회사' World of Good Inc.라는 사회적 벤처회사를 세웠다. 2년 뒤 그들은 처음으로 만나 갈등을 빚는 두 가지 사업 목표, 즉 이윤추구와 사회적 책임이라는 두 목표를 한데 포괄하는 데 필요한 협력관계를 구축하기 시작했다. 그들은 이를 이베이의 '좋은 세상 닷컴' WorldofGood.com이라 부른다. 이곳은 세상의 다른 어느 곳보다도 윤리적으로 올바른 제품만을 취급하는 온라인 장터이다. 그러면서 개발도상국 장인들의 소득 향상에 실질적으로 기여하는 곳이기도 하다.

이베이의 CEO인 존 도너호는 우리에게 이렇게 말했다. "좋은 세상 닷컴의 투자수익률ROI은 간단한 문제입니다. 우리 종업원들은 사회적 영향력을 행사하는 기업에 근무하는 것을 기쁘게 여깁니다. 소비자들 가운데서도 공정한 무역을 지지하는 사람들이 점점 더 늘고 있습니다. 우리는 사람들이 기업가가 될 수 있도록 발판을 마련해 주고 있고, 이게 바로 우리 사업의 핵심입니다." [21] 하지와 차트와니 두 사람은 이 인터넷 중심 벤처에서 공통의 토대를 찾기 전에 여러 가지 사뭇 다른 길을 걸어 보기도 했지만 목적이 최우선이 되는 기업을 세우겠다는 이들의 통찰은 너무 비슷했다.

아이디어 실험

차트와니는 아메다바드의 야외 시장을 방문하며 고도로 숙련된 보석 세공인들을 만났다. 그들은 세공 대가로 하루 3달러에서 5달러를 받았다. 22캐럿짜리 다이아몬드 하나가 미국에서 팔릴 때의 몇 백 몇 천 분의 일에 불과한 돈이었다. 그는 이들이 세계 시장에 접근해 직접 물건을 팔 수 있다면 얼마나 벌 수 있을까 따져 보았다. 700달러짜리 보석류를 위탁으로 사들여 이베이에서 팔아보기로 했다.

캘리포니아로 돌아온 차트와니는 이베이에서 작가, 디자이너, 사진기사를 채용했다. 밤낮없이 일한 끝에 이들은 일등급이라 할 만한 보석 제품 페이지를 만들었다. 6주 뒤 보석은 1200달러에 팔렸다. 차트와니는 이렇게 말했다. "우리는 장인들에게 엄청난 소득을 창출하는 데 인터넷을 사용할 수 있다는 것을 보여주었습니다. 그걸 보니 공정 무역 수공예품이 흥미로운 사업 기회를 가져다준다는 생각이 들었습니다. 문제는 이런 실험이 아주 큰 규모에서도 통할 것이냐는 것이었습니다."

비전에 초점을 맞추다

버클리의 하스 비즈니스 스쿨을 졸업한 하지는 2003년 한 해 동안 전 세계를 돌며 시장을 이용해 빈곤을 줄일 방법을 모색했다. 그녀는 소비자 구매 행태의 확고한 두 가지 트렌드를 보고 용기를 얻었다며 이렇게 말했다. "시장에서는 공정 무역 상품의 수요가 급증하고 있었습니다. 이는 많은 미국 소비자들이 높은 수준의 사회적 의식이 반영된 상품쪽으로 이동한다는 사실을 입증해 주는 것이었어요. 우리는 행동을 유발하는 강력한 소비 추세선을 목격한 것이고, 그것은 바로 소비자들이 자신의 돈으로 기업의 행동을 유도한다는 것이었습니다."

하지는 '비공식 부문' 에 속한 4억 명의 개발도상국 노동자들에 주목했다. 비공식 부문이란 세금이 부과되지 않고, 정부의 관찰 범위에서도 벗어난 경제활동을 가리킨다. 이 분야 노동자 대부분이 여성이었다. 그들 중 다수는 하루 일당이 1.25달러에도 미치지 않았다. 2005년에 하지는 친구들과 개도국 여성들이 만드는 선물, 가정용품 같은 수공예품을 취급하는 공정 무역 시장 개설을 위한 사회적 벤처를 시작했다. "거기에 '좋은 세상' World of Good이라는 이름을 붙였습니다. 브랜드 이름에는 우리가 상품을 구매하면 그것이 사람들과 지구를 이롭게 한다는 의미가 담겨 있습니다."

강력한 조력자 얻기

이베이에서 보석을 판 지 얼마 지나지 않아 차트와니는 당시 이베이의 재무 담당 최고책임자CFO였던 라지브 두타의 부름을 받았다. 두타는 차트와니의 실험에 대해 들어서 알고 있었다. 그는 시장을 통한 빈곤 해결에 큰 관심을 갖고 있었다. 그리고 이베이가 사회적으로 이로운 공정 무역 수입품 관련 사업을 계속해 나갈 방법을 찾으라고 차트와니를 격려했다. 두타는 당시 이베이의 CEO였던 맥 휘트먼에게 차트와니의 프로젝트에 대해 보고하고, 차트와니를 당시 이베이 인터내셔널 회장이던 매트 배닉에게 소개했다. 차트와니는 당시 상황에 대해 이렇게 회고했다. "경영진이 이 일에 대해 흥분을 감추지 않았습니다. 그들은 우리가 계획하는 일을 진지하게 추진하는 데 가장 적합한 환경을 만들어 주었습니다."

시장을 키워 수익을 키운다

하지의 목표는 단순히 어떤 사업을 시작하는 게 아니라, 윤리적으로 올바른 수공예품 시장을 만들고 싶었다. 하지만 그런 시장의 총체적 성장을 가로막는 요인이 있었다. 널리 인정되는 공정한 임금기준과 투명한 가격책정 모델이 없다는 것이었다. 그래서 하지는 동료들과 함께 '좋은 세상 개발기구' World of Good Development Organization 라는 비영리 자매 기구를 설립했다. 여기서 이들은 '공정 임금 가이드' Fair Wage Guide 라는 도구를 개발했다. 웹에서 무료로 배포되는 이 가이드는 장인들이 140개국의 임금기준을 비교하여 구매자를 상대로 진정한 협상력을 갖도록 해주는 것이었다. 이는 소매상에도 윤리적으로 올바른 제품의 공정 무역 가격을 제대로 알려 주는 역할을 한다. 그 가격은 통상 원산지 최저임금보다 20%가량 높다(이런 조합이 없는 곳의 장인들은 자기 나라 최저 임금의 60% 수준도 받지 못하는 일이 허다하다). 현재 전 세계적으로 공정 임금 가이드를 사용하는 기업이나 조직은 500여 곳에 이른다.

자신의 약점을 파악

이베이 최고 경영진에게서 1만 5000달러의 종자돈을 얻어낸 차트와니는 수공예 제품 시장에 대한 사업 모델을 개발하는 일에 더 많은 노력을 쏟아 부었다. 그는 동료 몇 명과 함께 18개월간 인도의 장인 집단에서부터 세계은행 집행부에 이르기까지 여러 조직의 사람들을 만나고 다녔다. 그리고 시장이 대단히 복잡하기 때문에 사업을 시자할 가장 좋은 방법은 이 분야에 깊은 전문성을 갖춘 기업과 협업하는 것이라는 결론을 내렸다.

차트와니가 선택한 그 기업이 '좋은 세상'이었다. 이곳은 30개국 이상의 개도국에 확고한 공급망을 갖고 있고, 홀푸즈마켓Whole Foods Market 같은 국내 공급업자와 학교 구내서점 등과 파트너 관계를 통해서 성공적인 오프라인 사업을 이끌고 있었다. 그런 관계는 시장을 키우는 데 초석이 되었다.

하지는 밀려드는 수공예품 공급을 수용하기에 충분한 소매 매장을 찾아내지 못해 어려움을 겪고 있었다. 그러던 차에 이베이를 통해 장인들과 바이어를 연결시킬 수 있겠다는 생각이 들었다. "이베이는 기술과 마케팅 노하우를 갖고 있고, 우리는 제품을 골라내고, 수요와 공급 활동을 서로 충족시키는 노하우를 제공할 수 있었습니다. 또한 이베이는 생산자가 수천 개의 물건을 내다 팔 수 있는 온라인 시장을 제공해 주었어요. 이곳이 없었다면 물건을 모두 상점 진열대에 놓아둬야 하는데, 이는 불가능한 일이었을 것입니다." 2007년 1월에 두 조직은 이베이의 '좋은 회사 닷컴' WorldofGood.com by eBay을 무대로 협력을 시작하기로 했다.

비전의 극대화

하지는 처음부터 큰 뜻을 품는 게 대단히 중요하다고 믿었다. "맥 휘트먼이 내게 성공을 정의해 보라고 해서 나는 이렇게 대답했어요. '미국에서 판매되는 윤리적으로 올바른 제품의 양이 두 배로 는다면 좋지 않을까요? 그렇게 되면 액수로는 5억 달러 정도가 됩니다. 사회적 기업가에겐 거대한 목표이지만, 이베이에 앉아 있는 사람에겐 얼마든지 가능한 목표였어요. 맥은 '오케이, 좀 더 큰 목표를 찾아 봅시다'라고 했습니다."

욕심을 좁은 틀 안에 가둬두려고 하지 않은 게 하지에겐 약이 되었다. 이베이는 '좋은 세상'에 매력을 느꼈다. 차트와니는 이렇게 말했다. "이 회사가 자사 이익을 챙기는 데만 관심을 갖는 게 아니라, 오로지 윤리적으로 올바른 수공예품 시장에만 관심을 가졌기 때문이었어요. '좋은 세상'은 효율성을 도입해서 이 시장을 변화시킨다는 목표를 가지고 있었고, 이것이 이베이의 이해와 완벽하게 맞아떨어졌던 것입니다."

눈치보지 말 것

차트와니는 두 가지 전략 덕분에 노력을 계속 쏟을 수 있었다고 회상했다. "첫째,

우리는 누구의 허락을 받고 일을 시작한 게 아니었어요. 대규모 조직에서라면 우리가 시작하는 일이 기업 최고 경영진이 권장하는 범위 안에 속하는지 자꾸 확인하려고 했을 것입니다. 그러나 우리는 긍정적인 사회적 효과를 가져다주는 사업을 시작하는 것은 도전할 만한 흥미로운 일이니 그냥 시작하자. 만약 우리가 망해서 나중에 용서를 구해야 한다면 그때 구하자고 했습니다.

둘째, 우리는 한동안 남의 시선을 피해서 일했습니다. 팀을 소규모로 유지했고, 우리 스스로 많은 것을 배웠습니다. 집중력을 방해할 만한 것을 치웠기 때문에 응집력 있는 전략을 만들어낼 수 있었던 것이지요."

큰 그림에 집중

하지는 사업을 키워야 한다는 일상적인 요구에 신경 쓰지 않고 멀리 내다보는 자세를 유지하려고 한다. 항상 현재에만 매몰되어 있는 사람은 미래를 만들어갈 수 없다. "모든 일이 원하는 대로 돌아간다면 우리는 시장을 이용해 개도국에 공동체를 재건할 기회를 가질 수 있을 것입니다. 이 모델은 전적으로 소비자들로 하여금 사람들의 소득과 기회를 증진시키는 제품을 구매하도록 돕자는 것입니다. 소비가 공익을 위한 동력이 되도록 이끌어 나가자는 것이지요."

그러나 낙농업계의 전통적인 기업들은 이제 하나의 사업 모델을 놓고 경쟁하는 게 아니다. 그들은 성공을 매우 다른 방식으로 정의하는 전혀 다른 조직과 경쟁하는 것이다. 그 조직은 더 높은 시가총액이 아니라 기업 사명을 추구한다. 오가닉 밸리는 이러한 선택을 함으로써 앞으로 더 내성이 있는 기업으로 성장할 것이다.

시몬은 이렇게 말한다. "우리는 조합이 가진 장점을 결코 포기하지 않을 것입니다. 우리는 출구 전략, 합병, 경영권 교체와 같은 위협에 지속적으로 노출되는 일이 없습니다. 기업 활동을 하는 데 따르는 소음들인 셈인데, 우리에겐 이런 소음이 없습니다. 우리는 사명감으로 뭉친 조합입니다. 장기적으로 사고할 수 있는 면허를 가진 기업인 것이지요."

가치 추구 기업의 모범 사례: 막스&스펜서

MARKS & SPENCER

오가닉 밸리의 설립자들은 완전히 새로운 가치를 품고 출범했기 때문에 기존의 틀을 깨는 사업 모델을 만들어 냈다. 그러나 새로 창업하는 게 아니라면 완전히 백지상태에서 출발하는 것은 좋은 대안이 아니다. 이미 자리 잡고 있는 기업들은 대부분 조직의 토대에 회사의 사명이 무엇인지 새겨져 있다. 가치가 확고하게 자리를 잡고 있는 것이다. 하지만 기업이 그 목적에 걸맞게 운영되지 않더라도 종업원이 그것을 지적하는 것은 위험하다. 조직이 실제로는 올바른 길을 가고 있지 않는데도 바른 길을 가고 있다고 생각하는 집단사고를 극복하기란 어렵다. 최고 경영진이 지원을 아끼지 않는다 하더라도 나침반을 다시 맞추고 기업에 새로운 방향을 제시하기란 극도로 모험적인 일이다. 그렇다고 불가능한 일은 아니다. 막스&스펜서 그룹 PLC의 경험을 한번 참고해 보자.

영국 최대의 소매 기업인 막스&스펜서의 유리와 철제로 된 런던 본사에 발을 들여놓으면 로비 전체를 둘러싸고 있는 거대한 전광판이 곧바로 눈에 들어온다. 굵은 글자들이 끊임없이 스크린을 가로질러 흘러가면서 막스&스펜서의 핵심 성과지표들을 실시간으로 업데이트해 보여준다. 그러나 거기에 매출, 이익, 런던 주식시장의 주가 등락은 전혀 소개되지 않는다.

이코노미스트에 처음 언급되었듯이 이 전광판은 막스&스펜서가 세운 100가지 칭찬받을 만한 목표의 달성 과정을 추적하고 있다. 그 목표란 탄소 중립, 쓰레기 매립지에 쓰레기 방출 중단, 농작물 추수 뒤에 농약살포 중지, 채소 농약 잔류물 90% 제거, 2000만 벌의 의류를 공정 무역 면직물로 바꾸기, 1억 2500만 개의 옷걸이 재사용 및 재활용, 연간 사용되는 비닐봉지 2억 5000만 개 감축, 옥스팸Oxfam과 체결한 협약을 통해 고객이 안 입는 옷 재활용하기 등이다. 막스&스펜서는 이 모든 목표를 2012년까지 달성하겠다고 선언했다.

막스&스펜서의 전광판은 이처럼 기업의 사회 및 환경적 성과를 분 단위 속보로 전한다. 사명을 새로 정립해 미래를 열어감으로써 기업 책임에 대한 생각을 다시 한 것이다.

패딩턴 분지에 자리 잡은 막스&스펜서는 음식, 의류, 가정용 가구에 걸쳐 3만 5000여 개의 제품 라인(거의 모두 막스&스펜서 브랜드로 생산한다)을 갖고 있다. 이 모든 물품을 전 세계 2000여 개 공급업체로부터 조달하며 고용된 인원은 7만 5000여 명에 달한다. 이들이 30개국에 걸쳐 800여 개에 달하는 점포를 운영하며 해마다 약 90억 파운드의 매출을 올린다. 2008~2009년 전 세계 경기불황 탓에 영국의 소매업계는 20여 년 만에 최악의 하강기를 겪었다. 물론 이런 불황은 막스&스펜서만 피해가지는 않았다. 2009년 초반 소비 지출이 급격하게 둔화되면서 이곳의 이익도 40% 가량 감소했다. 그러나 막스&스펜서가 가치의 중요성을 되살려 이를 사업 방식의 기준으로 삼지 않았더라면 상황은 훨씬 더 악화되었을 것이다.

1884년에 설립된 이후 막스&스펜서는 영국에서 가장 신뢰받는 브랜드 가운데 하나로 성장했다. 박애주의 정신을 추구하고[22] 기업 활동의 터전인 공동체에 긍정적인 영향을 미치고, 다른 조직도 같은 일을 하도록 격려하는 노력으로[23] 폭넓은 존경을 받아 왔다. 고품질의 제품을 공정 가격에 제공하는 능력에 힘입어 1998년에 이들은 영국 소매기업으로는 처음으로 10억 파운드가 넘는 세전이익을 벌었다. 하지만 그 뒤 경영진이 회사가 표방하는 바가 무엇인지에 대한 통찰력을 잃으면서 회사는 길을 잃고 흔들리기 시작했다.

21세기의 첫 10년 초반부에 막스&스펜서는 의류 생산 라인을 영국에서 해외 하청 공장으로 이전해 1000여 명의 영국 섬유직공을 실업자로 만들었다는 이유로 욕을 먹었다. 환경 단체인 '지구의 친구들' Friends of the Earth이 막스&스펜서가 판매하는 과일과 채소에 (불법은 아니더라도) 해로운 잔류 농약이 묻어 있다며 비난의 포문을 열었다. 결정적인 위기는 2004년에 찾아왔다. 엄청나게 떨어진 이익과 악화일로의 시장 점유율에 몇 년간 시달린 끝에 약해질 대로 약해진 막스&스펜서는 한순간에 적대적 인수합병의 표적이 되었다. 억만장자 투자자 필립 그린이 아직도 쓸 만한 막스&스펜서 브랜드와 하락한 주가에 매력을 느껴 91억 파운드의 인수가격을 제시했다(그린은 나중에 인수 제안을 철회했다).(24))

회사를 둘러싼 비판적인 기사, 환경 운동가들의 분노, 인수합병 전쟁이 소용돌이치는 가운데 임시 관리팀이 구성되었다. 이들은 막스&스펜서를 회사의 가치에 충실하도록 밀어붙이는 일련의 제안을 내놓았다. 은밀하면서 고도로 집중력을 요하는 계획들이었다. 초기에는 거창한 전략도 없었고 경영진의 간섭도 거의 없었다. 임시 관리팀은 막스&스펜서를 세계 최고의 환경 지향적, 사회 지향적인 대기업 반열에 올려놓을 초석을 마련하는 데 필요한 권한을 대폭 위임 받았다.

막스&스펜서가 지향하는 포부들은 이제 모든 사람이 볼 수 있도록 공개되어 있다. 그 포부들이 바로 런던 본사 로비에 놓인 전광판을 가로질러 흐르는 것이다. 그러나 회사 사명의 심장부에 깃든 영감과 혁신이 무엇인지 분석하려면 좀더 많은 통찰력이 필요하다. 막스&스펜서는 완벽과는 거리가 먼 기업이다. 업계의 절대 강자도 물론 아니다. 하지만 이 기업은 이미 자리를 잡은 대기업이 사회적 및 환경적 지속가능성에 대한 열정과 이윤 추구 사이에서 균형을 잡아야 할 때 어떤 식으로 그것을 해결해 나가는지 길을 보여 준다.

> **도전:** 대기업 브랜드는 비판의 대상이 되기 쉽다.
>
> **응전:** 위기에 정면으로 맞선다.

'지구의 친구들'이 막스&스펜서의 제품에 잔류 농약이 범벅이 되어 있다고 공격하자 이 회사는 예상대로 대응했다. 방어적인 자세로 비판을 버티며 함께 방어에 나설 동지를 찾았다. 결국 환경운동가들도 막스&스펜서가 법적 허용치를 위반하지 않았다는 점은 인정했지만 소용없었다. 광우병, 계란에 들어 있는 살모넬라, 농약 범벅의 닭고기 등 음식물에 대한 공포가 엄습하면서 오염물질에 대한 영국 소비자들의 인내심도 바닥에 달해 있었다. 경영진은 압력집단들에 맞서는 대신 그들의 말에 귀를 기울이기로 했다.

막스&스펜서의 런던 본사에서 만난 기업의 사회적 책임팀CSR 이사 마이크 배리는 이렇게 회고했다. "첫 번째 회의는 너무 힘들었어요. 양측 모두 상대방에게 많은 의심을 품고 있었습니다. 우리는 서로 다른 언어로 말했습니다. 그들은 지구를 지키고자 했고, 우리는 그저 우리 식료품을 고객에게 팔 생각뿐이었지요."(25)

막스&스펜서는 환경운동가들이 내놓은 농약 자료 분석에 동의하지 않는다는 점을 분명히 했다. 그러나 더 큰 쟁점에 대해서는 양보했다. 기업이 지속가능성 문제에 느림보처럼 대응했다는 비난은 받아들인 것이었다. 신뢰를 구축하려면 빠른 성과를 낼 필요가 있었다. 포장재로 쓰이는 PVC 플라스틱을 둘러싼 논쟁에서 그 기회가 찾아왔다.

PVC는 제조공정에서 암 유발을 일으키는 원인으로 판명된 염소가 많이 쓰인다. '지구의 친구들'과 그린피스 같은 단체는 PVC가 건강과 환경면에서 다양한 문제를 유발하는 '유독성 플라스틱'이라고 공격했다. 막스&스펜서는 이 말썽 많은 물질을 대체할 방안을 은밀히 모색했다. 그리고 환경운동가 집단과의 첫 회의 자리에서 회사의 모든 제품과 포장재에 PVC 플라스틱을 더 이상 쓰지 않겠다고 선언했다. 그리고 2년 안에 그 약속을 실행에 옮기겠다고 밝히며 단호한 실천 의지를 보였다. 그리고 나서 약속의 수준을 더 높였다. 79종의 농약을 즉시 사용 금지하고 모든 식료품의 잔류 농약을 제거해 나가겠다고 공표한 것이다. '지구의 친구들'은 다른 슈퍼마켓 체인에 대해서는 공세를 이어갔지만 그로부터 1년 뒤에 막스&스펜서에 대해 언급하면서는 농약 근절 약속이 '진정한' 것이었다고 인정했다.

막스&스펜서와 환경운동가 집단 사이에 열린 초반의 회담들은 일회성 이벤트로 끝나지 않았다. 농약 문제가 급작스레 불거진 뒤 오랜 기간 막스&스펜서는 NGO 이해 관계 집단과 정기적으로 직접적인 대면접촉을 계속했다. 이 회의를 이용해 자사의 지속가능성 목표를 강조하고 업데이트 된 상황을 발표했으며, 새로 드러난 사실과 잘못한 내용에 대해서는 정보를 공유했고, 앞으로 닥칠 험난한 도전에 대한 해법을 함께 찾으려고 노력했다. 힘들여 노력한 결과 어렵게 신뢰를 얻어내게 되었다. 하지만 그린피스가 2004년에 사라질 위기에 처한 인도네시아 열대우림에서 벌목해 온 목재로 가구를 만들어 판다며 이 회사를 고발했을 때처럼 환경운동가들은 여전히 막스&스펜서를 공격했다. 그러자 이 회사는 그린피스와 협력해 문제점을 해결하려는 노력을 배가했다.

배리는 이렇게 말했다. "이것은 우리가 얻은 소중한 교훈입니다. NGO를 공급업자 다루듯 하면 안 됩니다. 그린피스는 독립적인 기구입니다. 우리가 잘못한 일이 있을 때 그들은 잘못했다고 말합니다. 달라진 게 있다면 이제는 우리에게 문제점을 시정할 기회를 일단 먼저 준다는 것입니다."

도전: 변화에 저항하는 내부 회의주의자들에게 어떻게 대처할 것인가?

응전: 좋은 일을 함으로써 경쟁자를 이기는 비즈니스 사례를 만든다.

막스&스펜서의 최대 경쟁자 가운데 하나인 소머필드Somerfield 슈퍼마켓 체인은 농약 문제에 대해 과장된 두려움을 불러일으킨다고 환경 단체들을 비난함으로써 회사 이익을 소비자 건강보다 앞세우는 탐욕스런 기업으로 비쳐졌다. 환경 단체들은 소머필드의 불만을 무시했고, 잔류 농약 수준이 허용 최대치를 초과하는 경우가 거의 없다는 사실도 공개하지 않았다. 소머필드의 항변은 초점을 잃었고, '지구의 친구들'은 홍보전에서 이겼다. 막스&스펜서는 고집스레 버티는 경쟁자들을 앞서 나가기 위해 재빨리 움직였다. 공격적인 지속가능성 목표를 설정한 것은 브랜드 가치를 높이거나 옳은 일을 하겠다고 그런 것이 아니었다. 막스&스펜서는 그런 전략을 통해 경쟁자의 허를 찔렀다.

환경운동가들과 손잡고 일할 수 있다는 것과, 실제로 그렇게 해서 살아남을 수 있다는 것을 속전속결로 보여주는 몇 가지 계획을 실행에 옮긴 다음 배리는 뜻을 같이하는 동료들과 함께 다음 단계에 착수했다. 그것은 더 원대하고 야심찬 전투 계획을 세워 회사의 지지를 얻어내는 것이었다. 설득력을 극대화하기 위해 그들은 막스&스펜서의 식료품 사업이 직면한 16가지 사회적 및 환경적 도전에 대해 회사가 이룬 성과를 객관적으로 도표화했다. 그 도전들 가운데는 동물 복지, 공정 무역, 농약, 납 기준, 포장 문제 등이 포함되었다. 그리고 같은 쟁점들에 대해 경쟁사들의 실적도 비교 자료로 만들었다. 그리고 회사 식료품 사업 최고 책임자에게 다음과 같은 질문을 던졌다. '막스&스펜서가 어느 분야에서 이기기를 바랍니까?'

목표는 16가지 쟁점 모두에서 선두를 달리는 것이지만 그렇다고 모든 분야에서 반드시 일등을 하겠다는 것은 아니었다. 농약, 동물 복지 등과 같이 이해 관계자들의 기대 수준이 높고 경쟁사의 성과가 미약한 쟁점에 대해서는 식료품 최고책임자 역시 정상을 목표로 한다는 데 동의했다. 어류 남획처럼 회사가 평균 성적밖에 올리지 못하는 분야에서는 선두를 빨리 따라잡겠다는 보다 현실적인 계획을 세웠다. 실용주의와 야심을 적절히 조합하는 이런 정책은 확장 일로에 있는 거대 복합기업으로서는 적절한 전략이었다. 우승마 대열에 끼고 싶지만 하룻밤 새 경주마 체형으로 변신하는 것도 불가능한 일이었다.

물론 기존 기업 안에 새로운 체질의 벤처를 만들기란 힘든 일이다. 분기 실적을 내기 위해 죽어라고 일하는 관리자들에게 지속가능한 어획을 하는 공급자로부터 어류 조달을 늘리라는 식의 가치 지향적인 목표를 갑자기 주면 그들은 이를 성가신 일로 여기기 쉽다. 배리는 동료들과 함께 이런 회의주의를 극복하기 위해 세 가지 전략을 사용했다.

첫째, 막스&스펜서의 이해 관계자 및 고객들에게 가장 중요한 핵심 이슈를 분명하게 제시했다. 태스크 포스 팀이 공들여 만든 16가지 조치를 강조해 설명하고 성과가 어떻게 측정될지를 설명했다. 따라서 관리자들은 '사명'과 관련된 모호한 선언을 가지고 미래가 어떻게 될지 추론할 필요가 없게 되었다.

둘째, 막스&스펜서의 성과를 가장 강력한 경쟁자들의 것과 한눈에 볼 수 있도록 비교 제시했다. 또 회사가 어떤 영역에서 평균 정도밖에 되지 않는지(또는 그보다 더 나쁜지) 등을 분명히 보여주었다. 그러자 관리자들은 더 많은 성과를 내기 위해 경쟁적으로 열의를 보이기 시작했다.

셋째, 이 전략이 막스&스펜서 식료품 사업부의 지지를 얻어내자 다른 영업 단위들(의류, 가구 등)도 다투어 경쟁에 뛰어들지 않을 수 없었다.

배리는 이렇게 회상했다. "식료품쪽 사람들이 제일 먼저 벽을 무너뜨렸습니다. 6개월이 지나자 회사 내 모든 다른 파트에도 유사한 플랜이 생겨났습니다."

도전: 지속가능한 기업 운영에 대한 보상을 어떻게 거둘 것인가?

응전: 회사가 거둔 성공을 솔직하게 알리고 노력을 배가한다.

지속가능성 목표를 세우고 이를 달성하기 위한 노력을 시작했지만 그런 사실이 외부에는 거의 알려지지 않았다. 그러다 2005년 말에 변화가 찾아왔다. 이들은 치열한 경쟁이 벌어지는 영국 슈퍼마켓 산업에서 아무도 가 본 적이 없는 위험한 곳으로 표류해 들어갔다. 당시 막스&스펜서는 지속가능한 경영을 하기 위해 공급 체인이 규정을 제대로 준수하도록 관리하는 일 등에 너무 많은 비용을 들이고 있었다. 경쟁사인 테스코나 월마트 같은 할인 업체들은 그런 비용을 부담하지 않는데, 이들은 높은 지속가능성 기준을 충족시키느라 수백만 파운드를 썼던 것이다. 그러나 이런 노력이 소비자에게는 잘 알려지지 않았기 때문에 신뢰도가 높은 브랜드에 따라오기 마련인 보상은 거두지 못하고 있었다. 당시 막스&스펜서의 CEO인 스튜어트 로즈는[26] 이 복합 기업의 사업부별 책임자를 모두 불러들여 한 가지 과제를 제시했다. 지속가능성과 관련된 노력이 빛을 볼 수 있도록 커뮤니케이션 장치를 만들라는 것이었다.

그 결과물이 바로 '라벨의 뒤를 보자'Look Behind the Label라는 야심찬 12개월짜리 광고 캠페인이었다. 이 광고를 통해 막스&스펜서는 소비자들에게 자사의 일상용품 뒤에 감춰진 지속가능성 관련 이야기를 들려주었다. 이 노력은 대성공을 거두었다. 2007년 초에 영국 소비자들은 투표를 통해 막스&스펜서를 '최고의 녹색 슈퍼마켓'으로 뽑았고 '종업원을 가장 잘 보살피는 기업'[27]으로 간주했다. 그러나 막스&스펜서의 전략 가들로서는 회사가 지속가능성 관련 문제를 앞장서서 이끌어 나가고, 경쟁의 판도를 새롭게 짠다는 확신을 갖게 된 것이야말로 가장 큰 보상 이었다.

막스&스펜서가 환경 분야에서 최고의 자리에 오르자 업계의 대기업 들도 반격에 나섰다. 테스코는 세간의 이목을 끄는 캠페인에 착수해 쓰 레기를 줄이고, 에너지를 아끼며, 탄소발자국 정보 라벨을 모든 제품에 부착하겠다고 광고했다. 기업들이 너도나도 새로운 전쟁에 뛰어들었 다. 전쟁은 더 이상 브랜드 이미지를 강화하고 홍보 점수를 얻는 데 그 치지 않았다. 지속가능성을 지렛대 삼아 시장 점유율을 높이려는 전쟁 이었다.

배리는 당시를 이렇게 회상했다. "대기업들은 잃었던 자리를 되찾으려 고 했습니다. 우리는 어떤 분야에서 그들보다 앞서는지 알았어요. 가격 경쟁으로는 절대로 그들을 이길 수 없겠지만, 그들을 신뢰와 책임을 놓고 벌이는 전쟁터로 끌어들인다면 우리에게도 승산이 있었던 것입니다."

'안주는 곧 죽음'이라는 CEO의 경고에 자극받아 막스&스펜서는 지 속가능성이라는 패에 올인 하다시피 했다. 배리가 이끄는 임시 관리팀 은 기업이 당면하고 있는 200개가 넘는 사회적, 환경적 쟁점에 대해 브 레인스토밍을 했다. 땀 흘린 결과 마침내 그들은 기후변화, 쓰레기, 원 자재, 공정 무역, 사람이라는 5개 분야, 100가지 쟁점으로 좁힐 수 있었 다. 목표는 경쟁자들보다 조금만 앞서자는 데 두었다.

배리는 이렇게 설명했다. "우리는 일반대중을 상대로 하는 시장 업종 입니다. 따라서 항상 적절한 범위 안에 머물러야 합니다. 경쟁자들보다 아주 잘하고 싶지만 그렇다고 별난 괴짜처럼 보이고 싶지는 않습니다."

이 목록의 실현 가능성을 검토하고 난 다음 막스&스펜서의 고위 경영진은 이 100가지 모두를 2012년까지 완수하겠다고 약속했다. 이 바람직한 목표들은 막스&스펜서가 사업을 하는 곳의 커뮤니티를 지원하는 일에서부터 유기농 식품 매출을 세 배로 올리기, 종업원 복지, 기후변화 대응에 이르기까지 거의 모든 부문을 포괄한다. 목표가 이렇게 산만하면 어디에 중점을 두어야 할지 몰라 허둥댈 가능성은 없을까?

마이크 배리는 그렇지 않다고 주장한다. 공급 체인에서 170만 명에 달하는 종업원이 일하고 있고, 해마다 2100만 명의 소비자에게 3억 5000만 점의 의류와 20억 종의 식료품을 제공하는 기업에게 100가지는 '적은 수'라고 그는 말한다. 기업 활동에 따르는 다른 모든 사회적, 환경적 결과들은 무시한 채 유기농 식품과 같은 단 하나의 가치 있는 쟁점만 골라 브랜드에 빛을 내려고 하던 시대는 이제 지났다. 기후변화, 전 세계적인 물 부족, 전염병처럼 번지는 어린이 비만, 기타 글로벌 기업이 직면한 수많은 도전들이 진전되는 속도로 보아 점진주의적인 대처로는 이제 충분하지 않다. 막스&스펜서의 100가지 약속은 회사가 조직적으로, 그리고 총체적으로 행동에 나서겠다는 의지를 밝힌 것이다.

도전: 전략을 어떻게 알릴 것인가?

응전: 단순화한다. 의도를 분명하게 밝히고 실천에 옮긴다.

사람들은 말로 설명할 수 없는 것은 지지하지 않는다. '기업의 사회적 책임'이라는 꼬리표도 마찬가지다. 마이크 배리도 이 말에 대해 조금은 어색한 느낌을 갖고 있다. 너무 기술적이고 너무 광범위하기 때문이다. 그는 심지어 업계 사람들조차 이 말을 각기 달리 해석한다고 지적한다.

따라서 2007년에 회사의 100가지 사회적, 환경적 목표에 대해 이름을 붙일 때 막스&스펜서는 이를 기업의 사회적 책임CSR 계획이 아니라

'플랜 A'라고 발표했다. 이 간단한 제목은 극적이고 긴박한 느낌을 준다. 사람들은 이런 말에 귀를 기울인다. 단순함이 어필하는 것이다. 플랜 A를 감독하는 고위 팀은 '우리가 사업하는 방법위원회'HWDB:How We Do Business라는 이름을 붙였다. 이코노미스트가 지적한 것처럼 좋은 일을 하겠다는 막스&스펜서의 노력에 '난해한 암호' 같은 것은 없다.(28) 이 메시지는 직설적이며 애매모호하지 않다. '우리가 사업하는 방법'이란 말은 플랜 A가 마치 수를 놓은 것처럼 이 회사의 내부 구석구석에 녹아들어 있다는 느낌을 준다.

막스&스펜서 플랜 A의 포이트 맨, 다시 말해 목표 달성을 위한 회사의 노력을 진두지휘할 중역은 건설 담당 이사인 리처드 길리스이다. 그는 흔히 말하는 사회개혁가는 아니다. 한때 300명이 넘는 종업원과 14억 파운드에 이르는 예산을 감독했기 때문에, 가치 선언과 사명 의제보다는 스프레드시트나 청사진 등에 더 익숙한 사람처럼 보인다. 그는 기업의 사회적 책임을 '기업의 사회주의적 책임'이라 조롱하듯 부르고 환경운동가들에게 '토끼 여단'이라는 별명을 붙인 사람이다. 그러나 막스&스펜서에서 25년 넘게 일하며 자원을 끌어 모으고, 회의주의자들을 설득하고, 뒤처진 직원들의 멘토 역할을 한 그는 플랜 A 목표로 기업을 이끌고 가기에 적임자이다. 그는 플랜 A가 기업의 탄력을 키우는 일뿐 아니라 더 큰 이익에 기여하고 싶어 하는 인간의 본성을 충족시키는 일에도 꼭 필요하다고 강력히 주장한다.

길리스는 이렇게 말한다. "나는 막스&스펜서에서 평생을 사람들이 물건을 사도록 만드는 일을 하면서 보냈어요. 하지만 그 이상의 일을 하고 싶은 욕구를 정말 가지고 있습니다. 여러분도 임종을 맞아 삶을 되돌아볼 때 무언가를 내세우고 싶을 것입니다. 나는 우리 업종을 변화시키는 일에 기여했다는 말을 하고 싶습니다."

도전: 모두를 동참시켜 책임감을 갖게 하려면 어떻게 하나?

응전: 약속을 공개한다.

지난 몇 년간 운동단체와 블로거들은 대기업에 대해 환경을 생각하는 시늉만 한다는 비난을 자주 퍼부어왔다(많은 경우 옳은 말이다). 그래서 이런 기업들 가운데 많은 수가 자사의 사회적, 환경적 계획이 스포트라이트 받는 것을 원하지 않는다. 널리 존경받는 작가로 지속가능성과 관련된 기업 문제 컨설턴트인 조엘 맥코어 같은 사람들은 많은 기업이 '거

짓 환경 보호 기업'이라는 낙인이 찍힐까 두려워 '입을 다물고', 그래서 녹색 노력을 하는 기업이라는 '평판이 가져다 주는 이익'을 포기한다고 지적한다.(29)

어쩌면 이들이 현명한 선택을 하는 것인지도 모르겠다. 나이키에 대해 상세하게 다룰 제 5장에서 보겠지만, 기업이 지속가능성 문제와 관련해 초점을 평판이 아니라 혁신에 둔다면 그로 인해 받는 보상은 훨씬 더 크다. 그러나 맥코어가 언급한 '혼란과 갈등을 겪는 기업들', 다시 말해 옳은 일을 하면서도 그것을 밝히려고 하지 않는 기업들의 처신은 이해가 안 된다. 외부 사람들이 아무도 관심을 기울이지 않는다면 회사 내부 직원들이 어떻게 자신들이 하는 노력을 진지하게 여길 수 있겠는가?

막스&스펜서는 아주 다른 방침을 취했다. 그 가장 분명한 증거가 바로 본사 로비의 전광판을 선명하게 가로지르는 플랜 A의 최신 성과지표들이다. 이처럼 눈에 잘 띄는 곳에 성과를 공개한다는 것은 기업이 사회적 책임을 다한다는 사실을 사람들에게 자랑스럽게 보여주겠다는 것이다. CEO를 지낸 로즈는 런던에서 발행되는 선데이 타임스에 "진정한 녹

색 기업으로 스스로를 차별화 한다면 상업적으로도 큰 이득을 볼 수 있다"고(30) 말했다. 그러나 이 프로그램은 다른 기능도 하는데, 그것은 바로 사람들이 지켜본다는 것이다. 이 경우 기업이 약속을 이행하지 않으면 엄청난 대가를 치러야 한다. 길리스는 이렇게 말했다. "약속을 지키지 않으면 여론의 지지를 잃습니다."

많은 대기업이 '사명'을 행동으로 옮기는 데 어려움을 느끼는 이유는 회사 안에 기껏해야 직원용 작은 탁아소 하나 있는 게 전부인 경우가 많기 때문이다. 막스&스펜서는 7만 5000명의 종업원 대다수가 적어도 플랜 A의 일부에 책임을 지고 참여하도록 하는 네 가지 대담한 계획을 도입했다.

1. **투명한 유리집** 투명성이 책임감을 만든다. 막스&스펜서의 전광판을 가로질러 흐르는 플랜 A의 최신 성과지표는 많은 대기업을 덮고 있는 불투명한 장막을 벗겨낸다. 그것은 또한 수많은 협력자와 공급업자에게 세상이 플랜 A의 진보나 퇴보를 지켜본다는 사실을 통보하는 역할도 한다. 막스&스펜서의 '우리가 사업하는 방법' 연례 보고서 역시 비슷한 역할을 한다.

'우리가 사업하는 방법위원회'는 기업의 사회적 책임 보고서에 흔히 등장하는 전문용어들은 피하고, 플랜 A 개별 목표의 성과를 상세하고 명료하게 설명하는 보고서를 내놓고 있다. 보고서는 진보가 더딘 부문에 대한 증거자료도 숨김 없이 제시한다. 한 가지 예로 2007년 여름에 회사의 트럭 연료로 바이오디젤을 쓰려던 계획은 실패로 돌아갔다. 이 대체연료가 생각보다 환경 친화적이지 않은 것으로 드러났기 때문이다. 회사는 또한 자료의 진실성을 검증하기 위해 독립 감사기관인 언스트&영 LLP를 불러들였다. 그리고 플랜 A의 결과에 대해 책임이 있는 임원의 이름을 공개하는 방법으로 극히 개인적인 차원에서 책임을 묻는다. 배리는 이렇게 요약해서 설명한다. "성과가 좋으면 CEO한테서 칭찬을 듣지만, 나쁘면 쓴 소리를 듣게 됩니다."

2. 측정 2012년까지 100가지 목표를 확실히 달성하기 위해 회사 내부에 수많은 이정표와 데드라인을 설정했다. 지속가능한 방식을 사용하는 공급자가 공급하는 어류 재고 비중 확대, 하청 공장의 잔업 및 안전 위반 감소 등이 그 예다. 각각의 플랜 A 목표에는 실행 관리자가 한 명씩 배정되며, 그 관리자의 성과 목표는 프로그램의 목표가 달성되도록 진전을 이루어나가는 것이다. 길리스는 '일리미네이터' Eliminator라는 이름이 붙은 컬러 코드 계기반을 감독하는데, 이것은 플랜 A 실행 관리자들이 데드라인을 지키도록 제 속도를 유지하고 있는지 알려주는 기기이다.

'우리가 사업하는 방법위원회'는 매달 플랜 A 성과를 점검한다. 그리하여 기후변화, 쓰레기, 지속가능한 원자재, 거래 파트너, 건강 등의 주요 분야를 맡고 있는 경영자에 대해서는 성과에 대한 책임을 지운다. '우리가 사업하는 방법' 회의의 목적은 있는 그대로를 털어놓고 개선책을 찾는 것이다. 여기서는 당근과 채찍이 함께 구사된다.

예를 들면 다음과 같다. 플랜 A의 가장 야심찬 목표 가운데 하나는 쓰레기를 없애 매립장으로 일절 보내지 않는 것이다. 이를 위해서는 회사의 600여개 점포, 20여개 재고 창고 및 영국과 아일랜드에 있는 사무소 다섯 곳으로부터 매립지로 향하는 쓰레기가 하나도 없어야 한다. 여간 힘들고 복잡한 문제가 아니다. 그래서 2008년 하반기 몇 달 동안 이 목표를 맡은 팀은 고전을 면치 못했고, '일리미네이터' 계기반에는 붉은색 그래프가 치솟아 오르기만 했다고 배리는 회상한다. "이 분야의 관리자들은 이사회에 불려나와 공개적으로 호된 질책을 들었습니다. 그러는 한편 개선에 필요한 추가 인력, 예산, 기술적 지원도 주어졌습니다." 막스&스펜서는 이런 식의 철저한 조직, 각종 회의, 혹독한 인사 관리 등을 통해 플랜 A를 회사 조직 속으로 밀어넣어 모든 구성원이 그 사명을 분명히 인식하도록 만든다.

3. **꼼꼼하게 추적** 플랜 A는 야심찬 계획임에 틀림없지만, 진정한 진전을 이루기 위해서는 지겨울 정도로 세부적인 내용까지 깊이 파들어 갈 수 있어야 한다. 토머스 프리드먼은 저서 '뜨겁고 평평하고 붐비는 지구' Hot, Flat, and Crowded에서 "꼼꼼하지 않으면 녹색이 아니다"고 단호하게 주장했다.(31) 막스&스펜서의 경우에도 꼭 들어맞는 말이다.

탄소중립이라는 버거운 목표를 이루는 데 도움을 얻기 위해 길리스가 이끄는 팀은 소매점포의 설계기준을 엄청나게 꼼꼼히 파헤쳤다. 그들은 매장 1층의 중량 부하가 재고를 1층에 보관하던 시절의 수치를 근거로 이루어지고 있다는 사실을 발견했다. 하지만 이제 재고는 재고 창고에 따로 보관되고 있기 때문에 1층에 큰 짐을 적재할 필요가 없다. 마루를 더 가볍게 만들면 콘크리트가 덜 들어간다. 그리고 콘크리트는 이산화탄소 배출의 주범이며 이산화탄소는 지구온난화의 요인 가운데 하나이다.(32) 길리스는 "설계 기준 관련 서류까지 검토해 볼 수 있었기 때문에 우리는 많은 양의 탄소 발자국을 없앴다"고 했다. 이처럼 꼼꼼하게 찾아다니는 수고를 기꺼이 감수하는 일이 분기마다 반복되면서 극적인 성과로 이어졌다.

4. **동지 규합** 많은 사람들의 협력을 끌어내지 않고는 플랜 A 목표를 이룰 수 없다는 사실을 깨달은 막스&스펜서는 뜻을 같이 하는 수많은 동지들을 회사의 대의에 끌어들이기 위해 나섰다.

첫째, 플랜 A '전도사'를 교육시켜 600개의 매장에 일일이 배치했다.

이들은 A 타입의 지지자로서 경영진에게 실제 현장에서 어떤 일이 이루어지고 있는지(더 중요한 것은 어떤 일이 제대로 돌아가지 않는지) 점검해서 알려주고, 최전방에 함께 일하는 동지들을 규합한다. 예를 들어 막스&스펜서는 한해 2억 개의 외투 옷걸이를 재활용해서 해마다 거의 800만 파운드의 비용을 절감한다. 이는 주로 플랜 A 전도사들이 6만 5000여 명에 이르는 동료들을 설득해 방침대로 따르도록 만든 덕분이다.

둘째, 공급업자들과 의견 교환을 위한 웹사이트를 개설했다. 이를 통해 30여개국에 있는 2000여 곳의 공급업자들이 플랜 A 약속이 더 잘 이루어지도록 피드백을 하고 모범 아이디어를 낸다. 이는 기본적으로 욕구와 해법이 서로를 찾아가는 일종의 포럼이다. 막스&스펜서가 드라이 클리닝 백의 폴리머 수지 양을 줄일 방법을 찾고 있을 때 스리랑카의 한 공급업자가 백의 내구성을 그대로 유지하면서 두께를 50% 줄일 방법을 발견한 것이 하나의 예이다.

셋째, 정기적으로 NGO들과 접촉한다. 옥스팸과의 협력 아래 의류 교환을 시작한 덕에 쓰레기 매립장으로 갈 뻔한 1400t의 헌옷이 재활용의 길을 찾았다. 또한 180만 파운드의 자선기금도 모았다. 소비자들에게 옥스팸에 옷을 기부하도록 유도하는 방법으로 막스&스펜서는 5파운드짜리 상품권을 선사했다. 이 상품권은 이 회사 의류의 평균 구입가격인 35파운드 이상을 구매할 때 사용할 수 있다. 본질적으로 상품권은 소비를 촉진하는 인센티브이기 때문에 막스&스펜서는 의류 판매가 늘어나고 옥스팸은 새로운 수입원을 갖게 되었으며, 소비자는 할인 혜택을 받는다. 다시 한 번 속설이 옳다는 게 증명되었다. 좋은 일을 하면 사업도 잘 된다는 속설이다.

사명을 중시하는 기업 만들기

플랜 A의 목표는 환경 개선과 사회 기여이다. 브랜드 구축과 이윤 증대는 그것에 따르는 큰 부산물이다. 따라서 막스&스펜서는 2009년 초에 2억 파운드의 초기 지출이 필요한 플랜 A를 비용 중립적이라고 발표했다. 즉 필요한 투자를 상쇄할 만한 충분한 비용 절감을 가져다주는 계획이라는 것이다. 막스&스펜서는 앞으로 이 프로그램이 상당한 이윤을 창출해 낼 것으로 기대한다. 경제 악화와 공격적인 경쟁자들의 계속되는 공세 때문에 이런 기대가 무산될지도 모른다. 그렇더라도 막스&스펜서는 진정으로 대담한 사명을 가지고자 하는 대기업들이 눈을 떼지 못할 정도로 매력적인 청사진을 만들어냈다.

- **비판자들과 협력한다.** 그들의 다양성이 여러분의 창의성을 자극해 줄 것이다.
- **경쟁을 두려워하지 않는다.** 사명이란 듣기 좋은 전략이 아니라 전투 계획이다.
- **대담한 목표를 세운다.** 사람들이 더 많은 일을 하고 싶은 마음이 들도록 큰 목표를 세운다.
- **목표를 분명히 하고 데드라인을 정한다.** 목표를 못 지키면 큰일 당한다는 것을 알아야 진보가 있을 수 있다.
- **가치와 목표를 큰 광고판에 써서 붙인다.** 공개적으로 망신을 당할 수 있다는 예상만으로도 마음이 절박해져 행동에 나서게 된다.
- **전사적으로, 그리고 커뮤니티 전체와의 대화를 지속적으로 실시한다.** 많은 아이디어를 끌어내다 보면 좋은 아이디어가 나올 확률도 높아진다.
- **사명감에 투철한 사명 전도사를 선발한다.**

이런 설계도면을 따라가면 입장이 확고해 잘 움직이기 힘든 기업도 진정한 목적이 무엇인지 다시 생각하게 되어 이해 당사자와 고객의 눈에 특별하게 보이는 제품과 서비스를 만들어낼 수 있다.

———————

진정으로 책임 있는 혁명가들이라면 누구라도 따를 만한 원칙과 열심히 일할 가치가 있는 목적을 확립해야 한다. 서로 완전히 다른 두 기업 오가닉 밸리와 막스&스펜서는 각자 독창적인 목적을 구축함으로써 높은 성과를 달성할 수 있었을 뿐만 아니라, 협력자, 소비자, 이해 관계자들을 자신들이 추구하는 대의에 끌어들일 수 있었다. 기업의 사명이 정말 중요하다는 사실이 드러난 것이다. 이 사명이 호소력을 발휘하면 많은 이들이 과거의 유혹을 뿌리치고, 세상에 변화를 가져올 의미 있는 대의에 동참할 것이다.

공동체를 지향한다 3

숨은 능력을 끌어낼 청사진

허브 켈러허는 2008년 5월에 회장 자격으로는 마지막으로 사우스웨스트 항공 주주총회에 참석해서 자기가 종업원들을 얼마나 아끼는지에 대해 이야기하며 눈물을 흘렸다. 가식적인 행동이 아니었다.[1]

지난 20년 가운데 대부분의 기간 동안 사우스웨스트는 항공 업계의 어두운 하늘에서 빛을 내는 몇 안 되는 밝은 별이었다. 2008~2009년의 혹된 경기후퇴 전까지[2] 많은 유서 깊은 항공사들이 살아남기 위해 몸부림치는 동안 매년 이익을 낸 유일한 회사였다. 쿨

담배를 피우고 와일드 터키를 마시는 이 사우스웨스트 공동 창립자는 회사가 지속적으로 성공을 거두는 핵심이 종업원들의 굴하지 않는 성취 능력에 있다고 믿는 사람이다. 사우스웨스트는 종업원들을 고객과 동등하게 보고, 투자자보다 우선시함으로써 비용을 절감하고, 수익을 창출하며, 경쟁사를 물리치고, 회사의 핵심 사명을 달성하는 데 필요한 힘과 끈기를 확보했다. 이 회사의 핵심 사명은 육상 교통수단밖에 탈 수 없는 사람들에게 '하늘을 나는 자유' 를 누리게 해주라는 것이다.

켈러허는 포춘에 이런 말을 한 적이 있다. "종업원을 제대로 대접하면 그들은 여러분의 고객을 제대로 대접해 준다. 이것이 바로 우리의 가장 경쟁력 있는 무기이다."[3]

켈러허의 통찰은 목적을 추구하는 회사, 또는 사우스웨스트의 구호처럼 '양심 있는 회사' 를 만드는 일은 회사 바깥이 아니라, 회사 안에서 종업원들과 함께 시작해야 한다고 강조한다. 하지만 사우스웨스트가 늘 흑자를 내고 항상 사명을 수행할 수 있었던 이유가 이게 전부일까? 이 크고 복잡한 회사의 성공 비밀이 정말 그렇게 간단히 설명될 수 있는 것

일까? 대답은 그렇기도 하고 그렇지 않기도 하다.

　한 기업의 성적을 알아보는 궁극적인 시금석은 향후 몇 분기 동안 얼마나 빨리 성장하느냐가 아니라, 몇 년, 그리고 몇 십 년에 걸쳐 얼마나 꾸준히 성장할 수 있느냐이다. 기업의 궁극적인 '책임감'을 말해 주는 것도 그 기업이 얼마나 번듯하게 사명 선언문을 작성하느냐가 아니라, 종업원들의 가슴과 머릿속에 그 가치와 비전을 얼마나 깊이 심어 줄 수 있느냐이다. 끊임없이 변하는 사회에서 그렇게 하기 위해서는 모든 구성원들이 전심전력을 다해 그 사명에 몰두해야 한다.

　전략 설정과 제품 개발은 혁신적으로 하면서도 종업원들에게는 혁신적으로 대하지 못하는 기업은 장기적으로 혁신적인 입장을 유지하지 못한다. 지속적으로 우월한 성과를 내는 데 필요한 핵심 요소는 인재라는 허브 캘러허의 단순한 한 마디는 정곡을 찌른다. 인재를 차지하려는 경쟁을 주제로 맥킨지에서 연구를 주도한 사람은 이런 말을 했다. "올바른 문화를 만나면 인재는 더 나은 아이디어를 내고, 그 아이디어를 더 잘 실행하며, 주위에 있는 다른 사람들의 능력까지 높여 준다."[4] 하지만 '종업원을 고객처럼 대한다'는 것만으로는 사람들의 창의성과 주도력, 열정을 활용하는 직장을 만드는 데 충분한 설명이 되지 못한다. 스스로를 우수한 기업 시민이라고 선포한 수천 개의 기업들 가운데서 너무나 많은 기업들이 종업원의 마음을 온전히 사로잡는 데 필요한 최소한의 요구조건조차 충족시키지 못했다. [5]

　2008년에 컨설팅 회사인 타워스 페린Towers Perrin은 18개국 9만여 명의 대기업 및 중간 규모 기업에 근무하는 종업원들을 대상으로 의욕적인 조사를 벌였다.[6] 연구의 가장 큰 목적은 종업원들의 업무 몰입 정도를 측정하는 것이었다. 많은 대기업들에 만연한 무관심을 넌더리가 나도록 보아 온 사람들조차도 깜짝 놀랄 결과가 나왔다. 응답자의 71%가 업무에 몰입하거나 흥미를 느끼지 못한다고 대답한 것이다. 연구에 따르면 종업원들이 실제로는 '자신의 업무에 관심이 많을 뿐만 아니라, 배우고 성장하고 싶어하는 것'으로 나타났다. 하지만 안타깝게도 많은 기업이 종업원들의 기능과 지식을 낭비하는 정도가 아니라, 사람을 바보로 만드는 사내 문화를 갖고 있는 것으로 나타났다. 그런 문화가 거의 대부분의 종업원들로 하여금 회사에 더 많이 기여하겠다는 의지를 꺾어놓고 있는 것으로 나타났다. 회사에 더 많은 기여를 하고 싶은 의지를 갖고 있음에도 현실은 그렇지 못하다는 것이었다.

이런 조사 결과는 사회적 기여를 추구하는 기업들의 정신이 번쩍 들게 만들 만했다. 사회가 좋은 기업에게 가장 바라는 게 일자리 창출이기 때문이다.

훌륭한 업무 환경을 제공하는 것은 책임 있는 기업에게는 마땅한 일일 뿐만 아니라 발전의 발판이다. PR 회사인 플레시먼 힐러드Fleishman Hillard가 전국소비자연맹(7)과 함께 실시한 2007년 전 국민 여론조사에 따르면, 미국인의 40%는 훌륭한 기업 시민의 증거로 환경 관련 모범 사례나 인도주의적인 활동보다는 커뮤니티를 지원하고 종업원들을 잘 대우해 준 실적을 들었다. 하지만 훌륭한 기업 시민이 되는 데 필요한 첫 단계이기는 하지만 이것만으로는 종업원들이 자신의 전부를 쏟아내 일할 역동적이고 포괄적인 환경을 창출하는 데 충분치 않다.

다음은 경영자들이 알아두어야 할 교훈이다. 종업원들이 날마다 자기 재능을 전부 일에 쏟아 부을 수 있도록 하려면 기업은 위계질서에 의해 움직이는 조직이 아니라 커뮤니티와 같은 문화를 구축하도록 해야 한다. 그런 조직에서 이윤은 더 큰 목적을 추구하는 데 필요한 동력 역할을 한다.

저술가이며 기업 전략가인 게리 해멀은 빌 브린과 함께 쓴 책 '경영의 미래' The Future of Management에서 공동체 모델의 위력을 이렇게 설명했다. "공동체는 사람들이 능력의 한계를 뛰어넘어 더 큰 역량을 발휘할 수 있도록 만드는 데 탁월한 모델이다. 인적 역량을 동원하는 데 있어서 공동체는 관료주의보다 훨씬 더 효과적이다."[8] 공동체 같은 분위기의 일터에서 사람들은 '주주가치를 키우는 것'이 아니라 더 큰 명분에 의해 움직인다. 이런 곳에서 사람들은 공통의 비전으로 결합되어 있다. 각자에게 돌아가는 보상 역시 함께 성취해 내는 목적에 달려 있다. 그런 곳에서는 사람들이 '지시'에 따라 움직이는 게 아니라 '스스로의 생각에 따라' 움직이는 경우가 훨씬 더 많고, 스스로 더 많은 노력을 기울인다. 자신이 선택한 프로젝트에 시간과 재능을 쏟기 때문이다.

무엇보다 공동체처럼 운영되는 회사에서는 사람들이 자유롭게 중요한 결정을 내리고 그에 대한 책임을 진다. 어떻게 하면 그런 조직을 만들 수 있을까? 어떻게 해야 장애물을 처리하고, 위계질서의 문화에서 오는 위험에 대처할 수 있을까? 어떻게 하면 적은 비용과 적은 위험 부담으로 공동체 같은 조직을 만들어 나갈 수 있을까? 다음은 위계질서 조직 대신 공동체 같은 조직을 만들려고 노력해서 놀라운 성과를 거둔 기업들의 이야기이다.

관료적 위계질서를 없앤 린든 랩

통상적인 기업 환경에서는 '관리 당한다'는 말이 어떤 느낌을 줄까? 런던 비즈니스 스쿨의 전략경영 교수인 줄리안 버킨쇼는 2008년 발표한 논문에서 이런 의문을 제기했다.[9] 그는 지시를

받는 입장에서 기업 문화를 보면 도움이 될 것이라고 기업의 리더들에게 충고했다. 그렇게 하면 수많은 기업 조직에 팽배해 있는 속이 뒤틀리고 숨막힐 듯한 분위기를 쉽게 알 수 있을 것이다. 그것은 바로 만성적인 불안감이다. 버킨쇼는 불안감을 일터의 풍토병이라고 불렀다. "사람들은 회의에서 바보처럼 보일까 봐 걱정합니다. 기대에 못 미칠까 봐 걱정하고 일자리를 잃을까 봐 두려워합니다."

냉소적인 사람이라면 불안감을 종업원들로부터 더 높은 생산성과 효율성을 얻어내기 위해 치르는 대가에 불과하다고 일축할 것이다. 그러나 불안감은 부메랑이 되어 업무 성과에 악영향을 미친다. 이는 사람들을 모조리 징집병처럼 만들어 버린다. 부지런히 일을 하지만 스스로 알아서 하는 경우는 거의 없다. 해멀이 말한 것처럼 부지런한 노동자가 열정적인 노동자를 이기는 경우는 없다고 해도 지나친 말이 아니다.

불안감이 작업장에서의 일상적인 혁신까지 저해한다는 논문도 나왔다. 하버드 비즈니스 스쿨의 테레사 애머바일 교수는 일곱 개 회사 중간급 직원들이 쓴 1만 2000편이 넘는 업무일지를 토대로 획기적인 연구를 수행한 결과, 분노와 두려움, 걱정 등은 업무 창의성과 '부정적인 관계'가 있다는 사실을 알아냈다. 애머바일 교수는 '패스트 컴퍼니'Fast Company 매거진에 발표한 글에서 '즐김과 사랑' 이야말로 창의력의 진정한 자극제라고 했다. 즐김과 사랑은 사람들이 편안한 가운데 자신감을 가지고 획기적인 아이디어를 만들도록 해주는 환경을 조성한다. 애머바일은 "행복한 하루를 보내면 이튿날은 창의적인 하루가 예약된다"[10]고 결론지었다.

홀푸즈마켓의 공동창립자이며 CEO인 존 매키 역시 두려움을 주는 것으로는 사람들을 조직에 많이 기여하도록 만들 수 없다고 생각한다. 그리고 하루하루 일과에서 모든 열정과 상상력을 업무에 쏟도록 만들

수도 없다고 했다. 홀푸즈를 상장한 지 1년 뒤인 1992년에 그는 '두려움이 아니라 사랑에 바탕을 둔 조직으로 만들겠다' (11)고 스스로 다짐했다. 상장 후 근 20년만에 440억 달러 이상으로 커진 홀푸즈의 시가총액을 보면 사람들이 그가 추구해 온 길을 따르고 싶을지도 모르겠다. 그러나 동료들의 등을 타고 올라와 기업 피라미드의 정점에까지 오른 경영자들은 '너그러움'을 '유약함'으로 해석한다. 이런 회의론자들은 종업원을 사랑하라는 말을 그저 공자님 말씀 정도로 간주하고 귓전으로 흘려보낸다.

개방적이며 행복, 사랑, 연민, 자유, 봉사 같은 공동체의 미덕에 기반을 둔 일터를 만드는 것은 분명히 가능하다. 샌프란시스코 부두 부근에 있는 엠버카데로에 가면 바로 그런 일터가 있다. 린든 랩은 '세컨드 라이프'라는 온라인 가상현실 환경으로 유명한 디지털 미디어 업체. 세컨드 라이프라는 제품명은 사용자들(또는 '거주자들')에게 완전히 새로운 다른 존재, 말하자면 제2의 인생을 살아 볼 기회를 주겠다는 이 회사의 약속과도 일치한다. (12)

카리스마 넘치는 린든의 창업자 겸 회장인 필립 로즈데일은 일터에서 겪는 두려움을 없앨 간단하면서도 강력한 도구를 만들어냈는데, 그는 이것을 '러브 머신'이라고 부른다. 이것은 300여 명에 이르는 린든의 구성원 가운데 누구라도 동료에게 재빨리 감사 메시지를 남길 수 있도록 만든 웹 페이지이다. 예를 들어 어떤 프로그래머가 세컨드 라이프 그리드를 감염시킨 버그를 초를 다투는 긴박한 마감시간 안에 퇴치해 주었다고 하자. 그러면 상대방은 러브 머신을 클릭해 재빨리 감사 메시지를 쓴 뒤 보내기 버튼을 누른다. 그 버그 전문가는 금세 '누구누구로부터 사랑을 담아'라는 제목이 붙은 메시지를 받는다. 온라인으로 장미 한 송 이를 받았으니 이 전문가는 기분이 좋다. 보낸 이도 기분이 좋다. 사랑을 퍼뜨렸기 때문이다.

사랑의 메모를 보내는 것은 재미있고 전염성이 강하다. 멀리 떨어진 곳에서 근무하는 25%의 직원을 포함해 모든 린든 구성원들이 대략 하루에 한 번은 러브 머신에 다녀간다. 24시간 동안 그런 메모 300여 통이 린든의 사내 전산망을 오가는 것이다. 회사의 모든 이들이 그런 편지의 흐름을 볼 수 있다. 이런 애정 어린 편지가 전송될 때마다 서로 돕는 공동체를 구축하는 데 작지만 긍정적인 도움이 된다. 이처럼 날마다 오가는 감사 편지가 축적되면 수많은 작업장의 골칫거리인 냉소주의와 불안감을 씻어내고, 개개인의 실적과 가치 상승이 빛을 발한다. 이는 린든처럼 기술주도적인 환경일 때 특히 더 중요하다. 수많은 업무와 그에 따르는 보상이 무형으로 이루어지는 경우가 많기 때문이다.

요즘처럼 네트워크화 된 직장에서는 프로젝트가 여러 팀이 같이 참여하도록 배당되는 경우가 많고, 업무는 대개 반드시 지켜야 하는 마감시한과 정해진 예산 안에서 추진해야 한다. 월스트리트 저널의 칼럼니스트인 재리드 샌드버그는 현대 직장의 익명성에 대한 글에서 "눈에 보이지 않는 업무를 통해 만족을 얻기도 어렵고, 뜻이 담긴 물건을 전달하는 데서 얻는 만족감도 구하기 어렵다"(13)고 말했다. 사무실의 조용한 칸막이 속에 갇혀 있으면 사람들이 하는 노력의 결실을 눈으로 보기도 어렵고, 개개인이 거두는 성공의 의미를 정의하기도 어렵다.

샌드버그는 UC 버클리 하스 비즈니스 스쿨의 전임강사인 호마 바라미가 한 조사결과를 인용해 "정보화 시대의 종업원들은 자신들의 성공을 금전적인 성취, 회사 내 평판, 인적 네트워크, 자신이 관련된 제품 및 서비스로 측정한다…"고 했다. 린든의 러브 머신은 보스의 눈치를 보지 않고 가상현실 속에서 동료들끼리 서로 등을 토닥여 주는 행위이다. 이는 직접적이고 동등한 관계를 전제로 하며, 바라미가 말한 관계나 평판 같은 성공 측정의 주관적 요소들을 현실적으로 보여주는 행위이다. 나 아가 상대방에게 강력한 동기 부여를 해주는 위력을 발휘한다.

로즈데일은 이렇게 말했다. "전통적인 회사의 위계질서 안에서 사람 들은 날마다 정보의 홍수 속에서 지냅니다. 그런 환경에서 오고가는 이 메일이나 음성메일에 담긴 감정적인 어조는 대부분의 경우 부정적이지 요. 그런 경우에 경영이란 한마디로 사람들을 늘 제자리를 지키도록 만 드는 것이기 때문입니다. '또 지각이야?' '아직도 고쳐놓지 않았단 말이 야?' 라는 소리를 늘상 듣는다는 점을 제외하면 크게 나쁠 건 없습니다. 하지만 날아 들어오는 메시지가 하나같이 작은 막대기로 때리는 것 같 은 분위기에서 업무에 최선을 다하기란 아주 어렵지요."(14)

로즈데일은 러브 머신이 대부분의 회사에서 쓰는 사내 전산망 메시지 에 들어 있는 부정적인 이미지를 훨씬 더 긍정적이고 효과적인 소통으 로 바꾸어 준다고 말한다. 직원들에게 일을 잘했다고 칭찬하면 자부심 을 높여 주고, 그가 하는 일을 인정해 주는 것이 되며, 그가 다음에 하는 업무 역시 "엉망으로 해놓았군!"이란 소리보다는 "잘했어. 수고했어요!" 라는 소리를 듣게 될 확률이 높아진다.

철저한 책임감

린든 랩은 사회적, 환경적 도전에 맞서려는 기업에게는 적합하지 않 은 모델처럼 보일 수도 있다. 린든 랩의 조직도에는 기업 책임 담당 부사 장이라는 직함이 없다. 연례 기업책임 보고서를 만들려고 신경 쓰지도 않는다. 린든 경영진이 기업 지속가능성 회의에서 기조연설을 하는 모 습은 보기 힘들다. 그리고 린든에는 '세컨드 라이프'가 있으며, 그곳은 별스런 재미로 가득찬 광대한 우주이다. 그곳에는 해부학적으로 흠잡을 데 없는데다 멋진 몸매에 깔끔하게 치장한 거주민(아바타)이 살고 있다. 이들은 자신들과 대칭되는 자아, 다시 말해 자신들을 만든 창조자의 재능과 인격을 고스란히 보여준다. 뿐만 아니라 여러 종류의 다양한 사이버 섹스(성인물 등급)도 들어 있다.

조금만 더 깊이 파들어 가면 세컨드 라이프의 마력을 엿볼 수 있다. 그 마력이란 초고속 인터넷 접속과 성능 좋은 그래픽 카드를 갖추면 누구든 자기가 상상하는 것은 무엇이든 창조할 수 있다는 것이다. 린든 랩은 세컨드 라이프의 시스템 아키텍처를 제공하지만 그 세계에 거주하는 이들은 자기가 구축한 것을 자신이 소유한다. 이는 그들의 지적 재산이고 저작권도 주장할 수 있다. 그것으로 돈벌이도 할 수 있다. 린든 랩이 고상한 야심을 지킬 수 있도록 만들어 주는 것은 바로 이런 공동 창작의 파트너십이다. 그 야심이란 바로 '인간의 삶을 향상시키는 가상의 세계를 만드는 것'이다.

예를 들어 보스턴 지역에 사는 어떤 파트타임 예술가가 더부룩한 머리에 덧니가 난 '음탕한 플루노'라는 이름의 아바타를 만든다. 그는 이 아바타를 이용해 '가상 세상' in-world 친구를 많이 만든다. 그 친구들이 그가 현실 세상에서 그린 그림을 많이 사 주는 바람에 그는 현실 세상에서 낮에 생계를 위해 하던 일을 그만둘 수 있게 된다.(15) 또한 상파울루에 사는 어떤 십대는 가상 카페를 여는데, 브라질에선 처음이다. 이를 통해 그는 가상 통화('린든 달러')를 왕창 긁어모은 뒤 이를 진짜 헤알로 바꿔 쓴다. 그런가 하면 심한 마비증세로 시달리고 있는 일본의 한 남자는 뇌파를 모니터하는 특수 헤드폰을 이용해 자신의 아바타를 세컨드 라이프 속에서 '날게' 한다.

IBM이나 도요타 같은 초대형 다국적 기업 역시 '가상 세상'으로 들어왔다. 미래 3D 웹 산업의 초기 형태라고 할 만한 그곳에서 실험과 협업을 추구하기 위해서다. 하버드, MIT를 비롯한 많은 대학들도 세컨드 라이프에 일종의 가상 캠퍼스를 개설했다. 캘리포니아대 데이비스 메디컬센터는 질병통제센터의 자금 지원을 받아 세컨드 라이프에 가상 클리닉까지 만들었다. 이곳에서는 생화학 공격이나 기타 국가 위기 시에 호출돼 재빨리 의료시설을 설치해야 하는 긴급구조요원들에 대한 훈련을 실시한다.

로즈데일은 이렇게 말했다. "우리는 그런 이야기들을 항상 듣습니다. 세컨드 라이프는 사람들에게 실질적인 혜택을 돌려주는 정말 놀라운 변화의 동인입니다."

세컨드 라이프의 '인간에게 유익한 프로그램'이라는 목표는 강력한 이윤 모델도 된다. 세컨드 라이프는 주로 디지털 부동산을 팔거나 임대해 돈을 버는데, 영토를 만들어내는 용량은 무제한이다. 2009년 봄에 '가상 세상'의 인구는 전년 대비 두 배나 증가해 100만 명이 넘었다. 세컨드 라이프의 3차원 우주는 화폐 투자자, 디자이너, 그밖에 디지털 의류에서부터 신체 일부, 레이저 총, 부동산, 조립식 주택에 이르기까지 온갖 재화와 서비스를 판매하는 다양한 기업가들을 자석처럼 끌어당긴다. 린든 달러는 현실 세계의 신용카드 잔고로 쉽게 바꿀 수 있다. 세컨드 라이프의 탄탄한 가상 경제는 2009년 대략 4억 5000만 달러 규모로까지 커졌다.

앞서 말한 러브 머신이 말해 주듯이 공동체와 같은 느낌을 주는 직장을 만들고자 하는 린든 랩의 모형은 실험적이라고까지 할 순 없어도 세컨드 라이프만큼이나 독특한 게 사실이다. 세상을 뒤바꾸는 혁신이 주류에서 나오는 경우는 드물다. 공동체 구축을 위한 린든의 접근법은 위계질서로 움직이는 기업에서 볼 수 있는 심각한 리스크 세 가지를 이겨내는 데 필요한 실용적인 교훈을 제시한다.

> **위계질서 리스크 #1:** 위계질서 안에서는 인정받고 보상받는 일이 자기 홍보를 열심히 하고 높은 직책을 가진 자들에게 대부분 돌아간다. 진정한 영웅은 찬양 받지 못한다. 사람들은 당연히 사기와 의욕이 꺾인다. 가장 칭찬받아야 할 사람 들이 아무 보상도 받지 못하는 것을 보고 열심히 일하고 더 많은 리스크를 짊어 질 필요가 없다는 생각을 하는 것이다.
> **린든의 처방:** 기업 내 일부 선택된 집단이 보상을 하는 게 아니라 공동체가 직 접 보상한다.

인정이란 열망을 북돋우는 촉진제와 같다. 의무 이상의 것을 해냈다 는 게 공개적으로 인정되고, 보너스나 위험수당 같은 것으로 보상 받을 때 그 직원은 앞으로 다가올 큰 도전 앞에서 몸을 사리지 않게 된다. 그 런데도 수많은 회사에서 보너스를 줄 때 소수의 배타적인 경영자 집단 에만 의존하는 것은 놀라운 일이다. 이렇게 되면 보너스는 유력한 후보 자, 다시 말해 세일즈 파트나 최고 경영진이 선호하거나 그들과 연줄이 닿아 있는 사람들에게 돌아가는 경우가 많다. 린든 랩은 보상을 주는 권 한을 이런 파벌과 아첨꾼들로부터 빼앗아서 다른 사람들에게 넘겨준 다. 이 업무는 '보상기'Rewarder라는 이름이 붙은 소프트웨어 툴이 담당 한다.

분기마다 모든 구성원들은 린든의 순이익 가운데 일정 부분을 동등한 비율로 나눠받는다. 최근에 그 금액은 일인당 1000달러 정도인데 이 돈 에는 한 가지 조건이 붙는다. 돈을 수령자가 가질 수 없다는 것이다. 돈 을 분배받으면 보상기를 클릭해 지난 3개월간 회사에 가장 기여했다고 생각되는 사람들에게 자기 몫을 재분배한다. 이 돈 전부를 가장 크게 성 취했다고 생각되는 한 명에게 몰아줄 수도 있고 여러 사람에게 나눠 줄 수도 있다. 그 선택은 돈을 받은 자의 몫이다.

2년 동안 사용해 본 결과 보상기는 성과를 공정하게 인식하는 데 있어서 대체적으로 탁월한 능력을 보여주었다. 시스템을 악용해 친분 있는 사람을 후원한 이들도 없지 않았을 것이다. 하지만 대부분은 올바른 선택을 했다. 보상기가 사람들에게 회사를 올바른 방향으로 이끌어갈 권한을 이양해 주었기 때문이다. 로즈데일은 "회사가 성공하길 바라는 사람이라면 합리적인 방식으로 돈을 재분배할 것"이라고 했다.

보상기는 모든 기업이 해야 하는 가장 민감한 선택 가운데 한 가지 일을 수행한다. 즉 기업 성공의 열매를 누구와 나눌 것이냐를 결정하는 것이다. 뿐만 아니라 공동체 전체가 이 결정에 참여하도록 만든다. 권한 분산을 통해 문제점을 줄이는 것이다.

보상기는 또한 구성원 개인의 보너스 배분도 기록한다. 린든 최고 경영진의 분기별 상위 10대 수령자 명단을 보면 그 가운데 약 절반은 전혀 놀랍지 않을 만한 사람들이다. 린든에서 매우 우수한 성과를 지속적으로 내온 인물들이다. 그런데 그들 사이에 린든의 리더들이 대수롭지 않게 생각해 온 인물들이 들어 있다. 공동체가 그들을 탁월한 인재로 인정한 것이다. 이처럼 보상기는 그늘에 가려 칭송받지 못한 영웅들에게 스포트라이트를 비춘다. 혁신적이고 강한 성공의지와 노력으로 성과를 내지만 자신이 이룬 것을 광고하는 데는 서투른 사람들이다. 그런 이들이 공개적으로 칭찬받고, 동료들이 이들의 표준 보상액을 인상시켜 준다. 그렇게 함으로써 자칫 놓칠 뻔한 인재들을 챙기게 되고, 아울러 공동체는 그만큼 더 건강하게 유지되는 것이다.

위계질서 리스크 #2: 피라미드의 최고 상층부에 있는 실권자들은 자기 권력을 유지하는 방법으로 연례 성과 평가서를 사용한다.

린든의 처방: 공동체가 이들 실권자들을 감시한다.

모든 기업이 연례 성과 평가를 하지만, 이를 좋아하는 이들은 없을 것이다. 성과 평가는 구성원들의 업무를 공정하게 들여다보고 향상된 부분이 어디인지를 집어내고 연봉을 결정하는 데 도움을 주려는 것이다. 그러나 평가는 보스가 밑으로 내려 보내는 일방적인 지시 같은 것이라 객관성과는 동떨어진 경우가 대부분이다. UCLA 앤더슨 경영대학원의 새뮤얼 쿨버트 교수는 사람을 평가하는 전통적인 접근법이 거의 쓸모가 없다고 비판하며 이렇게 말했다. "보스가 주도하는 평가는 아무 쓸데없는 겉치레에 지나지 않습니다. 그게 바로 기업 성과에 부정적인 영향을 미치고, 솔직한 대화가 이루어지는 데 장애가 되며, 작업장에서 사기를 떨어뜨리는 주범입니다."(16)

린든 랩 역시 성과 평가를 하지만, 평가 과정에 러브 머신을 동원해 전 공동체가 참여하도록 함으로써 기존의 틀을 깨고 있다. 석 달에 한 번씩 사람들은 지난 분기에 자신의 중요한 활약상을 가장 잘 묘사한 열 개의 러브 메모를 골라낸다. 공동체가 주는 공로 배지라고 할 수 있는 이 메모는 사내 웹사이트에 공개되어 모든 직원들의 평가를 받는다. 구성원 개인의 최근 공로에 대해 공동체 전체가 참여해 평가하고, 성과를 인정하고, 책임을 묻는 것이다.

나아가 린든은 공동체 내에 '솔직한 대화'가 수평으로뿐 아니라 수직으로도 흐를 수 있도록 많은 노력을 기울인다. 그 한 가지 예를 소개한다. 로즈데일은 CEO로 재직하며 분기마다 서베이몽키 닷컴을 이용해 회사 구성원 모두에게 즉석 설문지를 보냈다. 질문은 다음의 세 가지이다.

1. "내가 CEO로 계속 재직했으면 좋겠습니까, 아니면 다른 CEO를 원합니까?"
2. "지난 석 달 동안 내 업무 성과는 더 나아졌습니까, 아니면 더 니빠

졌습니까?"

3. "그렇게 생각하는 이유는 무엇입니까?"

답은 철저히 무기명으로 이루어지기 때문에 사람들은 얼마든지 편안한 마음으로 솔직한 피드백을 보낼 수 있다. 로즈데일은 1, 2번 질문에 대한 답변은 린든의 모든 구성원들과 공유했다. 세 번째 질문에 대한 대답은 자기 혼자만 보았다. 거의 모든 경우에 사람들은 자신 있고 강한 어조로 촌평을 내놓았다.

로즈데일은 이렇게 말한다. "자기 멘토와는 논쟁을 할 수 있지만 많은 사람들과는 그럴 수가 없습니다. 세 명 중에 한 명꼴로 '당신은 너무 산만합니다'라고 한다면 그 말은 진실입니다. 이 분권화 된 문답 시스템이야말로 믿을 만한 것입니다."

대부분의 피드백은 압도적으로 긍정적인 내용이 많았다. 사람들이 로즈데일을 일반적으로 영감을 주는 창립자로 인식하고 있었기 때문이다. 그러나 그는 어떤 추세선이 형성되고 있음을 알 수 있었다. 공동체 다수가 자신이 내는 성과에 대해 '더 악화된 것'은 아니지만 더 이상의 향상을 기대하기가 어렵다는 결론을 내릴 시점이 다가오고 있었던 것이다. 로즈데일은 새 CEO를 공개적으로 수소문해서 2008년 3월 쌍방향 마케팅 기업 오가닉Organic의 CEO 마크 킹던을 새 회장으로 선임했다. 물론 공동체 전체를 상대로 한 설문조사가 결정적인 요인이 된 것은 아니지만, 공동체의 집단적 목소리가 로즈데일의 생각에 영향을 미친 것은 사실이다. 그는 이렇게 말했다. "모두들 떠나야 할 시점에 대비해야 합니다. 그게 깨끗한 것 아닌가요."

회의주의자들은 다른 기업들도 전방위 평가와 같은 다면평가제를 통해 리더와 종업원 사이의 쌍방향 대화를 장려한다는 주장을 펼지 모른다. 그러나 린든은 더 큰 목표를 지향한다. 린든은 CEO 조사, 보상기, 러브 머신 등의 도구를 사용해 회사의 위계구조를 고착화시키는 일방적인 하향식 대화를 피한다. 대신 회사를 전 공동체를 대상으로 하는 지속적인 대화의 장으로 만들고자 한다. 그 대화는 특정 시점에서 누가 가장 높은 평가를 받는지, 무명의 슈퍼스타가 누구인지, 리더가 효과적으로 이끌고 있는지 등등 적용되는 범위가 매우 넓다. 개인들이 자신의 목소리를 낼 수 있다고, 즉 대화가 하향식뿐만 아니라 상향식으로도 이루어진다고 생각하면 그들은 공동체와 훨씬 깊이 있는 관계를 구축한다. 이런 관계에서 실행하는 힘이 나온다.

로즈데일은 이렇게 내다보았다. "앞으로 위계구조의 조직들은 점점 더 민주적인 조직으로 바뀌고, 경영진은 상원의원 같은 역할을 하게 될 것이라고 생각합니다. 그들의 역할은 대화를 촉진하고 전략적 지침을 제시하는 정도가 될 것입니다. 고도로 투명한 조직이 되고, 리더가 조직을 효과적으로 이끌지 못하면 공동체가 투표를 통해 그를 물러나게 하고 새로운 경영진을 선임할 것입니다."

위계질서 리스크 #3: 일할 사람의 의견은 거의 무시하고 관리자들이 업무를 정해서 맡긴다.

린든의 처방: 사람들에게 자기가 할 업무를 직접 설계하도록 맡긴다.

해멀이 '경영의 미래'에서 주장했듯이, 위계질서 속에서 사람들은 자신에게 할당된 프로젝트를 수행하기 위해 부지런히, 그리고 머리를 짜내서 일한다. 공동체 안에서 사람들은 스스로 선택한 프로젝트를 위해 고도의 역량, 즉 열정과 창의성을 자발적으로 쏟아 붓는다. 공동체는 금전보다는 정서적인 보상을 하기 때문에 더 많은 공헌을 하도록 사람들

을 이끈다. 정서적인 보상이란 관리자가 생각하기에 중요한 일이 아니라, 근로자 입장에서 가장 중요한 일을 할 기회를 제공하는 것을 말한다. 린든은 이 점을 잘 알고 있다.

창업 초 몇 년간 린든은 엔지니어들을 특정 프로젝트에 배치하는 대신 그들이 다양한 업무 데이터베이스에서 자신이 할 일을 선택하도록 했다. 이런 식으로 각 팀은 강압적인 방식이 아니라 사람들의 공통 관심사에 근거해 유기적으로 꾸려졌다. 로즈데일은 사람들에게 스스로 전략적 방향을 설정하도록 해주면 그들은 종업원의 자세가 아니라, 더욱 더 기업가처럼 생각하게 된다고 믿었다. 잉크Inc. 매거진과 가진 인터뷰에서 그는 처음부터 린든의 조직은 한 가지 근본적인 원칙에 따라 구성되었다고 회상했다. "매주 모두에게 각자 하는 일을 이메일로 알려 주고, 성과가 나타나면 이메일로 그 성과를 모두에게 알려 준다"는 원칙이었다.(17) 이렇게 해서 성과를 내야 한다는 압력이 보스가 아니라 동료들로부터 나오도록 하는 것이다. 동료는 훨씬 더 강력한 동기 부여 집단이다.

린든의 구성원 수가 300명이 넘어가자 로즈데일의 '조직 체계'도 진화했다. 개인이 자유롭게 자기 프로젝트를 선택할 수 있도록 해주고, 공동체가 결과에 대한 책임을 물을 수 있으면 된다는 생각은 여전하다. 하지만 이제는 사람들이 할 일을 스스로 선택하도록 한다는 원칙이 훨씬 더 강화되었다. 사람들은 자신이 할 주간 업무 목록을 이제는 더 이상 이메일로 주고받지 않는다. 대신 이제는 자진 보고 도구인 'A&Os'(성과와 목표)라는 것을 이용하는데, 이는 자신이 전 주에 달성한 것은 무엇이고, 이번 주에 할 일은 무엇인지에 대한 목록을 회사와 공유하는 도구이다. A&Os는 투명한 도구이고 모든 이들이 구체적인 부분까지 들여다볼 수 있도록 되어 있다. 그렇게 해서 사람들은 남들이 하는 업무를 보고 코멘트와 의견을 남긴다. 이런 방식으로 린든은 조직 전체의 집단적 지혜를 활용하며, 이런 식으로 마크 킹던 스카우트에서부터 회의실 이름 붙이기에 이르기까지 크고 작은 문제에 대한 결정을 내린다.

한 가지 바뀐 것은 이제는 프로젝트를 선택할 때 각자가 자기 하고 싶은 대로 하는 완전한 자유를 누리지는 않는다는 점이다. 이제는 때때로 업무가 할당되기도 하는데, 이런 변화는 킹던의 제안에 따라 이루어졌다. 린든은 이제 다양한 분야의 사람들로 소규모 팀을 꾸려 회사가 당면한 큰 의제들을 정하고, 사람들을 지명하거나 설득해서 그 일을 맡긴다. 이런 방식으로 린든은 사람들의 자발적인 의욕을 꺾지 않으면서도 그들의 혁신 능력을 통제한다. 킹던은 이렇게 설명했다. "우리는 각자가 하고 싶은 일을 하는 '그저 좋기만 한 집'에서 전략적으로 가장 적합한 일을 하는 '이성의 집'으로 옮겨가는 중입니다."

킹던은 공동체 전체가 나서서 기업이 나아갈 방향에 대해 매일 말을 하라고 압력을 가한다. 그래서 기업의 나아갈 방향에 영향을 미치라는 것이다. 린든은 보상기를 통해 공동체의 의견을 수혈 받는다. 보상기를 통해 구성원들은 회사에 가장 유익하며, 가장 많은 자원을 받을 자격이 있다고 생각하는 프로젝트에 포인트를 나누어 준다. 각각의 포인트는 기업의 분기 성과를 근거로 산출되며, 성공적으로 프로젝트에 기여한 사람들에겐 포인트 총점을 근거로 보너스를 준다. 결국 보상기는 전략 수립에 있어서 구성원 모두가 목소리를 낼 수 있게 함으로써 의사결정 과정을 조직 전체에 확산시킨다. 이렇게 함으로써 사람들이 일할 때 기업가 같은 태도를 가지도록 만든다.

로즈데일은 이렇게 설명한다. "우리는 시장의 다이내믹한 움직임을 의사결정에 적용합니다. 이는 대단히 투명하고 매우 공격적인 접근 방식입니다. 리스크에 대해 보상을 하기 때문에 사람들은 협력하고, 문제 해결에 나서고, 해결히며, 그리고 계속 앞으로 나아가게 됩니다."

세 가지 교훈

목적이 주도하는 공동체와 같은 일터를 만들기 위한 린든의 과감한 접근법으로부터 우리가 배울 점은 무엇일까? 다음의 세 가지 핵심 교훈을 들 수 있다.

첫째: 투명성이 책임감을 낳는다

투명성은 기업들로 하여금 이해 당사자들의 요구에 반응하도록 만들기 때문에 구성원 개개인이 동료들의 기대에 부응하도록 부추기는 역할을 한다. 린든 사람들은 주간 목표와 성과를 공개해서 조직 전체가 볼 수 있도록 한다. 그렇게 해서 사람들은 누가 미적거리는지, 누가 큰 성과를 냈는지 물속을 들여다보듯이 훤히 안다. 린든은 농구 코트에서 뛰는 선수들의 움직임 같은 정도의 투명성을 확보하려고 한다. 코트의 반대 편 엔드라인으로 달려가면서도 곁눈질로 팀 동료들이 어떻게 움직이는지 아는 것이다. 누가 공 받기 좋은 위치에 있고, 누가 도움이 필요한지 알 수 있는 것과 마찬가지다. 그리고 모두가 스코어를 안다.

둘째: 목적의식이 필요하다

만약 기업이 금전적 목표를 넘어서는 자각을 갖고 있지 않으면 구성원들의 의욕을 북돋우기가 대단히 어려울 것이다. 높은 수준의 목적의식이 반드시 필요하다. 린든 랩은 스스로를 하나의 기업이 아니라 '인간의 삶을 향상시키기 위해' 일하는 공동체로 생각한다. 이런 비전은 기업이 하는 모든 일에 활력을 불어넣으며, 모두들 힘을 합쳐서 더 많은 것을 이루고자 노력하도록 만든다.

셋째: 구성원들 스스로 결정한다

투명성은 린든 랩에 '노바디'nobody, 다시 말해 필요 없는 사람은 단한 명도 없게 만든다. 사람들이 회사에 하는 기여가 낱낱이 알려지기 때문에 모두가 '섬바디'somebody, 즉 '반드시 필요한' 사람들이다. 각자 특정한 업무를 책임지고 있기 때문에 사람들은 적어도 동료들보다 뒤떨어지지 않는 가치 창출을 위해 노력한다. 그리고 크고 고무적인 목적이 있기 때문에 린든은 언제나 '진북' 眞北을 향해 나아가려고 애쓴다.

일단 이런 세 가지 특성이 자리잡게 되면 의사 결정 과정은 분산되고, 일선에서 일하며 그 결정으로부터 가장 많은 영향을 받는 사람들도 결정 과정에 참여하게 된다. 이는 기존의 '명령-복종'과 '지배-통제'식 기업 관행에 비추어볼 때 다소 어색해 보일 수도 있다. 실제로 어색한 일일지도 모른다. 그는 권한이 가장 분산되어 있는 조직으로 미국 육군을 꼽았다.

로즈데일은 이렇게 말했다. "군대는 여러분이 지켜야 할 원칙을 주입하고, 여러분이 하는 행동에 따르는 결과에 책임을 지라는 점을 분명히 합니다. 그러나 일단 교전이 시작되면 모든 결정을 부대원 스스로 내려야 합니다. 응사를 해도 되겠느냐는 허락을 일일이 구하지 않는 것입니다. 우리가 고도로 분권화 된 조직을 만들어 추구하는 것도 바로 이런 것입니다. 투명성과 책임감을 확고히 뿌리내리게 만든 다음 나머지는 사람들에게 맡깁니다. 그렇게 하면 사람들이 최상의 선택을 하는 경우가 생각보다 훨씬 많을 것입니다."

책임 있는 기업에서 '모든 구성원이 참여하는 체제'를 만든다고 해서 코뮌 같은 공산주의식 공동체를 만들자는 뜻은 아니다. 로즈데일은 유토피아식 황홀경에 탐닉하는 부류와는 너무도 거리가 먼 인물이다. 봉급을 준다는 보장 없이 사람들을 매일 일터로 불러내기는 불가능하다는 사실을 그는 잘 안다. 그는 이렇게 말한다. "나는 기업가입니다. 열일곱 살 때부터 돈을 벌어야 했습니다. 나는 이런 조직을 만드는 게 바로 큰 돈을 벌어다 줄 훌륭한 사업 기회가 된다는 점을 처음부터 믿어 의심치 않았습니다."

하지만 그는 이윤 동기를 혁신 동기와 결합시키고 싶어 했다. 그리고 사람들이 자유롭게 상상력을 펼칠 수 있는 가상 세계를 만들어내고자 했다. 위계질서로 짜인 작업장을 인간미와 겸손이 어느 정도 느껴지는 곳으로 바꾸겠다는 간절한 소망을 가지고 있었다. 과거를 보고 미래를 예단할 수는 없겠지만, 린든의 지난 10년 역사를 보면 공동체에 바탕을 둔 기업 모델을 추구한 결과 이곳 사람들의 능력이 크게 확대되어 앞으로 더 많은 일을 이룰 수 있을 것임을 알 수 있다. 목적, 자유, 책임감, 그리고 참여적 의사결정을 서로 결합시킴으로써 린든은 이제 유연하고 혁신적인 작업장을 유지해 나갈 가능성이 한결 더 높아졌다. '사람들에게 날개를 달아 주면 그들은 여러분을 지금보다 더 높은 곳으로 데려가 준다.' 린든에서 일하는 사람들은 허브 켈러허가 말한 이 메시지에 담긴 뜻을 분명히 알 것이다.

목적이 주도하는 공동체 가이드: 세븐스 제너레이션

린든 랩의 현실 작업장을 이렇게 조금만 살펴보아도 여러분은 다음과 같은 점에 공감할 것이다. 그것은 바로 공동체 모델 위에 구축된 책임 있는 기업이 기존 기업 군의 대부분을 차지하는 하향식 위계질서 조직에 비해 구성원들로부터 열정, 혁신, 창의성을 더 많이 이끌어낸다는 점이다. 린든의 사례를 보면서 여러분은 자신이 몸 담은 조직에서 어떻게 하

면 적은 비용으로 공동체를 만드는 실험을 시작해 볼 수 있을까 하는 생각을 해 보았을 것이다. 하지만 현실은 그렇게 만만치가 않다.

여러분이 규정 하나를 선포해서 조직에 오래 뿌리박힌 관습을 뒤엎은 사우스웨스트 항공 규모의 회사 CEO가 아니라고 치자. 그리고 시장에 기반을 둔 의사결정 과정과 민주적인 체계를 마음껏 실험해 볼 수 있는 린든 랩 같은 회사를 이끌어 본 적도 없다고 치자. 자원은 제한되어 있고, 아주 사소한 계획도 주도해 나갈 권한이 없다고 치자. 또한 현업에서 워낙 일을 잘한다는 이유로 고위 경영진이 여러분에게 '작업장 문화 바꾸기'와 같은 알맹이도 없는 계획은 절대로 맡기지 않을지도 모른다. 게다가 여러분은 그저 한 사람의 개인에 불과하다. 한 사람의 힘으로 무얼 얼마나 할 수 있을까? 하지만 혼자서도 꽤 많은 일을 할 수 있다.

러브 머신이나 보상기처럼 적용하기 쉬운 메커니즘은 사회적 책임을 추구하고 목적이 이끄는 공동체 구축이라는 혁신적인 도약을 시도하는 조직에게 그것이 실현 가능하다는 것을 보여주었다. 변화를 시도하는 데 창립자의 명령이 필요하다고 생각할 필요도 없다. 세븐스 제너레이션의 서부 판매 담당 이사였던 수잔 존슨의 경우를 생각해 보자. 그녀는 공동체에 바탕을 둔 모든 조직에 적용될 근본 원칙 가운데 하나를 가지고 이를 자신의 경력은 물론, 회사에 새로운 기회를 만드는 데 활용했다. 그것은 바로 자신의 운명은 자기가 결정한다는 원칙이었다. 그녀가 변화를 위해 이러한 노력을 시작하는 데는 자금도 결재도 필요 없었다. 하지만 그녀의 노력은 회사의 문화를 바꾸는 데 불을 붙였고, 그렇게 시작된 변화는 버몬트 주 벌링턴에 있는 본사에서 계속 확산되었다.

존슨은 톰스 오브 메인Toms of Maine에서 6년간 근무한 뒤 1999년에 세븐스 제너레이션에 입사했다. 이후 미시시피 서쪽에 있는 5000여 개의 점포 및 협동조합의 거래를 총책임졌다. 지역은 광활한 데 비해 판매 사원은 적고 마케팅 자금도 넉넉하지 않았다. 특히 2000년대 초반 세븐스 제너레이션은 개별 점포를 상대로 한 브랜드 대행과 세탁세제, 주방세제, 재활용 종이 타월, 각종 여성용품 등 녹색 가정용품 또는 퍼스널 케어 용품의 판매를 판매 브로커에게 맡기고 있었다. 브로커들은 판매 분야에서 발 노릇을 했지만, 그렇다고 우리 회사에만 독점으로 속해 있진 않았다. 이들은 스토니필드 팜과 톰스 오브 메인 등 40여 개에 이르는 다른 친환경 브랜드도 함께 취급하고 있었다.

쉽지 않은 문제였다. 존슨을 비롯한 회사의 판매 관리자들은 분기 목표를 맞추기 위해 발버둥쳤지만, 판매 현장을 좌우하는 것은 브로커들이었다. 브로커들이 목표치를 달성하지 못하면 존슨도 그렇게 될 수밖에 없었다. 판매 성공을 위해서는 브로커들이 매장 관리자나 구매자들에게 우리 제품의 특징, 장점, 차별화 포인트 등을 세부사항에 이르기까지 알아듣기 쉽고 성실히 설명할 수 있도록 해야 했다. 브로커들을 세븐스 제너레이션 브랜드에 대해 제대로 알고 효과적인 옹호자로 변모시키는 것이 관건이었다. 그래서 존슨은 판매에 쏟는 시간 못지않게 많은 시간을 이들의 교육에 쏟아야 했다.

브로커들을 지도하는 재능에 힘입어 존슨은 회사의 최고 세일즈 매니저가 되었다. 그리고 최대 고객인 홀푸즈마켓 사람들을 만나 교육에 대해 자신이 의욕적으로 추진하는 접근방법이 세븐스 제너레이션의 주요 이해 관계자들에게 큰 영향을 미칠 수 있다는 사실을 보여주려고 했다.

홀푸즈 매장에 가면 유기농 제품, 자연 식품들이 보기 좋게 진열되어 있는 것을 볼 수 있을 것이다. 너무도 진열이 잘되어 있기 때문에 몇몇 대형 매장에서는 오히려 그게 문제가 되었다. 즉 대부분의 쇼핑객들이

카트를 끌고 잘 포장된 제품이나 맛있어 보이는 치즈와 육류 등이 진열된 점포 가장자리만 돌아다니는 것이다. 세븐스 제너레이션을 비롯한 몇몇 브랜드의 종이 타월, 기저귀, 세제 등이 가지런하게 진열된 점포 안쪽으로 들어와 보는 고객은 상대적으로 적었다. 일부 품목의 매출은 빈약하기 짝이 없어 업계 내부에서는 매장의 이 중앙 복도를 '감옥'이라 부를 정도였다.

2006년 초에 존슨은 세븐스 제너레이션의 다른 경영진 세 명과 함께 캘리포니아 북부 홀푸즈 점포 대부분의 식료품 팀장들로 구성된 청중 앞에 섰다. 그녀의 임무는 세븐스 제너레이션을 그들에게 제대로 소개해서 더 많은 제품을 판매하도록 하는 것이었다. 결과는 대성공이었다. 그녀와 경영진들은 60분 동안 실내 오염 때문에 천식과 화학물질 과민증의 발생률이 높아지고 있으며, 고객들 사이에 건강한 가정을 꾸리고 싶은 욕구가 커지고 있다고 강조했다. 존슨은 특히 점점 더 많은 고객들이 홀푸즈가 아닌 일반 식료품점에서 무염소 기저귀와 천연 세정제 등을 산다며 관련 통계를 보여주었다. 그녀는 팀장들의 경쟁심을 자극하고, 세븐스 제너레이션 브랜드뿐만 아니라 '가정용품' 브랜드 전체에 대한 지지자로 바꾸어 놓았다. 존슨은 당시 상황을 이렇게 회고했다. "우리 사업을 일으키기 위해선 먼저 우리 제품이 속한 분야부터 살려놓아야 했던 것입니다."

이날 강연을 들은 홀푸즈 사람들은 문자 그대로 갑자기 번갯불이 번쩍 하는 것처럼 정신이 번쩍 들었다. 천연 가정용품이 자연식품과 뒤죽박죽 뒤섞여 진열되어 있다는 사실을 깨달은 것이다. 고객들이 유기농 제품을 사다가 화학세제로 닦은 조리대 위에서 음식을 준비하는 것 같은 일이 벌어지고 있었던 것이다. 곧 세븐스 제너레이션은 홀푸즈와 협력해 판촉 및 효과적인 진열 방법 개발에 나섰다. 또한 매장 점원들이 우리 제품의 장점을 고객들에게 분명하게 설명하고, 고객을 중앙 복도로 끌어들일 수 있도록 만들기 위한 교육도 시작했다.

그렇게 하자 홀푸즈에서 매출은 금방 늘어났다. 이 과정에서 존슨은 자신의 문제에 대해서도 어떤 영감을 얻게 되었다. 당시 그녀는 판매와 관련된 출장을 다니느라 심신이 녹초가 되어 있었고, 자신에게 맞는 새로운 일을 찾고 싶었다. 그것은 바로 브로커들뿐 아니라 이해 관계자 모두가 '건강한 가정'과 세븐스 제너레이션 제품을 옹호하도록 만들기 위한 교육 계획을 구축하는 것이었다. 그녀가 생각하는 자신의 목표와 회사의 필요가 완벽하게 맞아떨어졌다. 하지만 최고 경영진의 허락을 받기란 대단히 어려우리라는 것을 잘 알고 있었다. 그녀는 회사에서 가장 생산성 높은 판매 관리자였기 때문이다. 자기가 주문 대장에서 손을 떼려 한다는 사실을 알면 모두가 기겁을 할 게 분명했다. 하지만 단념하지 않았다.

존슨이 본격적인 교육 프로그램을 시작하기까지는 1년이 넘게 걸렸다. 그녀의 성공 스토리는 기존 관행에 젖은 많은 기업들의 완고한 경영 신화들을 어떻게 극복해 냈는지에 대한 이야기이다. 그 거짓 신화들은 워낙 완고하게 뿌리내리고 있어서 혁신을 향한 불꽃을 꺼뜨려 버리는 경우도 종종 있었다.

거짓 신화 #1: 잘 되고 있는 것은 건드리지 말라

2006년에 세븐스 제너레이션의 연간 수입은 6400만 달러였다. 프록터&갬블의 560억 달러에 비하면 극히 미미한 액수이다. 물론 우리는 '사람을 키우지 않고는 기업을 키울 수 없다'는 말을 신봉했다. 하지만 우리는 거물들이 경쟁하는 산업에서 약체였다. 최고 판매사원이 자기 일을 그만두겠다는데 최고 경영진이 떨떠름한 반응을 보인 것은 당연했다. 존슨이 맡고 있는 영역에서 우리 연간 매출액의 50% 이상이 나왔다. 그녀가 (적어도 단기적으로는) 땡전 한푼 창출하지 못할 자리를 만들려고 떠나겠다는데 도대체 그 공백을 어떻게 메워야 한단 말인가?

존슨은 영리했다. 그녀는 처음부터 지나친 욕심은 부리지 않았다. 그녀의 첫 번째 행보는 지지해 줄 만한 사람을 얻는 것이었다. 먼저 막 싹이 튼 상태의 아이디어를 판매 담당 부사장인 존 머피에게 설명했다. 홀푸즈에서 이룬 긍정적인 결과에 고무된 머피는 존슨에게 계획을 좀더 구체적으로 추진해 보라고 격려했다. 또한 최고 경영진이 아주 세게 반대하면 자기가 그녀 편이 되어 주겠노라고 약속했다. 계속 매출 목표를 달성하는 한 그렇다는 말이었다. 머피의 긍정적인 반응에 존슨은 프레젠테이션을 하기로 결심했다. 그리고 2006년 9월에 그녀는 자신의 아이디어를 최고 경영진에게 던졌다. 돌이켜 보면 그녀의 아이디어가 설득력이 있었던 것은 다음의 세 가지 핵심 요인 때문이었다.

■ **반박할 수 없는 논리로 무장** 우리가 가진 제한된 자원을 감안하면 전국에 걸쳐 있는 점포에서 전도사처럼 우리 제품에 대한 복음을 전파해 줄 팀이 필요하다는 건 명명백백한 사실이었다.

■ **설득력 있는 데이터** 그녀는 구매 결정의 90%가 점포에서 이루어진다는 데이터를 제시했다. 이를 비롯해 그녀가 제시한 각종 리서치 결과에 따르면 매장 직원이 우리 제품을 잘 알고, 그 안전성과 효능을 진심으로 믿는다면 우리 제품을 알리는 데 있어서 그들 만큼 효과적인 사람이 없다는 결론이 내려졌다.

■ **회사가 추구하는 목적에 딱 들어맞는 아이디어** 세븐스 제너레이션의 사명 가운데 큰 부분은 고객들이 의식 있는 소비자가 되도록 돕는다는 것이다. 존슨의 계획에는 매장에서 사람들을 교육시키겠다는 의도가

들어 있었다. 매장이야말로 우리의 메시지가 가장 큰 영향력을 미치는 장소였다.

존슨의 아이디어는 미래가 밝아 보였다. 그렇지만 경영진 가운데는 매장 점원을 교육하는 그녀에게 판매 이사의 임금을 지급해야 한다는 것을 수긍하지 못하는 이들도 있었다. 따라서 우리는 절충안을 내놓았다. 존슨에게 시험 프로그램을 가동하며 그 효능을 테스트할 수 있는 기회를 준 것이다. 단 효과가 입증될 때까지 판매 업무를 병행토록 했다.

거짓 신화 #2: 급진적인 것은 위험하다

회사의 최고 수익원 가운데 한 명을 상당한 기간 동안 아무런 결실 없이 끝날지도 모를 계획에 몰두하도록 하는 것은 너무 위험한 일인지도 모른다. 시간이란 재생 불가능한 자원이며, 당시 우리가 가진 자원은 넉넉하지 않았다. 그러나 우리는 그녀가 자신의 주장을 실험해 보이는 데 여유 시간을 투자하도록 하고, 현재 맡은 일도 계속하도록 시킴으로써 리스크를 최소화했다. 급진적인 실험이 꼭 비용이 많이 드는 것일 필요는 없다. 그리고 이 실험은 실패하더라도 회사 전체를 휘청거리게 할 만한 것은 아니었다.

존슨의 프로젝트는 회사 전체의 명운을 거는 움직임과는 거리가 멀었지만, 세븐스 제너레이션의 문화에 변화를 가져오기 시작했다. 그녀는 자기만큼 연봉을 받더라도 자신의 생각대로 새로운 일에 도전해 볼 수 있다는 인식을 회사 안에 심어 주었다. 나아가 사람들에게 업무 시간 일부를 쪼개어 예산이 필요하지 않는 프로젝트에 쓸 수 있는 기회를 가져다주었다. 그러한 프로젝트들은 한층 더 공동체에 기반을 둔 기업 문화를 만들어 나가는 데 초석이 될 수도 있었다.

구글은 '20% 타임제'로 유명하다. 개발자들이 자기 업무시간의 5분의 1을 자기 구미에 맞는 아무 프로젝트에라도 쓸 수 있도록 보장하는 것이다. 우리는 구글의 선례를 따라 그녀에게 여섯 명의 자원자를 배치해 '교차 기능'cross-functional 추진 팀을 꾸리도록 해주었다. 존슨과 마찬가지로 이들 여섯 명도 새로운 기회의 땅에 뛰어드는 것과 함께 현재 맡고 있는 기존 업무도 계속해야 했다. 결국 고객 서비스, 연구 개발R&D, 마케팅, 기타 부문에서 온 이 진취적인 사람들은 '120% 타임'의 일을 해냈다. 더 의식 있는 소비자를 만드는 일에 도움이 된다는 기대에 고무된 그들은 자기들이 얻은 경험이 스스로의 일상 업무에도 도움을 줄 것이라고 믿었다. 뿐만 아니라 이들은 자기들이 가진 재능이 정말 중요한 프로젝트에 쓰인다는 사실에서 얻는 심리적 보상에 목말라 있었다.

이 팀이 한 첫 번째 일은 교육을 통한 혁신을 진행한 다른 기업을 벤치마킹하는 것이었다. 그들은 스타벅스가 바리스타의 기술을 끌어올리기 위해 지속적으로 노력하는 사례를 살펴보았고, 이를 통해 교육이 일회성 이벤트가 아니라는 것도 알게 되었다. 에킨Ekin을 벤치마킹 하는 데도 많은 시간을 보냈다. 에킨은 나이키Nike의 스펠링을 거꾸로 한 것으로, 나이키 안팎의 사람들에게 나이키의 역사와 관련된 교육을 진행해 회사의 정체성을 유지시키는 전문가 집단이다. 에킨은 운동용품점을 방문해 판매자에게 나이키 신발이 만들어지는 방법과 업무 특성 등을 설명한다. 감동적인 카탈로그와 온라인 에세이를 이용해 사람들에게 호감과 정보를 주는 등산용품 회사 파타고니아Patagonia의 사례도 배웠다. 그리고 구운 헤이즐넛유나 호박씨유 등 장인들이 공들여 만든 명품 오일 메이커인 스펙트럼 오가닉스Spectrum Organics에서 나온 요리사들이 마련한 자리에도 참석했다. 요리사들은 홀푸즈 직원들 용으로 푸짐한 음식을 준비했다. 직원들은 스펙트럼의 상품을 써 봄으로써 그 회사를 직접

위계 구조를 극복하고 공동체를 구축한다: 파타고니아

위계 구조의 위험성: 구성원의 시간 관리에 힘을 다 쏟는다.
파타고니아의 처방: 시간이란 재생 불가능한 자원이라는 점을 명심한다. 구성원들 스스로 각자의 시간을 아껴 쓰고 관리하도록 맡긴다.

patagonia® 야외 스포츠용품 회사로 녹색 산업의 선구자인 파타고니아는 힘들면서도 인간적인 직장 문화를 만들려고 노력하는 곳으로 유명하다. 직원 각자의 재량에 맡기는 업무 시간은 파타고니아의 실적에 가속도를 붙게 하는 가장 중요한 동력이다.

파타고니아는 야외 탐험가들을 직원으로 끌어들일 필요가 있다. 그리고 회사는 이들에게 일하는 시간과 야외로 나가는 시간을 임의로 결정할 수 있는 폭넓은 재량권을 준다. 이들은 야외에서 바이킹, 등산, 스키 등을 하면서 시제품을 테스트하고 새로운 영감을 얻는다.

파타고니아의 CEO인 케이시 시한은 일주일에 세 번 90분 동안 캘리포니아 벤추라에 있는 회사 사무실 동쪽 언덕을 바이크를 타고 오른다고 했다. 열렬한 제물낚시꾼인 그는 때때로 바이크를 타고 벤추라 강 어느 곳에 무지개송어가 잠시 머무르고 있는지를 살핀다. 그는 이렇게 말한다. "사무실에만 앉아 있으면 독창적인 아이디어가 떠오르지 않습니다. 아이디어는 자전거를 타고 나돌아다닐 때 떠오릅니다. 정신이 명료해지면서 '다음엔 어디로 가지?' '3년짜리 로드맵은 어떤 모습을 하게 될까?' 같은 아이디어가 갑자기 쏟아져 나옵니다. 아이디어가 너무 많이 떠올라 때로는 길가로 벗어나 메모를 할 정도입니다."

이 회사의 창립자인 이본 취나드는 아직도 등산이나 스키를 하러 몇 달씩 사라지곤 한다. 그는 사람들에게 시간이라는 선물을 주는 것은 그들 자신의 행복을 즐기라고 주는 게 아니라고 말한다. 그는 뉴욕타임스에 "그렇게 하는 게 바로 훌륭한 사업이기 때문"[18]이라고 했다. 파타고니아에 결원이 한 명 생길 때마다 900명이 넘는 지원자가 몰려드는 것은 이런 이유 때문이다.

'경험' 했다. 이런 과정을 존슨은 다음과 같이 요약했다. "사실 전달보다는 이야기를 듣고 직접 경험하는 것에서 사람들이 훨씬 큰 영향을 받는다는 점을 배웠습니다."

벤치마킹 기간이 끝날 무렵 이들은 '영향력 있는 이들에게 영향을 미치자' 라는 캠페인 타이틀을 내놓았다. 하지만 앞으로 보게 되겠지만 첫 번째로 낸 아이디어가 반드시 최상의 아이디어는 아니다.

거짓 신화 #3: 경영진의 일은 업무를 할당하고 감독하는 것이다

자발적인 지원자들을 이끌기 때문에 존슨에게는 그들에게 업무를 할당할 권한이 없었다. 사람들이 참여하도록 권유만 할 뿐이었다. 그것 자체가 나쁜 것은 아니다. 사람들은 지시받은 일보다는 부탁받은 일에 훨씬 더 몰입하는 경향이 있다. 개발자들이 개인 시간과 사재를 털어 구축한 오픈 소스 소프트웨어 웹사이트인 '소스포즈닷넷' SourceForge.net에는 2009년 초에 200만 명이 넘는 사람들이 23만 개의 프로젝트를 올렸다.(19) 이 많은 사람을 불러들이는 데 필요했던 것은 사람들로 하여금 의욕에 넘치는 다른 사람들과 자발적으로 협력할 수 있도록 만들어 준 것 뿐이었다.

존슨은 오픈 소스 분야의 인재들을 끌어들일 웹 플랫폼은 갖고 있지 않았지만 대신 막강한 '기술' 을 이용했다. 그 기술은 바로 아이디어라는 선물이었다. 사람들의 재능, 경험, 시간을 건네받는 대신 그들에게 짜릿한 새로운 기회에 참여할 수 있는 기회를 제공해 준 것이다. 그녀의 제안은 직속 팀에만 해당되지 않고 모두 100명이 넘는 세븐스 제너레이션 판매 브로커들까지 추가로 초대했다. 그리고 이들을 시카고에 보내 하루 동안 브레인스토밍 회의를 갖도록 했다. 그들이 모인 목적은 매장 종업원들에 대한 훈련 모듈을 설계하는 것이었다. 순전히 스스로 참여 결정을 내린 이들이었기에 브로커들은 높은 열의로 회의에 들어왔다. 열정이란 창조성을 불러일으키는 촉매이다.

여기서 존슨은 또 한 번 경영학의 금언을 뒤엎었다. 창의성이란 '창의적인 유형의 인물, 다시 말해, 판매 파트가 아니라 R&D와 마케팅에 종사하는 이들에게서 나온다' 는 금언을 뒤엎은 것이다. 테레사 애머바일 하버드대 교수는 연구 조사를 통해 혁신적 아이디어는 조직의 어느 부문에서도 솟아날 수 있다는 사실을 보여주었다. 애머바일 교수의 보고서는 앞서 말한 패스트 컴퍼니의 기사에 소개된 것처럼 창의성이란 재능, '새로운 방식으로 사고하는' 능력, 특히 '본능적으로 솟아나오는 동기' 못지않게 경험에 의해서도 좌우된다고 밝혔다. 경험이야말로 브로커들에게 풍부한 것이었다. '밀려드는 일거리에 치여 본' 사람들이 창조적으로 일할 가능성이 더 높다고 그녀는 주장한다. 브로커들이 참여한 브레인스토밍 회의의 진행상황을 보면 애머바일 교수의 주장에 일리가 있음을 알 수 있다.

브로커들과 판매 관리자들, 영향력 제고 팀은 여덟 시간에 걸쳐 자신들의 에너지를 그 과제에 쏟아 부었다. 그 과제란 바로 매장 점원들에게 '세븐스 제너레이션의 7대 진실' 을 소개하는 프로그램의 디자인 원칙을 만들어내는 일이었다. 이들은 식료품 매장에서 누구보다 많은 시간을 보낸 판매 전문가들의 집단 지혜를 활용하여 단 몇 주만에 20분짜리 견본 교육 모듈을 만들어냈다. 짤막한 비디오와 활용 가이드도 포함되었다.

견본을 만든 이유는 완제품에 근접한 것을 만드는 전 단계로서가 아니라, 팀이 프로그램을 평가하는 피드백을 이끌어내고, 중간 수정을 가하기 위해서였다. 어느 의미에선 문제점을 통해 생각을 다시 하기 위해 시험판을 만든 것이다. 전체 프로젝트의 규모가 작은 편인데다 자원도 불충분했기 때문에 지나친 겉치레는 피했다. 두드러지게 새로운 가치를 만들어내지도 못하면서 예산만 축내는 경우가 허다하기 때문이었다.

여섯 개 도시에서 시험해 본 결과 견본 판은 다듬을 구석이 없지 않았지만 큰 문제는 아니었고, 얼마 지나지 않아 대단한 성공작이 되었다. 식료품 팀과 구매 담당자들을 대상으로 한 조사 결과 85% 가량이 이 모듈이 업무를 더 잘 수행할 수 있도록 '유용한 정보'를 제공해 주었다고 답했다. 71% 이상이 그 정보를 매장을 찾는 고객에게 '자주' 알려준다고 답했다.

피드백 결과에는 부정적이지만 매우 귀중한 통찰을 담은 두 가지 답도 들어 있었다. 첫째는 제목을 바꾸라는 것이었다. '영향력 있는 이들에게 영향을 미치자'는 타이틀은 고객을 세뇌하려는 느낌을 준다는 것이었다. 오랜 작업 끝에 팀은 새로운 타이틀을 내놓았는데, '교육을 통한 영감(GIVE)' Generate Inspiration Via Education이었다. 두 번째는 데모 비디오가 세븐스 제너레이션의 광고로 활용하기에 적합지 못하다는 것이었다. 따라서 팀은 청소용 제품의 라벨 읽는 법, 신생아 돌보는 법 등 주제를 넓혀 소개했다. 주제에 걸맞게 권위 있는 소아과 의사를 비디오 나레이터로 영입했다.

존슨은 2007년 초에 테스트 결과를 회사 최고 경영진에게 보고했다. 그 무렵 세븐스 제너레이션의 인접 환경, 즉 사업에 영향을 미치는 사회적, 경제적인 변화는 그녀에게 유리하게 돌아가고 있었다. 앨 고어가 출연한 '불편한 진실' An Inconvenient Truth이라는 훌륭한 다큐멘터리가 막 나온 시점이었다. 많은 사람들의 개인적인 관심사에도 지구 온난화와 지속가능성 문제가 당면 중심 과제로 부각되고 있었다. 쇼핑객들은 쇼핑몰의 중앙 복도 쪽으로 방향을 틀어 기존의 패키지 제품 대신 친환경적인 제품을 찾을 태세가 어느 때보다 잘 되어 있었다. GIVE 덕분에 교육받은 소규모 전문가들까지 배출되어 고객들이 현명하고 양심적인 구매

결정을 내릴 수 있도록 도울 준비가 되어 있었다. GIVE는 시행 첫해에만 14만 명이 넘는 고객들과 만났다.

존슨은 이렇게 말했다. "이제 GIVE는 소매점에서 곧바로 고객으로 옮겨가고 있습니다. 여러 어머니 단체에서 이 프로그램을 본 다음 친구들에게 알리고 있습니다. 이런 일이 마치 바이러스처럼 번져나가고 있습니다."

명심해야 할 교훈들

결국 판매 담당 임원 두 명을 새로 채용했고 존슨은 세븐스 제너레이션 최초의 교육 담당 이사라는 새로운 자리로 자연스럽게 이동했다. 그때 이미 그녀는 우리 회사 최초의 '지식담당최고관리자(CKO)'Chief Knowledge Officer가 되겠다는 계획을 세워놓고 있었다. 20여 년 이상 회사가 축적해 온 지식을 세븐스 제너레이션의 다음 세대가 한눈에 보고 이용할 수 있도록 기록하겠다는 것이었다. 실현 여부와 관계없이 교육에 대한 존슨의 이러한 열의 덕분에 우리의 업무 문화는 인습에 얽매이지 않고, 목적 지향적이고 책임감이 넘치는 문화로 바뀌었다. 그리고 이는 공동체 같은 조직을 만들고자 하는 이들에게 다음과 같은 교훈을 안겨 준다.

■시작은 작게 현명한 연구자답게 존슨은 간단한 실험으로 자신의 생각을 테스트했다. 홀푸즈 팀장들과의 만남이 바로 그것이었다. 만남의 결과가 긍정적으로 나오자 그녀는 요구 수준을 약간만 더 높여 견본 프로그램을 만들 수 있는 예산을 요구했다. 만약 막대한 예산을 따내 세간의 이목을 끌만한 수준으로 일을 벌이기 시작했더라면 프로젝트는 엄청난 규모의 자원과 경영진의 관심을 얻을 수도 있었을 것이다. 하지만 그런 식으로 과도한 짐이 얹어졌더라면 계획은 쉽게 무너지고 말았을지도

모른다.

■**하던 일을 하면서 새로운 일을 병행한다** 회사는 존슨에게 새 프로젝트를 맡긴 뒤에도 서부 판매조직 책임 업무를 병행하도록 했다. 매출이 급격히 줄어들 리스크를 최소화하기 위해서였다.

■**지원자를 모은다** 스스로 무언가를 하고자 하는 사람은 근면과 열정을 모두 쏟는다. 브로커들의 참여를 유도함으로써 존슨은 더 많은 다양한 두뇌를 확보했고, 그 덕분에 훌륭한 아이디어를 만들어낼 수 있었다.

■**견본을 만든다** 팀은 '영향력 있는 이들' 프로그램의 견본을 만들면서 단지 피드백을 얻는 데만 그치지 않고 자신들이 만든 전략을 그대로 보여주었다. 그렇게 해서 프로젝트가 아직 시험 단계였기 때문에 고위 경영진으로부터 허가를 받는 부담스러운 일은 최대한 줄이고, 이해 관계자와 직원들로부터 피드백을 얻는 기회는 극대화했다.

■**회사와 공동보조를 취한다** 세븐스 제너레이션은 자신과 궤도를 같이 하는 기업, 나아가 궤도 바깥에 있는 기업들에게까지도 영향을 미쳐서 그들을 지속가능성의 방향으로 끌어들이고자 한다. GIVE 프로그램은 고객을 상대로도 마찬가지 목표를 추구한다. 존슨은 이렇게 말했다. "우리가 추진하는 프로그램은 회사의 목적 및 사명과 완전히 일치합니다. 무엇보다도 이 때문에 우리는 성공을 거두게 되었습니다."

———

수잔 존슨이 걸어온 길은 책임 있는 기업이 최선의 역량을 이끌어내는 일에 개인 한 명이 어떤 기여를 할 수 있는지 보여준다. 또한 책임 있는 혁명가는 R&D 혁신뿐 아니라 인력의 혁신에도 힘을 쏟는다는 점을 상기시켜 준다. 그녀가 한 일 덕분에 세븐스 제너레이션의 다른 구성원들 역시 자기가 하는 업무를 재점검하는 실험을 계속해 나가게 되었다. 우리는 구성원들이 핵심적이지 않은 프로젝트에 자신이 가진 시간의 '120%', 아니면 20%라도 쏟아 부을 수 있도록 해주는 방법도 테스트하고 있다. 존슨이 걸어온 길을 통해 우리가 얻을 수 있는 또 하나의 강력한 시사점은 회사 내에서 더 이상 할 일이 없는 것처럼 보이는 순간에도 돌파구는 언제나 있다는 것이다. 핸들을 단단히 잡고, 많은 이들이 다녀보지 않은 길을 향해 나아가는 예지와 의지가 있으면 된다.

투명하라

투명함이 주는 비용 절감 효과

코카콜라가 어린이 비만과 충치를 늘리는 데 자기들이 얼마나 큰 기여를 하는지 세상에 밝히고, 고객과 이해 관계자 모두를 참여시켜 문제 해결을 위해 솔직하게 토론하는 장면을 상상해 보자.

또 브리티시 페트롤륨이 최근 3년 동안 18명의 직원이 숨진 텍사스 공장을 포함해 정유 공장의 안전 문제와 관련된 회사의 어두운 면을 가리는 장막을 과감하게 걷어올리는 장면을 떠올려 보자.

도요타가 국제회의를 소집해 기후변화와 스모그로 인한 세계 전역의 천식, 알레르기, 폐암 등에 자신들이 어느 정도 원인 제공을 하는지에 대해 밝힌다고 생각해 보자.

정말 상상하기 힘든 장면이 아닐까? 이건 또 어떤가? 야외용 신발 및 의류 브랜드인 팀버랜드가 자사의 신발이 기후에 미친 영향과 화학용품 사용 내역 등을 포함해 환경에 남긴 흔적을 공개하는 장면을 상상해 보자.

마지막 이야기는 가상 시나리오가 아니다. 남들이 하지 않는 일을 하는 어떤 기업의 실제 이야기이다. 이 회사는 자신들이 인류와 지구에 미치는 좋은 영향과 나쁜 영향, 추악한 영향을 모두가 볼 수 있도록 공개적으로 옷을 벗었다.(이 캐주얼 브랜드에 대해서는 이 장의 마지막 부분에서 상세히 소개한다.) 지금은 팀버랜드처럼 수많은 기업들이 새로운 기업 행동 모델을 받아들이고 있다. 글로벌 시대의 훌륭한 시민이 되려면 투명 유리로 만든 집에서 살아야 한다.[1]

투명이 답이다

웹, 특히 블로그가 가져온 민주화 효과 덕분에, 그리고 사회운동 단체와 NGO, 미디어, 시민 이해 관계자와 같은 외부의 압력 때문에 기업의 전통적인 의사소통 모델은 방향이 뒤집혔다. 기업의 의사소통은 이제 더 이상 하향식 일변도로 흐르지 않는다. 말끔하게 차려 입은 최고 경영 자들만이 언론을 상대로 '공식 발표'를 하던 시대는 지났다. 사업과 관련 된 정보의 공개는 밑에서 위로, 안에서 바깥으로 흘러나간다. 일선 직원 들이 트위트나 블로그에 시시콜콜한 일상사들뿐 아니라 경영 관행, 제품 개발, 전략과 기타 회사에 일어나는 일을 마구 올리기 때문이다.

사실상 투명성은 이제 회사 조직도의 최정상까지 치고 올라가 있다. 선 마이크로시스템의 조나단 슈워츠에서부터 HD넷의 마크 큐번, 제트 블루의 전前 회장 데이비드 닐먼에 이르기까지 거물 경영자들은 화내고, 질책하고, 고민하고, 잘못을 반성하는 수단으로 웹을 적극 활용한다. 마 이스페이스와 유투브가 고해성사실 역할을 하는 시대에 자신의 실수를 인정하는 것이 자신을 더 강하게 만들어 준다는 것은 자명한 사실이다. 몇 가지 예를 들어 보자.

■ 구글은 엔지니어들에게 자기가 진행하는 프로젝트를 자유롭게 블로그에 올리라고 오래 전부터 권장해 왔다. 구글이니 놀라운 일은 아니다. 그러나 '와이어드'Wired매거진이 '자물쇠를 채운 통제의 상징'⑵이라고 표현했던 마 이크로소프트도 지금은 그렇게 한다.

■ 인터넷 의류 쇼핑몰 자포스Zappos만큼 회사의 투명성을 높이기 위해 트위 터를 적극 활용하는 곳도 드물다. 종업원들이 트위터의 파워 유저들이며 CEO인 토니 시에는 1백만 명이 넘는 팔로어를 끌어들였다.

■ 보험업계의 거물인 아플락Aflac은 말도 많고 탈도 많은 CEO 보상 문제를 더 이상 쉬쉬하지 않기로 했다. 대신 최고 경영진의 급여가 정해지면 이를 공개해 주주들에게 표결로 승인 여부를 결정해 달라고 부탁한다.

■제약회사 엘리 릴리Eli Lilly의 자회사인 이노센티브InnoCentive는 전 세계적으로 7만 명이 넘는 과학자들을 연결하는 온라인 네트워크를 이용해 사내 R&D 팀을 쩔쩔 매게 만든 기술적인 문제들을 해결한다. 문제를 풀기 위해 전 세계 우수 두뇌들을 불러모으는 것은 당연한 이치이다. 공헌하는 사람이 많아질수록 더 예리한 통찰, 정보, 아이디어를 얻을 확률은 혼자일 때와는 비교할 수 없을 정도로 높아진다.

스스로 비밀을 폭로하고 흠집을 들춰내는 것은 사업과 관련된 기존의 지혜와 분명히 어긋난다. 투명해진다는 것은 두려운 일이다. 모든 사업가들이 다 투명해질 준비가 되어 있는 것도 아니다. 투명성을 실행에 옮기는 것은 과격하고 비현실적인 관행처럼 비칠지도 모른다. 하지만 이제는 이런 관행이 빠르게 주류의 자리를 차지하고 있다.

투명성은 주주 가치를 증가시키는 것 이상의 일을 하고 싶어 하는 기업에게는 핵심적인 필요조건이다. 블루칩 기업인 빅 블루IBM은 스스로

투명성을 찬양해 왔다. IBM 글로벌 부문의 2008년 2월 보고서는 기업 스스로 '이해 관계자들의 현미경' 앞에 얼마나 발가벗을 의지가 있느냐가 기업의 사회적 책임 목적 달성의 성패를 좌우할 것[3]이라고 주장했다. 보고서는 투명성이라는 강력한 소독제가 기업을 따가운 햇볕 아래 드러냄으로써 기업이 맞닥뜨릴 문제들을 줄여 준다며 다음과 같이 강조했다. "많은 사람들 앞에 기업 운영 과정을 공개하는 기업은 방치했다가 값비싼 대가를 치르게 될 문제들을 미리 막을 수 있다."

투명이 평판을 높인다

조직이 가치 추구를 통해 차별화를 시도할 때는 자신들이 이룬 성과물뿐만 아니라 자랑거리가 못 되는 비밀이나 실패 사례까지도 명명백백하게 드러내는 게 무엇보다도 중요하다. 외부 이해 관계자들은 책임 있는 기업이라면 개방적이고 솔직하게 자신들과 소통해 주기를 바란다. 결국 우리는 평판의 경제 속에서 일하고 경쟁한다. 스스로 책임 있는 행동을 내세우는 기업에게 평판은 전부라고 해도 과언이 아니다.

2003년 스위스 다보스에서 열린 제34차 세계경제포럼에 참석한 최고 경영인들을 대상으로 조사한 결과 평판이 기업의 성공을 측정하는 두 번째로 중요한 요소로 나타났다. 평판보다 더 많은 점수를 받은 것은 '제품과 서비스의 품질' 뿐이었다. 2008년 12월 기업의 최고재무담당자 CFO, 투자전문가, 금융전문가 등을 대상으로 한 맥킨지 조사에 따르면 75% 이상이 '기업의 평판 또는 브랜드 품질을 훌륭하게 지켜나가는 것이 가치 창출의 가장 좋은 방법' (4)이라는 데 동의했다. 평판이나 존경과 같이 값을 매길 수 없이 귀중한 무형 자산을 비용 대비 효과적으로 관리하는 기술은 투명성에서 시작된다.

소비자가 기업을 믿을 만하다고 여길수록 그 기업의 제품과 서비스도 더 많이 팔린다. 이건 상식적으로 생각해도 그렇고 데이터를 봐도 그렇다. 폰지 사기와 은행에 대한 긴급 구제 등으로 기업에 대한 사람들의 인식이 바닥으로 떨어졌던 2009년에 전 세계 오피니언 리더들을 대상으로 실시한 연례 설문조사 보고서인 에델만 트러스트 바로미터는 성인 91%가 평판이 좋은 기업에서 제품과 서비스를 구매하는 것으로 나타났다고 밝혔다. 77%는 사회적으로 용납되지 않는 기업의 물건 사기를 거부했다. 평판이 기업의 브랜드 가치와 총수입 모두에 중요한 영향을 미치는 것으로 나타난 것이다.

신뢰가 브랜드 평판을 빛나게 만든다면, 그 신뢰를 구축하는 것은 바로 투명성이다. 믿음을 주는 기업은 다른 기업이 감추는 것을 솔직히 드러내 보인다. 영업 활동 및 종업원 대우와 관련해 지속적으로 좋은 소식과 나쁜 소식을 알리는 기업은 신뢰할 만한 기업으로 간주될 가능성이 더 크다.(5) 2009년 에델만 조사는 평판과 신뢰, 투명성 사이에 분명한 연관 관계가 있다는 점을 언급하면서 "투명성은 '돈 내고 살 만한 가치'나 '재정적으로 확실한 미래' 못지않게 평판에 중요한 요소"(6)라고 강조했다. 평판이라는 자본을 소중하게 생각하는 CEO라면 투명 비닐을 둘러쓰는 게 좋을 것이다.

비판자를 협력자로 만들기

진정으로 투명해지려면 문제를 드러내는 것은 물론이고, 그 문제를 해결할 수 있어야 한다. 투명성이라는 과제를 이용해 우리는 대중의 생각에 접근하고 비판세력과도 친근해질 수 있다. 적대적 관계를 실질적인 협력 관계로 바꿀 기회도 잡을 수 있다. 이게 의심스러우면 나이키와 갭Gap이 최근에 겪은 일들을 되짚어 보면 된다. 두 기업은 도급 공장의 근로조건에 대해 나쁜 점까지 샅샅이 공개하는 보고서를 냄으로써 가장 가혹한 비판자들과 공동으로 해법을 모색하는 계약까지 맺게 되었다.

홈 디포도 과거에 자사 제품에 처녀림에서 나는 목재를 가져다 쓴 사실을 투명하게 밝혔더라면 열대우림 보호주의자들로부터 그토록 오랜 기간 동안 공격을 받지는 않았을지 모른다. 그리고 처녀림 벌목을 단계적으로 중지한다는 불가피한 조치를 좀 더 신속하게 취했을 것이다. 몬산토Monsanto가 유럽에서 유전자 조작 식품 출시 계획을 솔직히 밝혔더라면, 외부 이해 관계자들이 이 기업을 상대로 잘못을 바로잡도록 제때 압력을 넣었을 것이다. 그랬다면 나중에 환경운동가들과 소비자들이 일으킨 거센 역풍을 맞지 않아도 되었을 것이다. 물론 그 사실을 투명하게 공개했더라도 몬산토 제품을 '프랑켄푸드'(프랑켄슈타인과 푸드를 합친 말)라고 비난하는 유럽 환경운동가들의 분노를 피할 수는 없었을 것이다. 그러나 여기서 말하고자 하는 것은 바로 다음과 같은 사실이다. 블로거, 소비자, 환경운동가들이 기업이 꽁꽁 감춘 프로젝트에 대해 현미경을 들이댈 때 어떤 일이 일어나는지에 대해 아는 기업이 많을수록, 사업 목적을 이루는 데 투명성의 힘을 이용하는 기업도 많아질 것이라는 점이다. 그런 기업은 회사의 평판과 대차대조표에 큰 타격을 입는 일을 겪지 않아도 될 것이다.

우리가 아는 기업 가운데 투명성이란 힘든 과제를 모든 조직에 받아들여 이상적인 투명 유리 집처럼 꾸려가는 곳은 없다. 코카콜라의 제조 비밀, 애플의 설계 과정, 시스코의 M&A 전략 같은 것은 비밀로 남을 수밖에 없을 것이다. 전염성 강한 미디어의 힘이 점점 강해지면서 메시지를 통제하는 조직의 능력은 계속 위협받고 있다. 하지만 지속가능성을 추구하는 기업이라도 완전한 투명성을 실천하기는 거북하고 힘든 경우가 적지 않을 것이다.

투명을 무시한 대가

2008년 3월 중순 어느 날 아침 세븐스 제너레이션의 최고 경영진은 아침 신문에 이런 무시무시한 헤드라인이 실린 것을 보았다.

세븐스 제너레이션, 발암성 화학물질 논란에 휘말리다

'유기농' '천연' 제품에서 발암성 화학물질이 발견되다

비영리 공익 단체인 '유기농소비자연맹(OCA)' Organic Consumers Association은 47가지에 이르는 유기농 및 천연 소비재에서 오염물질 1,4 다이옥산이 감지 가능한 수준으로 발견되었다는 보고서를 내놓았다. 그 명단에 세븐스 제너레이션의 주방 액체 세제가 올라 있었다. 그 보고서로 인해 우리의 정직성은 도전을 받았고, 가장 귀중한 자산 가운데 하나인 평판이 훼손될 위기에 처했다.

물론 우리는 고의로 주방세제에 1,4 다이옥산을 첨가하지는 않았다. 로스앤젤레스 타임스의 보도 내용대로 이 화합물은 세제의 기름기 제거 성분을 향상시키는 과정에서 생겨난 부산물이었다. 우리 제조업자들은 진공 세정을 통해 다이옥산을 극미한 수준으로 낮추었다. OCA의 보고서에 따르면 1,4 다이옥산에 관한 한 우리 세정제는 실험 대상이 된 모든 세정제 가운데 가장 안전했다. 그렇지만 우리는 OCA의 핵심 주장을 반박하지 않았다. 우리 제품에서 1,4 다이옥산이 검출된 것은 용납될 수 없는 일이며, 그 부산물은 우리가 지향하고 추구하는 바와 부합되지 않는다는 점을 받아들인 것이다.

주방 및 세탁 세제에서 다이옥산을 없애려고 5년 이상 노력했지만 미완성된 과정이 남아 있었고, 그것 때문에 부정직한 행위를 한 기업으로 낙인찍히게 된 것이었다. 가슴 아픈 일이었다. 그러나 그 일이 생긴 뒤에도 우리는 충분한 노력을 기울이지 않았다. 다이옥산 제거에 성공하지

못했기 때문이 아니었다. 그 사건 이후 우리는 공급업자와 손잡고 우리 제품에서 오염물질을 제거했다. 우리가 저지른 진짜 실책은 다이옥산과 관련해 지속적으로 대화하는 과정에 소비자와 핵심 이해 관계자들을 배제시킨 것이었다. 웹사이트에다 문제점을 강조하지도 않았고, 기업 책임 보고서에다 자세한 사항을 언급하지도 않았다. 한마디로 투명성 시험에서 낙방한 것이었다.

바로 여기에 투명한 기업이 되려면 어떻게 해야 하는지와 관련된 진짜 교훈이 있다. 우리는 다이옥산 제거를 위해 수없이 회의하고 대화했다. 직접 많은 실험을 해보았고 공급자와 제조업자와도 긴밀히 협력했다. 그러나 한 가지 결정적인 조치를 취하지 않았다. 우리의 노력과 고민을 회사 바깥의 모든 이들과 공유하지 않은 것이다. 그들이야말로 우리의 진화 과정에 관여하고, 관심을 표하고, 질문하고, 이의를 제기하고 싶었을 텐데 말이다.

5~6년 전에는 투명성에 대한 기대 기준이 지금보다 훨씬 관대한 편이었다. 아마도 우리는 1,4 다이옥산이 공개 이슈가 될 즈음엔 이를 완전히 제거할 방법을 찾아낼 수 있으리라고 기대했던 것 같다. 하지만 그것은 완전히 잘못된 접근법이었다. 다이옥산은 계속 남아 있었고, 쉼 없이 밀려오는 새로운 도전과 기회에 맞서느라 바빠 우리는 다이옥산 문제를 공개적으로 논의해야 할지에 대해 진지하게 검토하지 않았다. 다이옥산을 둘러싸고 투명성에 관한 새로운 룰이 도입되었는데도 기존의 룰을 바꾸지 않은 데서 오는 딜레마에 빠진 것이었다. 충분히 예측할 수 있었고 고통스런 일이었지만 그 문제는 바깥 세상에 알려졌다. 신문들은 헤드라인으로 신속하게 이 소식을 전했다.

세븐스 제너레이션에 몸담은 우리들은 단지 이런 일을 당하지 않으려는 노력만 했다. 그러나 다른 시각으로 보면 다이옥산은 우리에게 투명성에 대한 새로운 룰을 받아들이고 과감하게 속이 훤히 비치는 옷을 입기 위해 혁신가들을 찾아 나설 좋은 기회를 가져다주었다.

녹색 투명: 파타고니아의 경우

patagonia®　기업이 스스로를 투명하게 만들면 회계 감사뿐만 아니라 기업의 모든 활동을 일일이 감사받게 된다. 그 과정은 제품의 라이프 사이클 분석과 유사하다. 제품 개발팀은 새로운 제품의 지속성을 평가하기 위해 제품이 미치는 모든 영향을 철저히 분석한다. 마찬가지로 기업 역시 자신이 하는 행위와 사업이 지구온난화, 인권, 에너지, 물, 커뮤니티, 기타 이해 관계자의 호기심을 자극할 모든 문제에 대한 총체적, 체계적 효과를 측정함으로써 스스로를 남김 없이 점검한다. 그렇게 함으로써 조직의 성공을 위한 입체 그림도 그리지만, 더 중요한 것은 조직의 평판을 위기에 처하게 만들 결함과 취약점에 대한 그림노 그린다는 점이다.

선구적인 아웃도어 의류 및 장비 메이커인 파타고니아 만큼 자신이 만들어내는 부정적인 효과가 무엇인지를 계산하고 도표화하는 데 많은 시간을 보내는 기업도 없을 것이다.[7] 파타고니아는 2009 회계연도에 3억 1500만 달러의 매출을 기록했다. '처음부터 덩치에 비해 큰일을 했다' 고 포춘이 언급했듯이 파타고니아는 고객이 야외 레포츠 시장에 접근할 수 있도록 해주었고, 기업이 우리가 상상한 것 이상으로 좋은 일을 할 수 있다는 생각을 전파시켜 주었다.[8] 파타고니아는 또한 과감하게 투명성을 실천한 몇 안 되는 선구적 기업 가운데 하나이다. 기업은 최대한 투명하게 운영되어야 한다는 생각은 철저한 생태주의자인 제리 맨더가 오래 전

파타고니아에 작성해 준 '우리의 가치' 선언에 쓰여 있다. 최대한의 투명성은 라이프 사이클 분석에 착수하도록 회사를 자극한 촉매가 되었다. 이렇게 함으로써 파타고니아는 미국 기업 가운데서 기업 활동이 환경에 초래하는 희생을 철저하게 되돌아 본 부류에 속하게 되었다.

파타고니아에게 있어서 핵심 가치란 '성찰하는 삶을 살라' 는 소크라테스의 명제, 다시 말해 어려운 질문을 서슴지 말고, 민감한 문제를 파고들며, 해법을 모색하는 것이다. 투명한 행동을 하기 위해선 먼저 어떤 문제를 드러내 보일지 제대로 알아야 한다. 그래서 캘리포니아 주 벤추라에 본사를 둔 이 회사는 1991년에 자사 의류에 쓰이는 네 가지 주요 섬유인 모직, 폴리에스터, 나일론, 면의 발자국을 철저히 추적하기 시작했다. 파타고니아의 창립자인 이본 취나드는 그 전에 이미 자신들은 석유 계열 합성섬유가 분명히 환경 친화적이지 않다는 사실을 알고 있었다고 했다. 놀라운 것은 소위 면이나 모 등으로 만든 '천연' 제품 역시 그에 못지않게 나쁘다는 사실이었다.

투명이 책임감을 높인다

취나드는 자사의 모와 면 공급망에 대한 정보를 수집하기 위해 공급원에 환경 영향 조사팀을 파견했다. 그 결과 양을 씻기는 세양액에 살충제가 섞여 있고, 염소로 실을 표백하며, 중금속이 든 염색제를 사용하는 등 양모 처리 과정이 화학물질로 범벅이 되다시피 하다는 사실을 알게 되었다. 재래식으로 재배되는 면의 처리 과정은 더 심각했다. 재래식 면 가공에 연간 전 세계 살충제의 25%, 농약의 10%가 소비되었다. 사용되는 화학성분 가운데 다수가 신경가스 무기 제조용으로 만들어진 것이었다. '환경 위기에 대한 해법을 찾아 이를 실행에 옮기는 것' [9]을 목표로 내건 회사가 화학물질로 만든 면을 쓴다는 것은 브랜드 이미지를 약화시키고 회사의 핵심 원칙에 큰 손상을 가하는 행위였다.

면과 관련된 문제를 대충 그냥 넘어갈 수도 있었을 것이다. 당시 다른 모든 의류 제조업체들이 그렇게 했다. 그러나 이들은 문제를 철저히 파헤치고 올바른 방안이 무엇인지 찾아내 이를 시행에 옮기라는 원칙을 따랐다. 취나드를 본사 회의실에서 만났더니 그는 당시 상황을 이렇게 말했다. "정말 나쁜 짓을 해온 것입니다. 조사해 보니 재래식 방식으로 가공한 섬유는 절대로 쓰면 안 된다는 결심을 더 굳히게 되었습니다." (10) 창립자의 의지에 힘입어 파타고니아 이사회는 투표를 통해 재래식 면을 100% 유기농 면으로 바꾸기로 결의했다. 그러나 간이분석 결과 전 세계 유기농 재배 면의 공급량이 회사의 수요를 채우기에는 너무 부족하다는 것을 알게 되었다. 좋은 면을 얻기 위해선 재배 농민과 의류 제조 업자들에게 좋은 면의 필요성을 인식시켜 줄 필요가 있었다. 파타고니아는 환경 악화에 회사가 책임이 있다는 조사결과를 회피하지 않고 기꺼이 받아들였다. 그렇게 해야 다른 사람들에게 문제 해결에 동참해달라고 설득할 수 있기 때문이었다. 그런 다음 파타고니아는 다음과 같은 조치들을 취했다.

나쁜 정보도 공개 미국 내에서 쓰이는 면에 사용되는 주요 농약의 독성을 열거한 차트를 비롯해서 자사의 환경영향 평가조사 결과를 고객, 소비자, 경쟁사를 가리지 않고 원하는 사람이면 누구에게나 배포했다.

현장 학습 유기농 운동가인 윌 앨런은 파타고니아의 의류제조 판매원들을 버스에 가득 태우고 산 호아킨 계곡에 있는 목화농장 여러 곳을 돌았다. 대부분 화학 비료 탓에 황폐화 되고 농약을 마구 흩뿌려대는 곳도 있었다.

직원들을 감동시킨다 취나드는 회사의 1996년 봄 호 카탈로그에 감동

적인 에세이 한편을 실었다. 그 뒤 경영 분야의 고전이 된 회고록 '파도
가 칠 때는 서핑을' Let My People Go Surfing도 출간했다. 이 책에서 그는 유
기농을 해야 하는 윤리적인 이유를 상세히 소개하고 '그렇게 하지 않는
건 비양심적인 짓' (11)이라고 강조했다.

책임을 남에게 미루지 않는다 같은 해에 파타고니아 제품의 제작 및
판매에 관계된 사람 모두가 참가한 가운데 사흘간 회의를 열었다. 소개
비디오에서는 자사의 행동에 책임을 지겠다는 파타고니아의 확고한 결
심을 이렇게 강조했다. "다른 곳의 환경 악화를 탓하는 것은 좋지 않다.
중요한 것은 파타고니아 제품의 제조, 유통, 소비 과정이 사람들에게 피
해를 준다는 사실이다."(12)

녹색 기업도 오염을 일으킨다

파타고니아의 전체 사업 가운데 면 스포츠웨어 비중이 20% 정도이던
1996년 봄에 이 회사는 미지의 영역으로 발을 내디뎠다. 꼬박 2년을 공
급 체인을 대대적으로 정비하는 데 보낸 다음 전 제품을 유기농 면으로
교체한 것이다. 유기농 면으로 만든 옷에는 추가 가격이 붙어야 하기 때
문에 파타고니아의 매출은 20%나 감소했다. 하지만 회사는 화학물질 범
벅인 면 섬유에 숨은 훨씬 더 큰 환경 비용을 나중에 치르느니, 지금 몇
푼 더 내고 유기농 면제품을 구입하는 게 낫다는 것을 소비자들에게 보
여주면서 스스로 적정 규모를 찾아갔다. 이처럼 파타고니아는 더 질 좋
은 제품 라인을 구축했고 계속해서 원칙을 고수했다. 나아가 레비 스트
로스나 월마트 등 대기업에도 영향을 미쳐 그들도 파타고니아의 뒤를
따르게 했다.

면 섬유 문제와 관련해 투명하고 진지한 자세로 환경에 미친 결과를
파헤치려고 노력한 결과 파타고니아는 다음과 같이 고백했다. "우리가

만드는 모든 제품은 오염시킨다. 우리 모두 그것이 미치는 영향이 얼마나 나쁜지를 보고 깜짝 놀랐다. 지속가능한 제조라는 말은 자가당착이다."[13] 쉬나드의 책에 실려 있는 기억할 만한 주장이다. 어떤 의미에서 파타고니아는 환경 영향 평가를 통해 자기들이 이미 알고 있던 사실을 공개적으로 확인한 셈이다. 쉬나드는 환경 사이트 '트리허거'TreeHugger 와의 인터뷰에서 이렇게 말했다. "아무리 환경을 오염시키지 않고 친환경주의자가 되려고 노력해도 우리는 여전히 오염자이다."[14] 그렇지 않다고 생각한다면 그것은 스스로를 속이는 것이다.

솔직하게 털어놓는다

파타고니아가 철저한 투명성을 실천하기 위해 이처럼 야심찬 실험을 한 것은 기존의 기업 책임 보고서에 대해 불만을 느꼈기 때문이다. 기업 책임 보고서를 쓰는 것은 기업이 자신에게 더 높은 윤리적 기준에 맞는 책임을 부과하려고 하는 노력이다. 2004년에 파타고니아는 세계적으로 통용되는 기업 지속가능성 보고서의 가이드라인을 만드는 글로벌 리포팅 이니셔티브GRI 기준에 따라 기업 책임 감사보고서를 작성했다. GRI 기준은 대규모 공기업을 우선 대상으로 해서 개발된 것이었다. GRI는 기업의 사회 및 환경적 발자국을 세세한 부분까지 기록하고자 했다. 많은 이들이 그것을 기업 책임 관련 보고에서 불문율로 받아들이고 있다. 인습 타파에 나선 파타고니아는 다른 생각을 가지고 있었다.

GRI 규정에 맞춰 자료를 모두 모아서 이를 규격화 된 양식으로 만들어 내는 데 많은 시간이 걸렸다. 하지만 나중에 보니 누구 마음에도 들지 않는 결과가 나왔다. 책자로 만들어진 문서는 말끔히 소독된 모조품 같은 느낌을 주었다. 쉬나드는 그렇게 만들어진 문서를 보고 '완전 엉터리' 라고 선언했다. 파타고니아의 환경 분석 담당 이사인 질 듀메인은 약간 외교적인 수사로 이렇게 평가했다. "기존에 나와 있는 다른 보고서들 만큼이나 딱딱했어요. 무슨 마케팅 선언처럼 느껴졌습니다. 우리가 어떤 부분에서 실패했는지 등과 같은 껄끄러운 문제는 전혀 건드리지 않았던 것입니다. 우리는 이사회 몫으로 열두 부를 만들었습니다. 그러고 난 다음 우리가 만든 기업 사회 책임 보고는 자연사하듯이 사멸되고 말았습니다."

회사 공급 체인의 고리마다 미치는 환경 및 사회적 영향을 있는 그대로 밝히고 이를 모두가 공유토록 하겠다는 희망은 그대로 남았다. 듀메인은 런던에 본사가 있는 지속가능 개발 자문사인 어카운터빌리티 AccountAbility의 팀 키친 이사가 주관하는 워크숍을 참관하면서 그 희망을 실천에 옮기는 게 정말 절박하다는 생각을 했다.

정보가 많으면 정보 욕구도 는다

팀 키친은 웹이라는 강력한 조사 도구를 갖게 된 영국 소비자들이 브랜드의 사회적, 환경적 성과를 치밀하게 조사하고 평가하는 데 대단히 능란한 솜씨를 발휘한다는 조사 자료를 제시했다. 더 많은 지식으로 무장한 소비자들은 기업의 사회적 책임을 묻는 데 사회운동가나 NGO 같은 감시세력에만 전적으로 의존하지는 않는다. 이들은 자신의 질문과 관심을 대상 기업에게 곧바로 제기한다. 그렇기 때문에 더 솔직한 기업, 더 투명한 기업이 더 믿을 만한 기업으로 간주된다.

키친의 조사 결과는 듀메인이 경험한 것과 아주 잘 맞아떨어졌다. 파타고니아 제품이 어떻게 만들어졌는지에 대한 소비자의 질문은 갈수록 정교해지고 있었다. 고객 서비스 담당 직원이라면 "왜 중국에서 사업을 하는가?"와 같은 질문은 식은 죽 먹기처럼 쉽게 받아넘길 수 있다. 하지만 날이 갈수록 파타고니아를 쩔쩔매게 만드는 난처한 질문들이 늘어났다. 예를 들면 이런 식이다. "당신 회사의 중국 제조업자가 석탄 연료 에너지 발전소에서 나온 전기를 사용하는 바람에 내열가스를 아시아 전역에 퍼뜨리고 있다. 이들에게 어떻게 대처하고 있는가?" 이런 질문에 대해 파타고니아는 마땅한 대답을 찾기가 힘들었다.

이런 사례와 키친이 조사한 자료를 종합해 보면 다음과 같은 명제를 도출할 수 있다. 인터넷이 소비자들에게 제품과 기업에 대해 전례 없이 많은 정보를 제공할수록 양질의 정보에 대한 소비자들의 욕구도 증가한다. 많은 정보를 알게 된 사람들은 더 현명한 대화를 하고, 나아가 새로운 질문과 더 많은 의사소통을 하고자 하는 욕구를 갖게 된다. 웹이 더 많은 것을 알고 싶어 하는 소비자의 욕구를 부채질하는 상황에서 파타고니아도 자사 웹사이트를 통해 더 많은 것을 털어놓기로 했다.

자신을 혹독하게 비판한다

2007년 봄에 듀메인은 파타고니아의 환경 계획 담당 수석 책임자인 릭 리지웨이를 비롯해 소수의 인터넷 애용자들과 팀을 이뤄 파타고니아 닷컴patagonia.com에 쌍방향 마이크로사이트를 만들었다. 그해 가을에 문을 연 이 사이트에는 '풋프린트 크로니클'Footprint Chronicles이란 이름이 붙여졌다. 이것은 기업이 투명성 확대를 위해 제시한 여러 방안들 가운데서도 가장 대담한 부류에 속한다. 풋프린트 크로니클은 기존의 기업 책임 보고서가 개방적이고 책임 있는 기업에게서 요구되는 책임 행동에 한계치를 둔 것은 잘못이라고 비판한다. 이들의 생각이 주목받는 이유가 바로 여기에 있다.

리지웨이는 당시를 이렇게 회상한다. "우리는 차별화 된 질문으로 시작했습니다. 보고서 대신 웹사이트를 만들어 사람들이 들어와 우리의 공급 체인을 직접 보게 만들면 어떨까? 사람들이 우리 제품을 만드는 장면을 비디오나 사진을 통해 직접 보도록 하면 어떨까? 이런 질문을 던진 것입니다. 하지만 가장 중요한 것은 사람들에게 우리 회사가 잘한 점과 잘못한 점을 직접 들려 주는 것입니다. 그렇게 하면 그 사람들이 우리에게 도움을 줄 수도 있을 것입니다."

사이트를 만들기 위해 크로니클 팀은 전 세계를 돌아다닌 파타고니아 조사 요원들로부터 보고서를 받았다. 이들은 벤추라에 있는 디자이너의 스케치북을 직접 보고, 뉴질랜드의 양떼 목장, 파타고니아의 아시아 지역 공장, 배달이 이루어지는 네바다 주 르노 유통센터까지 돌아다니며 다섯 가지 제품의 진화과정을 추적했다. 조사요원들은 방콕의 방적공들이 일하는 모습을 직접 보고, 5만여 명의 종업원이 일하는 중국 동관 제화 공장의 관리자를 인터뷰했다. 그리고 노스 캐롤라이나 주의 섬유 제조공장도 돌아보았다. 웹 팀은 그들이 찍어온 비디오와 현장기록을 가지고 쌍방향 세계 지도를 만들었다. 파타고니아 의류를 제조하고 운송하는 데서 발생하는 환경 비용을 철저히 따져보기 위해서였다. 예를 들어 '울 2 크루' Wool 2 Crew를 클릭하면 뉴질랜드에서 만든 셔츠가 일본을 거쳐 캘리포니아, 그리고 네바다 주까지 1만 6000마일 이상 이동하는 과정을 추적할 수 있다. 파타고니아는 자사 셔츠가 이처럼 세계를 돌아다니는 것은 '지속가능한 일이 아니다'고 단호한 어투로 지적했다.

이 사이트는 가장 문제가 되는 환경 영향을 집중적으로 파고들어 엄청난 양의 자료를 제시함으로써 기존의 기업 책임 보고서를 압도한다. 제품의 이동 거리, 쓰레기 생산량, 이산화탄소 배출, 에너지 소비량 등이 모두 제시된다. 또한 자료를 이해하기 쉽도록 비교해서 제공한다. 파타고니아가 오리털 스웨터 하나를 만들 때마다 9.4kWh의 에너지가 소비된다는 사실을 밝히면서 그 양이 18와트 소형 형광등 한 개를 22일 동안 계속 켜두는 것과 맞먹는다고 비교해 주는 식이다.

기업들이 종종 자사 기업책임 보고에서 나쁜 뉴스는 슬쩍 빼는데 반해 크로니클은 '더 굿' The Good과 '더 배드' The Bad라는 적절한 제목을 붙인 두 개의 박스를 통해 문제를 정면 돌파해 나간다. 예를 들어 '더 굿'에서는 퍼커웨어 셔츠가 '바람이 잘 통하고' '손질이 간편하다'는 점을 홍보한다. '더 배드'에서도 똑같은 공간을 할애해 폴리에스테르 재질에 재활용 성분이 전혀 없으며, 이런 점이 실험실 테스트를 통과하지 못했다고 밝힌다. '우리의 생각' What We Think 이라는 제목이 붙은 박스에서는 미래에 친환경 셔츠가 나올 가능성이 높다고 과장하지 않는다. 대신 "언제 재활용 폴리 섬유를 사용할 수 있게 될지 확실히 알 수 없다"고 솔직히 인정한다.

크로니클은 아직 미완성인 작업이다. 일부 평론가들은 파타고니아의 물류 및 제조공정에 대해 짤막하게 올려놓은 정보가 지나치게 피상적이라고 지적한다.(15) 파타고니아 역시 자신들의 결점을 얼버무리고 넘어가기도 한다. 예를 들어 마감 처리에 사용되는 합성 재료가 '환경 속에 계속 잔류하는' 것인데도 재료의 이름이나 독성의 정체를 공개하지 않은 채 이를 나인 트레일 반바지에 계속 사용한 것이다. 그러나 이런 흠이 오히려 사이트를 더 정직하게 보이도록 하고, 좀 더 인간적인 것으로 비치도록 해준다. 취나드는 이렇게 말했다. "중요한 것은 좋은 면뿐 아니라 나쁜 면까지도 있는 그대로 보여주는 것입니다. 그렇지 않으면 겉으로만 그린 운동을 하는 그린워싱에 불과하지요."

대결에서 생산적 대화로

쓰리 피스 슈트 정장을 속이 훤히 비치는 옷으로 바꿔 입는 것은 아직 주류 비즈니스 패션이 아니다. 마찬가지로 대부분의 회사에게 급격한 투명성은 아직 쉽게 걸치기 힘든 불편한 옷 같은 것이다. 파타고니아는 대담하고 자신감 넘치는 기업이다. 때로는 지나칠 정도로 반기업적이기까지 하다. 리지웨이는 일반적인 사업가들을 공개적으로 라틴계 사람들을 경멸하는 속어인 '그리스볼'greaseball이라고 부른 적도 있고, 취나드는 완전한 투명성을 도입하기가 어렵다는 현실에 실망한 나머지 회사 사람들을 가리켜 "도저히 좋게 봐주기 어려운 자들"이라고 힐난했다.

리지웨이와 취나드 두 사람은 풋프린트 크로니클에 높은 수준의 투명성이 필요하다고 강력히 주장했지만, 일부 동료들은 그런 생각에 알레르기 반응을 보였다. 특히 PFOA로 불리는 퍼플루산염 화학물질을 어떻게 처리할지가 뜨거운 감자였다. 이는 혈류에 축적되는 화학 혼합물인데 많이 노출되면 암을 유발할 수도 있다. PFOA는 파타고니아에서 아웃웨어 내수처리 할 때 쓰는데, 이런 점이 드러나면 소비자들 가운데 환경에 민감한 이들이 불안해 할 것은 당연했다. 파타고니아의 고객 서비스 대리인들은 PFOA를 부각시키면 불안해하는 소비자들의 전화가 빗발칠 것이라고 걱정했다. 하지만 R&D 쪽 사람들은 최소한 PFOA 관련 상품 생산을 중단할 계획이 있다는 것을 크로니클 사이트에 올려야 한다고 주장했다. 듀메인은 이렇게 말했다. "많은 사람들이 투명성에 대해 매우 두려운 생각을 갖고 있습니다."

직원들이 걱정하는 데도 일리는 있지만 실제로 그렇게 겁낼 일은 아니었다. 2007년 가을에 풋프린트 크로니클이 가동되기 시작하자 실제로 회사를 비난하는 메일들이 날아들었다. 웹사이트를 통해 에코 레인 셸 재킷이 PFOA로 코팅된다는 사실을 알고 격분한 소비자들이 제품 라벨에서 '에코'란 말을 빼라고 요구하는 메모를 잔뜩 올려놓은 것이다. 그러나 이런 반발도 도움이 되었다. 파타고니아는 소비자들이 PFOA에 대해 심각한 우려를 갖고 있으며, 따라서 PFOA를 없애는 데 많은 노력을 기울이겠다는 결심을 더 굳혔다.

그러나 대부분의 경우 부정적인 뉴스 뒤에는 긍정적인 코멘트가 뒤따랐다. 크로니클 블로그에 글을 올리는 대다수가 파타고니아의 철저한 정직성을 칭찬했다. 파타고니아가 자신들이 잘한 일과 잘못한 일에 대해 솔직하게 설명하자 많은 고객들이 예상했던 것보다 훨씬 너그러운 태도를 보인 것이다. 듀메인은 이렇게 설명했다. "투명성이 갈등을 완화시켜 주었습니다. 대결로 치닫기 쉬운 PFOA 같은 이슈가 오히려 생산적인 대화를 불러일으킨 것이지요."

어째서일까? PFOA 같은 발암성 의심 물질이 공개되면 한바탕 비판에 휩싸일 것이라 기대하는 게 당연하다. 그런데 어째서 그 반대의 경우가 일어난 것일까?

우선 투명성 때문에 기업이 수동적인 사후 수습이 아니라 적극적으로 먼저 행동하게 되었기 때문이다. 자신이 한 일에 대해 앞장서서 조사에 나섬으로써 기업은 스스로 사회의 우려보다 한발 앞서나갈 수 있는 유리한 위치에 서게 된다. 이런 일이 1990년대 중반에 있었다. 당시 파타고니아는 공업용 면이 초래하는 악영향을 업계에 경고하고 유기농으로의 전환을 앞장서서 이끌었다.

하지만 투명성 문제에는 인간의 속성과 관련된 부분도 있다. 우리는 정직과 책임감을 높이 평가하고 허위와 비밀은 싫어한다. 자신의 불완전성을 인정하고, 전 세계의 재래식 면과 PFOA 같은 문제의 원인을 밝혀내며, 문제 해결을 시도하는 기업을 높이 평가한다. 수필가인 알렉스 스테픈은 이런 점을 다음과 같이 표현했다. "지속가능한 기업의 본 모습이 어떤지는 아직도 수수께끼다. 기업이라는 세계에 몸담은 이들이 잊지 말아야 할 것은 그 수수께끼가 아무리 복잡해도 사람들은 탐정처럼 그 뿌리를 캐내고 싶어 한다는 사실이다."[16]

기업이 불투명하면 기업의 비행을 찾아내는 사회운동가 같은 외부 수

파타고니아의 풋프린트 크로니클

파타고니아의 투명성 장치인 풋프린트 크로니클은 다음과 같은 세 가지 설계 원칙에 따라 만들어졌다.

patagonia® **평판에 대한 두려움이 강력한 동기 부여** 2007년 4월호 포춘이 취나드를 표지인물로 싣고 파타고니아를 '지구상에서 가장 훌륭한 기업'이라고 부르자 풋프린트 크로니클 구축 시도는 큰 탄력을 받게 되었다. 더할 나위 없는 PR이었지만 그게 문제였다. 직원들은 그런 인정을 받아서 기분이 좋은 한편, 그런 대접이 잘못된 것으로 드러나게 될까 봐 걱정이 되었다. 듀메인은 당시 상황을 이렇게 말했다. "사람들이 우리들에게 멋진 기업책임 보고서를 써 준 기분이었어요. 그러면서도 우리가 직면하고 있는 회사의 어려운 문제에 대해 솔직하게 털어놓지 않으면 나중에 정말로 옴쭉달싹 못할 상황에 처하게 될지 모른다는 겁이 났습니다."

완벽을 고집할 필요는 없다 파도타기 하는 사람이 우글거리는 직장 분위기에도 불구하고 파타고니아에는 변명을 용납하지 않는 완벽주의자들이 가득하다. 그러한 완벽주의는 고위험 스포츠 의류를 만드는 이들에겐 이상적인 자질이지만, 하나도 감추지 않는 투명성 프로그램을 실행하려는 이들에겐 그렇게 바람직하지 않은 자질이다. 따지기만 하다 자칫 아무 일도 못하게 될지 모른다는 걱정을 한 취나드와 리지웨이는 크로니클 팀에게 "사람들 앞에서 크게 소리 지르는 법을 배우라"고 권했다. 그렇게 해야 해법을 구하는 과정에서 소비자들의 도움을 기대할 수 있다.

짧게 쓴다 풋프린트 크로니클은 단어 수에 있어서 극히 인색하다. 파타고니아 의류의 환경 친화적인 면과 그렇지 않은 면을 열거하는 박스는 불과 몇 줄밖에 쓸 수 없도록 되어 있다. 여기에 비하면 트위터는 거의 소설을 쓰는 셈이다. 의도적으로 그렇게 하는데, 설명이나 입장을 정당화 하는 데 쓸 공간은 없다. 문맥은 뒤죽박죽이고 변명은 배제된다.

사관들이 영웅시 된다. 하지만 투명한 기업에서는 기업 자신이 유일한 영웅이다. 적어도 잠재적으로는 그렇다.

투명성 사용자 가이드: 팀버랜드와 노보 노디스크

"2006년 초에 우리는 회사 생산의 17%를 차지하는 중국 공장에서 철수한다는 어려운 결정을 내렸다. 우리와 사업관계가 10년 이상 지속된 곳이었기에 정말 힘든 결정이었다. 생산을 중단함으로써 수백 명에 달하는 중국 노동자들의 일자리가 위험에 처해졌다… 그들의 생활을 더 낫게 만들어 주지 못했으니… 우리는 실패한 것이었다."[17]

이 솔직한 이야기는 팀버랜드가 발간한 2006년 기업의 사회적 책임 보고서에서 인용한 것이다. 미국, 유럽, 아시아 전역에 걸쳐 6000여 명의 종업원을 거느리고, 2008년 수입이 13억 6000달러에 달한 기업인 팀버랜드는 파타고니아보다 훨씬 규모가 크고, 그런 만큼 더 주류에 속해 있었다. 릭 리지웨이는 파타고니아의 주주들을 가리켜 '야생에 사는 야생동물들'[18]이라고 한 적이 있다. 반면에 팀버랜드의 주주들은 뉴욕증권거래소에서 거래되는 팀버랜드 주식을 보유한 인간들이다. 주주들이 팀버랜드가 자기 입으로 '실패했다'고 떠들어대는 꼴을 의심의 눈초리로 바라볼 것은 당연했다. 하지만 팀버랜드는 극단적인 투명성을 추구하는 과정에서 파타고니아 못지않게 두려움을 몰랐고, 그만큼 혁신적이었다.

팀버랜드는 투명한 기업 운영에 대한 전통적인 접근법을 뒤엎는 데 그치지 않고 그 과정에 가속도를 붙였다. 그래서 느긋하게 연례 사회적 책임 보고서를 발간해 오던 데서 중요 성과지표를 분기별로 신속하게 업데이트 하는 쪽으로 바꾸었다. 그리고 복잡하게 장문의 보고서를 내는 대신 '녹색 지수' Green Index라는 태그를 개발해냈다. 영양성분 표시 라벨을 모델로 한 것으로, 소비자가 해당 제품이 환경 영향 측면에서 어떤 평가를 받는지 쉽게 이해할 수 있도록 해주는 것이다. 또한 '기업이 일방적으로 발표하는' 문화를 '이해 관계자들이 직접 참여하는' 문화로 바꾸었다.[19] 이를 위해 소비자들이 CEO인 제프리 슈워츠와 분기별 전화 대화를 갖도록 했다. 소비자들은 전화를 걸어 환경 라벨 붙이기와 지속가능한 원자재 구매와 같은 민감한 문제를 집중적으로 제기할 수 있다.

뉴햄프셔 주 스트래텀 본사에서 우리와 만난 슈워츠는 이렇게 말했다. "투명성 실천은 시급한 문제입니다. 전 세계가 환경 위기에 처해 있으며, 우리 회사도 환경 문제를 일으킨 장본인 가운데 하나라는 사실을 직시해야 합니다. 지금 당장 이 문제를 바로잡지 않으면 우리와 소비자와의 관계는 더 이상 지속될 수가 없습니다."[20]

전 세계 인슐린의 대부분을 공급하는 덴마크 의약품 전문기업 노보 노디스크 A/S역시 기업의 투명성 혁신 분야에서 앞장서서 빠르게 움직이는 대기업이다. 이 회사가 미국 기업 팀버랜드, 파타고니아에 비해 훨씬 신중하게 움직이는 것은 사실이다. 사례를 보면 기업 규모가 클수록 자신들이 관련된 사회적 결점과 환경적인 결점을 드러내놓고 광고할 가능성은 줄어든다. 노보 노디스크도 마찬가지다. 2008년도 수입이 79억 6000만 달러에 시가총액이 290억 달러에 육박하는 거대 의약품 회사가 기업 책임 의사소통에서 잘못을 저질렀다는 사실을 스스로 인정하기란 쉬운 일이 아니다.

하지만 투명성은 회의주의자를 끌어들이는 것이 아니라, 그들의 입을 막는 예방 효과가 있다. 이 말이 옳다는 것을 증명하는 예로 노보 노디스크보다 더 적절한 사례는 없을 것이다. 노보 노디스크는 잘못을 미리 자백하면 환경운동가들이 비판할 거리가 적어진다는 사실을 알았다. 기업이 분명하고 솔직하게 행동하면 비평가들을 회사의 사회적인 성적과 환경적인 성적을 향상시키는 데 필요한 원군으로 돌려세울 수가 있다. 비평가들은 기업이 원하건 원하지 않건 그 회사에 대해 엑스레이로 투시할 태세가 되어 있는 사람들이다.

노보 노디스크 입장에서는 지켜보는 시선이 많을수록 궁극적으로 곪는 상처는 더 줄어든다. 이들은 제약회사로서는 유일하게 자사 웹사이트에 생명윤리 관련 코너를 마련해 두고 있다. 환경운동가와 비정부기구 사람들은 여기서 동물실험, 줄기세포 연구, 유전자 기술 등 논란이 되는 분야에서 이 기업이 어떤 관행을 보여주는지 충분히 들여다볼 수 있다. 이것은 비평가를 협력자로 만드는 첫 단계이다. 또한 정예 멤버들로 최근의 추세를 탐지하는 팀을 꾸려 사회적인 쟁점과 관련된 총체적인 의제를 추적하고, 골치 아픈 문제를 투명하게 공개할 적절한 시점이 언제인지를 최고 경영진에게 미리 알려주도록 했다. 그리고 동물 보호 운동가들을 비롯한 여러 단체와 정기적으로 회의를 가짐으로써 비판자들을 끌어안았다.

노보의 생명윤리 담당 이사인 홀스트 리즈는 이렇게 말했다. "이해 관계자들이 생명윤리와 관련된 우리의 활동을 지속적으로 감시하고 있습니다. 그렇게 하는 게 우리는 좋습니다. 투명하지 않고는 생산적인 대화를 가질 수가 없지요. 그리고 아무리 투명하다 해도 그게 대화로 이어지지 않는다면 아무 짝에도 소용이 없습니다."

이처럼 노보 노디스크나 팀버랜드, 파타고니아는 사람들 앞에 발가벗음으로써 얻는 이점이 무엇인지 아는 기업들이다. 그렇다면 이제 여러분이 몸담고 있는 회사도 그런 이점을 인식하고, 상식에 어긋나는 행동을 과감하게 할 수 있을까 하는 궁금증이 생길 것이다. 만약에 그렇게 하고 싶은 마음이 있다면, 어떻게 그것을 실천에 옮긴다는 말인가? 여러분이 CEO도 아니고, 또한 구성원 모두가 참호에서 기어 나와 바깥에서 총을 쏘아대는 외부 비평가들을 맞이할 준비도 되어 있지 않다면, 어떻게 여러분이 일하는 조직이 투명성을 받아들이도록 만들 것인가?

투명한 문화를 구축하는 일을 생각하다 보면 갖가지 질문과 마주하게 된다. 어떤 실행 사례를 만들어내야 하나? 비판 세력을 약화시키고 지지자를 모으려면 어떻게 해야 하나? 어떤 리스크가 있으며 작전 계획은 무엇인가? 두려움이라는 요인은 어떻게 다루어야 하나?

이런 의문이 완전히 해소될 수는 없다. 진정한 투명성을 달성한다는 것은 혁명적인 목표이지만, 그것은 계속 반복되는 여정이다. 어떤 기업이라도 충분히 투명한 조직이 되는 것을 기대할 수는 없다. 이는 달성할 수 없는 이상일지도 모른다. 기업의 투명성에 대한 사회의 기대가 지속적으로 변하고 있기 때문이다. 도달했다고 생각하지만 사실은 그렇지 않을 수가 있다. 투명성이란 고정된 상태가 아니라 끝없이 지속되는 하나의 과정이다.

파타고니아처럼 변두리에 속한 기업이나 팀버랜드와 노보 노디스크처럼 주류에 가까운 혁신 세력 모두 완벽하고 철저하게 투명한 질서를 새로 구축하고 있지는 못하다. 하지만 이들은 투명성과 관련된 힘든 문제들에 정면으로 맞서서 진정한 진보를 이루어 가고 있다. 이들은 좌절을 공개적으로 인정하고, 비평가들과 협력하면서도 성공적으로 다국적기업을 운영할 수 있음을 보여주었다. 또한 이들은 잘못을 감추기보다는 속이 더 잘 들여다보이는 기업 문화를 구축하려면 어떻게 해야 하는지에 대해 힘들게 교훈을 얻었고, 그 교훈을 몸소 실천해 보여주고 있다.

위기를 헛되이 보내지 않는다

스탠퍼드대 경제학자 폴 로머는 "절대로 위기를 낭비하지 말라"고 했다.(21) 이 말은 최근의 경제위기 때 너무 자주 언급되었기 때문에 이제는 진부한 말처럼 들린다. 하지만 많은 상투적 속담처럼 이 말엔 엄청난 진실이 들어 있다. 팀버랜드와 노보 노디스크는 모두 대단히 비슷한 재난 상황에서 이를 역이용하여 더 큰 투명성을 추구해 나갔다.

1990년대에 팀버랜드는 업계의 두 거물인 나이키와 갭이 해외 공장에서 노동력을 착취한다며 이들을 맹비난하는 시위가 벌어지는 것을 보고 불안감을 느꼈다. 처음에 이 대형 브랜드 두 곳은 모두 방어적으로 대응했다. 하지만 그것은 운동가들로 하여금 한층 더 눈에 불을 켜고 조사하게 만드는 빌미만 제공했다. 새로운 문제점이 계속 밝혀짐에 따라 나이키와 갭은 태만하고 탐욕스러운 기업을 나타내는 주요 상징이 되었다. 팀버랜드는 그 정도로 공격적인 표적이 되지는 않았지만 운동가들의 분노를 살 만한 소지는 충분히 있었다.

팀버랜드의 CSR 전략 및 리포팅 담당 이사인 베스 홀츠먼은 당시 상황을 이렇게 말했다. "우리도 다른 브랜드와 비슷한 제조 절차를 거치고 있었기 때문에 언제든지 그들처럼 공격당할 수 있었지요. 그런 사실을 깨닫고 우리는 공개적으로 드러낼 수 있는 것들이 무엇인지를 놓고 많은 대화를 했습니다."

1990년대에 노보 노디스크는 그보다 더 힘든 시간을 보냈다. 동물보호 운동가들이 회사의 하청 연구소에서 끔찍한 환경 속에 사육되고 있는 동물들을 비디오로 몰래 찍어서 덴마크 언론에 배포한 것이었다. 전국적으로 항의가 벌어졌고, 코펜하겐 교외에 있는 본사 앞에서는 시위가 이어졌다.

노보는 보통 기업들과는 전혀 다르게 대응했다. 대표가 적대적 인사들을 만나 그들의 불평을 먼저 들었다. 노보 노디스크는 오래지 않아 덴마크동물보호협회 및 기타 운동 단체들과 함께 연좌농성에 참여하기 시작했다. 이후 이런 협력관계는 오랫동안 지속되었고, 나중에는 집에서 사육하는 실험동물에 대한 기준까지 마련하게 되었다. 그러한 기준은 전 세계적으로 모범적인 선례가 되었다.

기업들은 이제 자신들이 더 큰 생태계의 일부라는 사실을 점점 더 절실히 인식하고 있다. 그 속에서 하청공장이나 독립적인 연구실 같은 조직이 하는 행동은 전체 시스템에 반영된다. 미국 의류업계의 초대형 브랜드인 나이키와 갭은 노동착취 문제가 국제적 스캔들이 되면서 그 동안 이룬 평판과 업적이 손상되었다. 두 기업은 그런 경험을 통해 중요한 교훈을 얻었다. 공급자, 제조업자, 심지어 경쟁자들을 포함해 자신이 속한 공동체가 불투명한 채로 남아 있으면 기업 혼자 책임감 있게 행동하거나 투명성을 갖추기가 어렵다는 교훈이었다. 팀버랜드와 노보 노디스크는 회사가 위기에 처했을 때 이를 헛되이 흘려보내지 않았다.

모범 사례를 만든다

초창기에 노디스크 내부에는 동물 복지 문제에 지나치게 집착하는 광신자들과 협력하는 것을 반기지 않는 사람들이 적지 않았다. 회의주의자들 가운데는 일선에서 활동하는 과학자들이 적지 않았는데, 이들은 운동가들이 비판밖에 모르며 비현실적인 요구를 한다고 주장했다. 이들과 만난다고 해서 무슨 생산적인 결과가 나오는 게 아니라, 오히려 문제를 더 크게 만들 뿐일 것이라는 말이었다. 밀고 당기기를 반복한 끝에 마침내 반대론자들의 진짜 걱정거리가 드러났다. 그것은 만약에 회사가 운동가들의 요구에 굴복하면 기업의 리서치 활동이 지장을 받을 게 뻔하다는 것이었다.

물론 그것도 사소한 걱정거리라고 할 수는 없었다. 지금은 변화의 속도가 점점 더 빨라지고 경쟁 우위를 확보하기가 날로 힘들어지는 시대이다. 어떤 제약회사든 R&D 계획을 조금이라도 지연시킬 수가 없는 것이다. 그러나 노보 노디스크는 그런 부담은 감수해야 한다고 생각했다. 많은 내부 논의를 거친 끝에 다음과 같은 컨센서스에 도달했다. 동물 보호론자들과의 회의가 회사의 리서치 활동을 위협할 수 있겠지만, 그들과 회의를 아예 안 하면 회사의 평판이 위협받게 된다는 것이었다.

이와 관련해 홀스트는 이렇게 말했다. "우리는 리서치를 토대로 하는 기업이며, 신약 개발을 하는 데는 현재 하는 동물 실험과 테스트를 배제할 수 없습니다. 이는 법적으로도 필요한 사항으로 규정되어 있습니다. 하지만 우리가 할 일을 사회가 못하게 막으면 우리는 끝장입니다. 사회의 승인을 얻으려면 동물실험처럼 논란의 소지가 많은 쟁점에 대해서 이해 당사자들과 소통해야 합니다. 그리고 그 과정에서 회사는 투명성을 유지해야 합니다."*

협력자를 확보한다

동물보호단체와 대화를 시작할 것이냐는 노보 노디스크의 내부 논쟁은 사내 탁아소나 별도의 CR 팀 안에서만 벌어진 게 아니었다. 논의는 회사 최고 상층부까지 확산되었다. 대화를 지지하는 사람들의 목소리가

---

*세븐스 제너레이션은 어떤 형태의 동물실험과 실험 결과를 사용하는 데 대해 반대하며, 다른 대안을 개발하려는 노력을 지지한다. 이는 우리가 내세우는 사명과 가치의 근간이 되는 부분이다. 노보 노디스크는 대형 제약업체 가운데 동물실험과 관련해서는 가장 진보적인 입장을 가진 기업이긴 하지만, 우리는 이들의 입장에 동의하지 않는다고 정중하게 말하고자 한다. 동물실험과 관련된 세븐스 제너레이션의 입장에 대한 상세한 내용은 웹사이트(http://www.seventhgeneration.com)의 '질문하세요' Ask a Question난을 통해 알 수 있다. 동물 연구와 관련된 노보 노디스크의 입장에 대한 상세한 내용은 이 회사가 발행한 '약학 연구 및 개발과 동물'을 참고하면 된다. http://novonordisk.com/image/science/bioethics/download/bioethics_animals%20UK_25-09.pdf

커진 것은 그들의 힘이 더 셌기 때문만은 아니었지만, 최고 경영진이 승인한 결정이었기 때문에 대화 추진은 상당한 무게감을 지닐 수 있었다. 최고 경영진이 참여하니 회의적이던 중간 간부들도 대화를 지지하는 데 바람막이를 얻은 셈이었다.

솔직히 말하자면 이렇다. 최고 경영진이 강요하지 않는 한, 회사가 투명한 유리 집을 짓고, 적대자들까지 환영하며 받아들이자는 비주류적인 입장이 지지를 얻기는 매우 어렵다. 투명성 계획에 대해 경영진의 확답을 얻어내는 가장 확실한 방법은 어떤 이슈가 적어도 하나 이상의 핵심 이해 관계자 집단으로부터 큰 관심을 끌고 있다는 점을 보여주는 것이다. 그 문제가 동물실험이나 기후변화, 중국 하청공장의 아동 착취이건 관계없이, 그게 기업의 평판과 이윤을 직접 위협하는 것이라면 경영진은 신속하게 행동에 나설 것이다.

노보 노디스크는 회사를 위협하는 사회적 쟁점의 생성 과정을 추적하기 위해 '학습곡선' Learning Curve이라는 강력한 도구를 채택했다. 행동을 취하는 데 있어서 가장 중요한 때는 초기 단계이다. 사이먼 자덱은 하버드 비즈니스 리뷰에 쓴 기고문에서 초기 단계는 쟁점이 아직 분명히 드러나지 않고, '잠재적 중요성이 기존의 잣대에 미치지 못하는 때' (22)라고 말했다.

많은 기업들이 잠복기와 같은 이 초기 단계에서 문제점을 간과한다. 사실은 이 시기야말로 기업이 사회운동가들, 자덱의 말을 빌리면 '기존에 통용되지 않던 지식의 원천들'과 관계를 맺어야 할 때이다. 운동가들과 비정부기구들은 다가오는 변화의 '희미한 신호들'을 포착해 이를 증폭시켜 주는 존재이다. 문화의 최전방에서 의제를 설정하는 집단과 상호작용을 가짐으로써 업계의 미래를 보다 분명하게 포착할 수 있는 것이다. 쟁점이 익을 대로 익어 다른 선발 주자가 그것을 포착할 때까지 기다리면 이미 늦다. 자덱은 이렇게 말했다. "선발 기업들이… 공급업자들이 지켜야 할 근로기준이나 탄소중립 목표 등 특정한 사회적 쟁점과 관련해 기존에 없던 의무사항을 받아들이고 나면, 굼벵이들은 위험을 감수하며 그 뒤를 따라갑니다."

다루기 힘들고 정보도 별로 갖고 있지 않는 운동가들과 회의를 갖는데 대해 회의적인 동료들이 반대하면 다음과 같이 반박해 보라. '회사가 앞장서서 나아가기를 바라는가, 아니면 뒤처지기를 바라는가?'

투명성 스트레스 테스트: 적대자들과의 동거

외부 비판세력을 차단하기보다는 문을 열고 받아들이는 게 낫다는 것을 회의적인 동료들에게 어떻게 설득할 수 있을까? 노보 노디스크의 생명윤리 담당 최고 책임자인 리즈 홀스트는 다음과 같은 방법을 써 보라고 권한다.

■**현실 점검** 세상을 상대로 회사의 활동을 공개적으로 밝히지 못한다면 뭔가 잘못된 것이다.

■**토론과 교육** 과학적 탐구와 관련해서 비판세력이 제대로 된 정보를 갖고 있지 못할 수도 있다. 소통을 중시하면 그들이 갖고 있는 오해를 바로잡을 기회가 된다.

■**반감에서 공감으로** 사람들은 개인적인 관계가 없는 상대를 싫어하는 경향이 있다. 대화를 하면 다른 사람의 입장에 대한 공감이 커지게 된다.

■**불꽃을 미리 잠재운다** 동물보호 운동가와 제약회사는 서로 대단히 적대적이다. 어떤 쟁점에 대해 서로 지나치게 양극단으로 갈리면 나중에 합의를 도출해 내기가 거의 불가능해진다.

비판 세력의 협조를 얻는다

노보 노디스크가 문을 열고 동물보호 단체와 만나기로 한 데는 다른 이유도 있었다. 그들이 하는 말이 대체로 옳다는 것을 알게 되었기 때문이다. 자체 조사를 하고 난 다음 이 회사는 하청 연구소의 동물 수용 환경이 정말 한심할 정도로 열악하다는 사실을 알게 되었다. 따라서 덴마크 동물복지협회와 가진 첫 회의에는 진정한 목적을 갖고 임했기 때문에 시시비비를 가릴 것도 없었다. 이 회의에는 영국에 본부를 둔 '왕립 동물학대방지협회'와 '동물보호 대학연합'의 전문가들도 참가했다. 회의는 또한 사육 동물에 적용되는 기준을 높이고, 이들을 실험하고 테스트하는 데 적용할 원칙을 만들기 위해 서로 협력관계 구축을 모색하는 자리가 되었다. 홀스트는 그 회의에 대해 이렇게 회고했다. "회의의 목표는 쟁점을 진지하게 토론하고 사회가 바라는 방향으로 회사를 나아가도록 하는 것이었습니다."

이들 집단과 소통하는 과정에서 마찰이 전혀 없었던 것은 아니다. 두 진영의 의견이 엇갈린 유쾌하지 않은 순간은 수도 없이 많았다. 그러나 대부분의 경우 협력관계는 결실을 보았다. 둘의 협력을 통해 우선 사육 동물을 위한 일련의 기준이 만들어졌는데, 이는 나중에 유럽회의의 연구용 동물 보호를 위한 개정 가이드라인에 포함되었다.(23) 하청 연구소의 동물 이용에 대한 감사 절차와 노보의 모든 동물 연구를 점검하는 내부 위원회도 만들어졌다. 업계 최초였다. 제약업체와 동물보호단체가 제약업계의 컨퍼런스에서 공동 발표를 했는데 이것 역시 최초였다.

노보 노디스크가 한때 적대적이던 세력들과의 협력관계를 진화시켜 나가는 것을 보면 투명성을 통해 이해 관계자들을 지지자로, 비판자들을 동지로 만들고 싶은 이라면 누구나 유용한 교훈을 얻을 수 있을 것이다. 노보는 다음과 같은 입장을 취한 덕분에 진정한 진보를 이루어가고 있다.

동물보호 단체와의 지속적인 회의 노보 노디스크는 해마다 덴마크의 모든 동물보호 단체를 초청해 관심사를 발표하고 새로운 목표를 정한다. 또한 2년마다 덴마크 이외 지역에 있는 단체들을 초빙해 연구실을 견학시키고 그들로부터 피드백을 이끌어낸다.

문화적 동향 연구 노보의 트렌드 감지 팀은 제약업계, 운동가들의 캠페인, 사회적 가치와 기업에 대한 기대의 변화, 기타 다른 제약업체의 행동 등에 대한 새로운 글을 꾸준히 추적한다. 회사는 바이오 뱅크, 줄기세포 연구, 유전자 치료를 비롯해, 여러 잠재적인 논란거리들과 관련된 다양한 '관심 리스트'를 보유하고 각 이슈에 대한 내부 보고서를 분기별로 발간한다. 기업의 평판을 위협할 만한 쟁점이 떠오르면 트렌드 팀은 신속하게 고위 경영진에 보고한다.

책임자 공개 노보 노디스크는 회사 웹사이트에 생명 윤리 관련 문제에 총체적인 책임을 지는 간부들의 이름과 이메일 주소를 올린다.

투명할수록 커지는 투명성 욕구 대체로 사회적 관심은 기업의 활동에 대해 알고 싶어 하는 데서 출발해, 기업의 활동을 보고 싶어 하고, 기업의 의사결정 과정에 발언권을 행사하고자 하는 쪽으로 변화해 왔다. 노보는 이러한 사회적인 추세에 보조를 맞춰 왔다. 동물 실험에 대해 단호한 시선을 보여주는 '누구를 위하여' For Whose Shake?라는 다큐멘터리 비디오 제작에서 시작해 이해 관계자들과 대화하고 협력관계를 구축하는 일에 이르기까지 다양한 노력을 해 왔다. 다음에는 사람들과 협력해서 독성학 연구에 있어서 영장류 실험에 대한 대안을 모색하는 계획이 준비되어 있다.

투명성이란 책무를 다한다는 면에서 노보 노디스크가 최고의 기업은 아닐지 모른다. 이에 대한 판단은 다른 사람들에게 미루는 게 좋을 것 같다. 그러나 대규모 다국적 기업이 밝은 햇살 아래 나와 투명성을 주장하고도 살아남을 수 있음을 보여주는 사례로는 훌륭하다. 홀스트는 이렇게 말했다. "처음에는 커튼 없이 산다는 게 정말 불편하게 느껴졌어요. 하지만 시간이 갈수록 우리 행동이 바깥 세상에 완전히 노출되어 있다는 사실에 차츰 적응이 되었습니다."

자신이 한 짓을 철저히 추적한다

투명성은 데이터에 달려 있다. 기업은 우선 자신이 한 짓을 철저히 추적해 봐야 사회와 환경에 자신이 어떤 영향을 미쳤는지 공개할 수 있을 것이다. 온실가스 배출 같은 한 가지 영향력만 평가하려고 해도 다국적 기업은 전 세계 수십 여 개국에 흩어져 있는 수백 여 공급자들의 배출 현황을 모두 추적해야 한다. 왜 그러느냐고? 팀버랜드의 경우처럼 공급 망의 온실가스 배출을 추적해 봄으로써 통찰력을 발휘해 놀라운 사실을 알게 될 수 있기 때문이다. 그런 통찰력에는 혁신이 뒤따르게 마련이고 이산화탄소 배출 같은 환경적 영향이 머지않아 직접적인 재정적 부담이 되리라는 것 정도는 직감적으로 알게 된다.

부츠를 만들 때 배출되는 이산화탄소의 양을 측정하기 위해 팀버랜드는 자사와 공급업자들의 온실가스 배출량까지 추적했다. 처음에는 신발 및 의류를 공장에서 매장으로 운송하는 과정에서 이산화탄소 배출량 대부분이 나올 것이라고 예측했지만 그것은 잘못된 판단이었다. 그 과정에서 나오는 이산화탄소는 5%도 되지 않았다.

슈워츠가 말한 바에 따르면 진짜 범인은 '방목되는 젖소'였다. 풀을 먹는 소는 엄청난 양의 메탄을 배출하며 이것이 대기 중에서 이산화탄소로 바뀐다. 그 결과 팀버랜드가 배출하는 온실가스의 90%가 소에게서, 또 소의 가죽을 얻는 과정으로부터 나오게 된 것이다. 여기서 한 가지 의문이 생긴다. 팀버랜드는 젖소 회사인가, 아니면 부츠 회사인가? 기후에 끼친 영향의 책임 소재를 묻는 측면에서 보자면 답은 명백히 젖소 회사이다. 가죽의 가치는 소 전체 가치의 7% 가량이므로 팀버랜드는 젖소의 온실가스 배출 가운데 7%의 책임이 있을 뿐이다.

슈워츠는 이렇게 말했다. "회사가 환경에 끼치는 영향을 투명하게 알리고자 노력하는 과정에 알게 된 지식을 통해 그동안 상상도 못했던 사실이 드러났어요. 그것은 더 지속가능한 기업이 되려면 젖소와 관련된 일도 혁신할 필요가 있다는 것이었습니다. 가죽을 덜 사용하면서도 잘 팔리는 부츠를 만들어낼 방법을 찾아야 한다는 것이지요."

투명성에도 마찬가지 논리가 적용된다. 더 투명한 기업이 되기 위해서는 중요한 데이터를 공개해야 한다. 팀버랜드에서 이산화탄소를 가장 많이 배출하는 것은 배기관이 아니라 바로 소의 꼬리 밑이었다.

업계의 리더가 된다

불과 몇 년 전까지만 해도 미국 기업들은 자사 웹사이트에 개발도상국 하청공장의 이름을 올리는 일은 꿈도 꾸지 않았다. 그러나 나이키, 갭, 팀버랜드가 이 금기를 깨뜨리면서 이는 다국적 공급 망을 가진 기업이라면 누구나 생각해야 할 문제가 되었다. 이제 팀버랜드는 자사 신발을 만드는 제조사나 판매사에도 유사한 영향력을 행사하려고 한다. 팀버랜드 변화의 도구는 '녹색 지수' Green Index 태그이다. 베이스볼 카드 반만한 크기의 이 태그는 신발상자에 붙어 있다.

녹색 지수는 미니멀리즘의 진수를 보여준다. 팀버랜드는 광범위하게 실시한 환경 조사를 바탕으로 자사의 신발이 기후변화에 미치는 영향과 신발 제작에 사용된 자원, 화학물질을 0(최상)에서 10(최악)까지의 척도로 평가하는 라벨을 만들었다. 소비자는 이 녹색 지수를 보고 제품의 지속가능성 관련 성과가 좋은지 나쁜지에 대해 핵심 요소를 빠르고 손쉽게 파악할 수 있다. 그러나 슈워츠의 주요 관심 대상은 소비자가 아니었다. 그의 진짜 목표는 투명성, 즉 제품의 환경 비용에 대한 솔직한 정보로 다른 기업(혹은 자사의 공급업체)을 자극해 그들의 투명성을 끌어올리고 환경에 대한 영향을 감소시키며, 지속가능성을 위해 혁신하도록 만드는 것이었다.

슈워츠는 이렇게 설명했다. "우리가 쓰는 에너지 가운데 재생 가능한 비율이 13%라고 말하면 그건 에너지의 87%는 그렇지 못하다는 사실을 인정하는 것입니다. 그렇다면 나이키와 비교해선 어떨까? 우리가 이를 알아볼 유일한 방법은 이 정보를 라벨에 표시하는 것입니다. 만약 소비자들이 중요한 정보라고 생각한다면 나이키 역시 그 정보를 밝힐 수밖에 없습니다."

슈워츠는 계속해서 이렇게 말했다. "나이키는 경쟁을 중시하는 회사입니다. 재생가능한 에너지 사용 비율이 팀버랜드보다 1%라도 더 높지 않다면 정보를 공개하지 않을 것입니다. 나이키의 재생가능 에너지 비율이 14%라면 우리는 이를 15%로 높이면 됩니다. 다시 말해 투명성은 우리 모두를 더 지속가능한 행동을 하도록 만드는 강력한 시장 메커니즘인 것입니다."

이처럼 팀버랜드는 경쟁 기업들이 지속가능성을 추구하도록 압력을 가하고 있다. 그리고 그 압력은 분명히 효과가 있다. 우리와 팀버랜드가 만난 지 얼마 되지 않아 월마트는 자사 '공급업자들로 하여금 제품 생산에 들어가는 환경 비용의 총액을 계산해서 공개하도록 만들겠다'(24)는 의욕적인 계획을 공개했다. 월마트는 공급업자들이 제출하는 데이터를 근거로 '지속가능성 지수'sustainability index를 만들어 고객들이 이를 보고 제품의 환경 발자국을 비교할 수 있도록 할 계획이다. 월마트는 물론 팀버랜드 만큼 성과를 내지 못했고, 평가 시스템 하나를 개발하는 데 몇 년이 걸릴지도 모를 일이다. 하지만 그런 것은 상관없다. 이제 월마트는 투명성이 높을수록 책임성도 커진다는 사실을 알게 되었고, 수십만 개에 이르는 월마트의 공급업체들이 그런 메시지를 받고 있다.

팀버랜드, 노보 노디스크, 파타고니아 같은 기업들은 전염성 강한 새로운 미디어의 힘이 커지면서 각본에 따라 정보를 전달하는 커뮤니케이션이 무력해지는 것을 목격했다. 아직도 기존의 많은 기업들이 이런 전통적인 커뮤니케이션에 의존하고 있다. 이들 선구자들은 다가오는 문제가 얼마나 심각한지 안다. 그것은 바로 인터넷으로 무장하고 악착같이 기업의 일거수일투족을 감시하는 기업 외부의 세력을 상대하는 일이다. 이들 선구자들은 이런 일의 어려움을 과소평가하지도 않는다. 그러기 위해서는 무엇보다도 기업이 사회와 환경에 미치는 영향을 감추려고 층층이 둘러싼 비밀의 장막을 벗겨내야 한다. 이런 기업들은 비밀이 적을수록 신뢰는 커지며, 지금과 같은 상향식 미디어 문화에서는 가장 투명한 곳에 신뢰가 쌓인다는 역설적인 생각에서 힘을 얻는다.

진짜 좋은 기업

5

조직 전체에 사명 불어넣기

시보레 볼트가 2008년에 선보인 광고는 악의는 없어 보이나 솔직하지 못했다. 광고에는 푸른 하늘, 귀여운 아이, 플러그인 하이브리드 세단 볼트를 둘러싸고 방사선으로 펼쳐지는 녹색 들판 등 환경에 필수적인 이미지들이 등장한다. 광고는 '휘발유 한 방울 없이' 40마일을 달릴 수 있다고 공언한다. 아나운서는 시보레가 '휘발유 친화적인 차에서 휘발유가 필요 없는 차'로 옮겨갔다고 소개했다.[1]

하지만 볼트의 진정한 차별성을 보여주는 것은 광고 말미에 작은 글씨로 인쇄된 다음과 같은 문구였다. '아직 시판되지 않음.'

그러면 그렇지. 제너럴 모터스GM는 아직 존재하지도 않는 제품을 선전하려고 진짜 돈으로 진짜 광고를 만든 것이었다. 차의 성패를 좌우할 배터리 기술은 아직 완전히 개발되지도 않았다. 당시 GM은 그저 2010년까지 양산체제에 돌입할 수 있기를 바랄 뿐이었다. GM이 위대한 녹색 희망을 광고하기 시작했을 무렵에 이 하이브리드 차가 전시실에 등장할 수 있었더라면 환경을 위해서나 미국 자동차 산업을 위해서도 더할 나위 없이 좋았을 것이다. 하지만 2008년 당시 볼트는 자동차라기보다는 신차 개념이라고 하는 쪽에 훨씬 더 가까웠다.

그렇다면 GM은 왜 이 소문뿐인 차에 열성을 쏟아 부었던 것일까? 왜 광고와 각종 홍보물을 쏟아내고, 침이 마르도록 자랑을 늘어놓았던 것일까? 더구나 소비자들이 살 수도 없는 하이브리드를 위해서. 솔직히 그것은 자동차가 아니라 회사를 선전하기 위한 것이었다. 연료를 잡아먹는 SUV가 미국 자동차 산업을 궁지로 몰아넣고 있던 때에 GM은 볼트라는 유령이 회사에 오염되지 않은 녹색 광채를 안겨 주기 바랐다.

지구 친화적이라고 하기엔 아무래도 의심스런 관행에 몸담고 있으면서도 스스로를 녹색 아름다움의 껍데기로 포장하려고 한 대기업은 GM 만이 아니었다. 도요타는 프리우스를 앞세워 녹색 고지를 점령했다. 도요타는 거대한 8기통 엔진을 장착한 툰드라를 시판하고, 2007년에는 미국 연방 연료 경제기준을 높이는 데 반대하는 로비 집단에 합류한 회사였다. (2)

GM과 도요타의 교묘한 수법은 기업들이 일관되게 정직함을 유지해 나가기가 어렵다는 것을 보여주는 확실한 사례들이다. 그리고 이런 사례는 진정으로 지속가능한 입장을 지키려고 노력하는 기업의 입장에서는 골치 아픈 딜레마가 아닐 수 없다. '신 마케팅 선언' 에서 존 그랜트는 이렇게 말했다. "정직이야말로 모든 브랜드를 판단하는 기준입니다."(3)

우리가 보고 듣는 너무도 많은 것이 소비를 유인하기 위해 기계화, 디지털화 되고, 기획되는 세상에서 정직은 값을 매길 수 없을 만큼 소중한 덕목이 되었다. 으리으리한 장소와 디즈니 동화 같은 일들로 가득 찬 세상에서 우리는 진정한 무언가를 그리워한다. 진정한 게 어떤 것인지 정의를 내리기조차 힘든 경우가 많기는 하지만. '존 스튜어트와 함께 하는 데일리 쇼' The Daily Show with Jon Stewart 는 가짜 뉴스를 내보내지만 진짜처럼 느껴진다. 드러내놓고 스스로를 가짜라고 선언하기 때문이다. 다소 엉뚱하지만 정직에 대한 사람들의 열망 때문에 인기가 유지되는 것이다.

데이비드 보일은 '진짜: 브랜드, 짝퉁, 현기증, 참 인생에 대한 갈망' Authenticity:Brands,Spin,and the Lust for Real Life(4)이란 책에서 사람들이 진실한 거래에 대해 갖는 굶주림을 "소규모 양조장… 공정 거래 커피… 본연의 맛이 나는 '진짜 음식' (유기농)의 성장에서 엿볼 수 있다"(5)고 주장한다. 제임스 길모어와 B. 조셉 파인은 '진짜:소비자가 정말 원하는 것' Authenticity:What Consumers Really Want이라는 책에서 "사실상 모든 소비자가 진짜를 갈망한다"(6)고 단정했다. 스모키 로빈슨 같은 깐깐한 논평가는 무엇을 경험하건 우리는 그것이 "정말 정말 진짜이길 바란다"고 했다.

진짜가 아니라면 최소한 정직한 것이기를 사람들은 바란다. 살 수도 없는 제품을 가지고 몇 년 동안 '휘발유를 쓰지 않는 차'라고 선전해 온 GM은 진짜의 핵심 원칙 가운데 하나를 위반했다. 정직성이 그것이다. 브랜드의 언행이 일치할 때 정직이 쌓인다. 좋은 소식을 전할 때는 허풍 떨지 말고, 나쁜 사실을 밝힐 때도 솔직하게 있는 그대로 말해야 한다. 그럴 때 비로소 소비자나 이해 관계자들이 기업이 하는 이야기가 진실이라고 느끼게 된다.

유감스럽게도 스스로 '책임 있는 기업'이라고 자처하는 기업들 가운데 실상은 그렇지 않은 경우들이 너무 많다. 테라초이스 환경 마케팅이 2009년 북미에서 팔리고 있는 2200여 개 제품을 조사해 본 결과 조사 대상의 98% 가량이 다양한 그린워싱을 하고 있다는 사실이 드러났다.[7] 지난 몇 년간 많은 그린워싱 사례들을 비공식적으로 조사해 본 결과 우리는 다음의 네 가지 전형적인 그린워싱이 행해지고 있다는 사실을 알게 되었다.

■ **겉만 바꾸기**: 본질은 그대로 둔 채 겉만 녹색으로 칠한다.

주요 사례: BP는 '석유를 넘어서'Beyond Petroleum 라는 광고 캠페인을 통해 친환경 기업이라는 평판을 굳히고, 별로 많지도 않은 재생가능 에

너지에 대한 예산 지출(태양열 발전 예산의 1.5%에도 미치지 않는)을 대외적으로 강조하려고 했다. 이 석유업계의 거인은 고압적인 어투로 미사여구를 늘어놓으면서, 다른 한편으로는 석유와 천연가스에 대한 엄청난 규모의 투자를 계속했다. 하지만 2006년에 알래스카 노스슬로프에서 어마어마한

양의 기름을 유출하고, 캐나다의 역청모래에서 원유를 채취하기 위해 광활한 황무지를 파헤친 일 때문에 생긴 이미지를 벗는 데는 실패했다. 당연히 역풍이 뒤따랐다. (환경운동가들은 역청모래에서 원유를 뽑아낸 것을 두고 '세계 최악의 환경 범죄 가운데 하나'[8]라고 비난했다). 2009년 봄에 이 거대 기업은 안전이 기업의 '최우선 고려사항'이라고 발표했다. 이를 두고 일부 환경단체에서는 이 기업이 자신들의 뿌리인 석유 우선의 정책으로 되돌아가는 것 아니냐는 결론을 내리기도 했다. 몇몇 익살꾼들은 앞으로 BP를 브리티시 페트롤륨이 아니라, '석유로의 귀환' Back to Petroleum을 뜻하는 이니셜로 간주해야 한다고 비꼬았다.

■ **거짓말로 물 타기**: 진짜 나쁜 뉴스를 거짓 좋은 뉴스로 물 타기 한다.

주요 사례: 2009년 5월에 '60 미니츠'에서 석유 회사가 에콰도르 열대우림을 오염시키는 행위를 통렬하게 비판하는 보도를 하자 셰브론은 자체 제작한 선전 비디오로 응수했다. 비디오를 통해 셰브론은 사태의 책임을 자회사인 텍사코의 탓으로 돌렸다. 뉴욕 타임스가 보도한 것처럼 셰브론은 다양한 저널리즘 기법을 활용하여 독자들에게 자신들이 보는 것이 기업이 돈을 들여 제작한 홍보 비디오라는 사실을 눈치채지 못할 정도로 그럴듯하게 만들었다.[9] 일부에서는 셰브론의 거짓 이야기를 적극적인 PR 행위로 치부했지만, 거짓 내용임이 분명한 그런 비디오를 만든 것은 한마디로 터무니없는 짓거리였다. 그 비디오는 유투브에서 5000회도 안 되는 조회수를 기록했다. 하지만 셰브론은 그런 것에 아랑곳하지 않고 그 비디오를 "저명 저널리스트가 취재한 실제 이야기"라고 선전했다.

■ **생색 내기**: 환경 친화적이지 않은 핵심 사업은 그대로 둔 채 얼마 되

지 않은 환경 친화적 노력을 과대 선전한다.

주요 사례: 대부분의 유사 녹색 기업들은 셰브론만큼 그렇게 아둔하지 않다. 클로록스 컴퍼니는 꽤 인상적으로 일을 처리했는데, 천연 화장품 버츠비와 천연 세정제인 그린웍스 시리즈를 출시함으로써 회사 이미지에 지구 친화적이라는 이미지를 덧씌웠다. 하지만 이미지를 쇄신하려고 필사적인 노력을 다했음에도 클로록스는 본질적으로 대형 표백제 기업이라는 사실을 감출 수가 없었다. 이 표백제 회사가 성능이 극대화 된 세제 포뮬러 409를 선전하기 위해 2009년 상반기에 쏟아 부은 광고 시리즈를 예로 들어보자. 클로록스는 훨씬 더 강력한 포뮬러 410을 개발할 의사도 있고 능력도 있다고 자랑하고, "하지만 12개 주에서 불법이기 때문에 개발하지 않고 있다"고 밝혔다. 클로록스가 409보다 성능이 향상된 제품을 한번만 더 만들면 환경 규제당국이 이 화학물질이 첨가된 제품을 금지시킬 것이라는 점을 암시한 것이다. 클로록스의 정체는 자기들이 선전하는 것처럼 그렇게 녹색은 아니다.

■**앞뒤가 맞지 않음**: 겉으로는 지속가능한 환경을 위한 진지한 마케팅, R&D 계획을 강조하면서 실제로는 오염을 통해 계속 이익을 창출하고 환경에 유익한 법안 통과를 방해한다.

주요 사례: 2005년에 제너럴 일렉트릭GE은 '에코매지네이션' Ecomagination 작업에 착수했다. 지속가능성을 적어도 10% 이상 향상시킨

제품과 서비스를 개발한다는 야심찬 시도였다. 흔히 그렇듯이 에코매지네이션 계획 역시 기업 이미지 개선을 위한 측면이 없지 않았다. 실제로 투자가 이루어지기도 했다. 2008년 말까지 청정기술에 대한 GE의 R&D 투자는 25억 달러

를 웃돌았다. 이 책을 쓰는 시점에서 이 거대 기업은 200억 달러가 넘는 환경 친화적인 제품 판매를 목표로 하고 있다. 한 가지 문제가 있다면 GE의 언행이 꼭 일치하는 것은 아니라는 점이다. 예를 들어 2007년에 GE는 에코매지네이션을 주창하면서도, 막후에서는 기관차의 스모그 방지 규정을 약화시키기 위해 연방 환경보호국을 상대로 로비를 했다.[10]

회장이자 CEO인 제프리 이멜트가 GE를 세상에서 기후변화와의 전투에 가장 앞장서는 기업으로 만들겠다고 서약했지만, 회사는 막후 로비를 함으로써 스스로 신뢰를 떨어뜨렸다. 물론 GE는 오늘날의 환경문제 해결을 위해 상당한 R&D 자원을 쏟아부었다. 하지만 2008년에는 캐터필러Caterpillar, 알코아Alcoa 등과 함께 온실가스 의무 감축에 맞서 싸웠다. 이런 점을 감안하면 GE는 브랜드의 일부를 그린워싱에 살짝 담가두고 있다고 보는 편이 적절할 것이다.[11]

또 하나의 불편한 진실

그렇다고 오해는 하지 말자. 솔직히 정도의 차이는 있지만 모든 기업은 환경 파괴적이다. 또한 사회적인 면에서도 대부분 파괴적일 것이다. 순액으로 따지면 거의 모든 기업이 지구에 돌려주는 것보다 거기서 가져다 쓰는 게 더 많으며, 결과적으로 지구는 갈수록 고갈되어 간다. 모든 조직이 어느 정도 불완전하다면, 기업이 사회적, 환경적으로 자신이 미친 긍정적인 결과뿐만 아니라 잘못에 대해서도 투명해지는 것이 반드시 필요하다. 불행하게도 너무나 많은 기업이 자신의 실패를 인정하지 않으려 들고, 이루지 못한 녹색을 거짓 치장하려는 시도를 많이 한다.

지속가능성의 정신을 끌어안기 위해 달려가는 과정에서 GE, 클로록스, 도요타, BP를 비롯한 숱한 기업들이 '위선'이라는 이름의 온실가스를 내뿜었다. 이들뿐만이 아니다. 양심적 자본주의에 대한 관심이 높아가고 있기는 하지만, 가치를 중시한다는 이들의 말과 실제 행동 사이에는 큰 간극이 남아 있다.

'기업시민을 위한 보스턴 칼리지 센터'에서 2007년에 낸 보고서는 '솔직해질 시간: 말과 실제 행동 사이의 격차 좁히기'라는 절묘한 제목을 달고 있다. 이 보고서에 따르면 조사 대상 경영자의 60%가 기업시민 정신이 자신들의 사업 전략에서 '큰 정도로 혹은 대단히 큰 정도로'[12] 역할을 한다고 주장했다. 문제는 지속가능성이 자신들의 사업계획 과정의 일부라고 말한 사람이 39%에 불과하다는 것이다. 또한 기업시민 쟁점과 관련된 팀을 보유하고 있다고 말한 사람은 25%에 그쳤다. 또 있다. 경영자의 76%가 기업시민 정신이 회사의 전통 및 가치에 부합하다고 했지만, 이를 종업원들에게 이야기하는 경우는 36%에 불과했다. 보스턴 칼리지 센터의 소장인 브래들리 구긴스는 신뢰도의 이러한 격차가 너무도 널리 퍼져, 그것이 마치 당연한 일처럼 되어 있다고 지적했다.

그린워싱 추적자들은 여기에 '착시효과'가 있다고 말한다. 즉 어떤 제품의 특성을 종합한 전체적인 관점이 아니라, 환경과 관련된 단 한 가지 속성을 가지고 그 제품을 '녹색'이라고 내세운다는 것이다. 하지만 많은 기업들이 제품뿐만 아니라 기업 자체의 이미지에도 이런 착시효과를 이용한다. 그 가운데는 녹색 기업의 이름을 얻고 싶어 하는 거대 기업군도 포함된다. 이들은 획기적인 혁신 계획 하나를 내세워 기업 전체의 이미지를 개선시키는 데 이용한다. GM의 볼트나 클로록스의 그린 웍스 개발계획이 여기에 해당된다. 그리고 대수롭지도 않은 친환경적인 행위 몇 가지를 내세워 기업 이미지를 실제보다 더 녹색으로 보이도록 하는 데 이용한다. BP와 GE가 대안 에너지 개발과 관련해 기울인 노력이 이 경우에 해당된다.

이러한 착시효과는 단순한 마케팅 기법이 아니라, 새로운 부류의 조직으로 변신을 꾀하는 기업들이 보이는 특별한 증상 같은 것이다. 좋은 일을 하고 싶지만 아직 그러한 목표에 도달하지 못한 기업들이 언행일치가 되지 않은 상태에서 말로만 잘한 일을 내세우는 것이다. 기업이 언행일치를 실행하는 가장 확실한 길은 보다 큰 가치를 위해 봉사하겠다는 목표를 회사 DNA의 중심에 두는 것이다.

지속가능성을 핵심 가치로

회의주의자들은 기업이 진정으로 지속가능성을 회사 경영의 핵심에 놓고, 조직 전반의 의사결정 과정에 영향을 미치도록 할 가능성은 없다고 일축한다. 지금까지 나타난 증거들에 비추어 볼 때 회의주의자들의 이러한 우려는 일리가 있다. 마이클 포터와 마크 크래머는 2006년 하버드 비즈니스 리뷰에 실린 화제의 논문에서 이렇게 지적했다. "CEO들이 공공연히 기업의 사회적 책임을 공언하지만, 그러한 노력은 대부분 너무 산만하고, 마구잡이식이며, 사업과는 별 관련성도 없이 그저 특정인의 취향에 끌려가는 경우가 많다."(13)

포터와 크래머도 인정했듯이 이윤을 위한 돈벌이와 사회에 유익한 사명을 전략적인 방법으로 결합한다면 이것이 기업 경쟁 우위의 요인이 될 수 있다. 솔직히 다른 방법은 없다. 스스로 지속가능성을 추구한다고 선언한 기업이라면 그러한 목표를 회사 성장전략의 중심에 위치시키는 게 낫다. 그저 말로만 하는 마케팅용 홍보문구라면 소비자들은 금방 눈치 챌 것이고 순식간에 힐난의 화살이 쏟아질 것이다. BP 같은 거대 기업이 사업을 근본적으로 변화시키지 않은 채, 그저 보는 사람의 환심만 사려는 광고로 회사의 이미지를 더 친환경적인 것으로 꾸민다면, 진정으로 좋은 일을 하려고 애쓰는 기업들에게조차 소비자들의 냉소가 쏟아질 위험이 있다.

솔직하게 지속가능성을 회사 전략에 녹여들도록 하는 일은 그 자체가 하나의 목표라기보다는 목표로 나아가는 여정이자 도전이다. 흑자 기업 가운데서 지속가능성을 기업 활동 전반에 걸쳐 관철시키는 기업은 드물다. 그리고 모든 기업 활동을 완전히 지속가능하게 만들 수 있는 기업 역시 없다. 하지만 일부 주목할 만한 개척자들이 기업 문화를 새로 구축하고, 기업의 사고방식을 바꾸는 어려운 일을 해나가고 있다. 그러한 전략을 실천에 옮기면 긍정적인 효과와 위험이 모두 뒤따른다는 것을 그들은 안다.

아쉽게도 독창적인 일에는 비법이 따로 없다. 브랜드마다 자기 고유의 소스 코드source code를 만들어야 한다. 그러나 심정적으로 고객들과 연결되는 가치에 기초하는 좋은 기업들은 진정성을 불러일으키는 다섯 가지 속성에 의존하고 있다. 기존의 인습을 타파해 온 아웃도어 브랜드 파타고니아가 극단적으로 투명해지기 위해 어떤 식으로 기준을 설정했는지 이미 보았다. 특히 인상적인 것은 파타고니아가 진정성을 불러일으키는 그 기준들을 모두 실천에 옮겼다는 점이다.

진정으로 지속가능한 기업의 청사진: 파타고니아

파타고니아가 세계에서 가장 정직한 브랜드일까? '리빙 더 브랜드' Living the Brand의 저자인 니컬러스 인드는 '그렇다'고 자신 있게 답한다. 그는 온라인 인터뷰에서 "정직은 파타고니아가 보여준 인상적인 면을 가장 정확하게 압축해 놓은 말이다"(14)고 했다. 인드는 이 회사 종업원들이 기업의 사명감, 가치와 생생하게 연결되어 있으며, 그러한 점이 바로 파타고니아가 진정으로 지속가능한 브랜드, 그리고 회사가 지향하는 목표를 이윤창출 과정의 중심에 두고자 하는 모든 기업의 전형이라는 점을 확고하게 증명해 준다고 했다. 다른 많은 전문가들도 환경적인, 그리고 사회적인 지속가능성을 사업내용에 흡수시키는 능력에서 파타고니아는 다른 기업들과 차원이 다르다(15)고 말했다. 다음은 파타고니아가 이런 일들을 실천해 가는 방법들이다.

죽은 지구에서는 어떤 사업도 할 수 없다

캘리포니아 벤추라에 있는 파타고니아 본사 정문에는 '죽은 지구에서는 어떤 사업도 할 수 없다' 는 문구가 붙어 있다. 미국의 환경단체인 시에라 클럽의 초대 사무총장인 데이비드 브라우어의 입에서 나온 이 공격적인 문구는 파타고니아의 정신을 가장 잘 보여준다. 이 말은 환경위기의 한복판에 지구가 자리 잡고 있다는 점을 단적으로 보여 준다. 기업이 최우선적으로 책임을 져야 할 대상은 주주나 고객, 종업원이 아니라, 바로 지구 그 자체라는 것이다. 모호한 태도를 취하면서 정직하기는 어렵다. 파타고니아가 계속해서 관심을 끄는 주된 이유는 무엇보다도 이 회사가 환경을 지키고 지속가능성을 높이는 일에 분명하고도 일관된 노력을 기울여 왔기 때문이다.

큰 목적을 추구하면 이윤은 따라온다

어떤 브랜드가 이윤은 더 큰 목적을 추구하는 과정에서 따라오는 부산물이란 점을 설득력 있게 주장할 수 있다면 진정성을 인정받을 수 있다. 파타고니아가 지향하는 제일 큰 목적은 '사업을 통해 환경 위기의 해법을 찾아내고, 그것을 실행에 옮기는 것'이라는 회사의 사명에 분명하게 드러나 있다. 사명에 이윤 추구라는 말은 일체 언급되어 있지 않다. 물론 이윤은 중요하다. 그러나 이윤은 소비자가 파타고니아의 성과를 인정한다는 증거로서, 그리고 이 회사가 남들이 본받을 만한 존재라는 증거로서 자연스럽게 따라오는 것이다. 파타고니아의 공동 창립자인 이본 취나드는 이렇게 강조했다. "이윤을 내지 못하면 어떤 기업도 우리를 존중하지 않을 것이다."[16]

회사가 자신의 최고 고객

진정성도 흉내낼 수 있을까? '고객의 입장에서 생각하려고 애쓰는' 마케팅 전문가들은 진정성도 흉내낼 수 있다고 할 것이다. 그러나 파타고니아 사람들은 진정성을 굳이 흉내낼 필요가 없다. 그들 자신이 바로 고객이기 때문이다. 그들은 이 회사의 의류를 사입으며, 전 세계 야생지를 적극적으로 보호하려는 사람들의 정신에 동의하는 부류들이다. 그들 자신이 탄탄한 몸에다 모험심이 넘치고 열정으로 가득찬 사람들이다.

못 믿겠으면 파타고니아의 안내원인 칩 벨과 몇 분만 함께 있어 보라. 세계 프리스비 챔피언을 열한 번이나 차지한 그는 이 기업의 가치에 흠뻑 젖어 있는 사람이다. 브랜드 전략가인 니컬러스 인드는 파타고니아의 다른 직원들처럼 벨도 "회사 규약을 잘 지키는 정도가 아니라, 자신을 파타고니아가 추구하는 목적과 동일시하는 직장형 인물"[17]이라고 말한다. 기존의 다른 기업들과 달리 파타고니아는 회사 문화를 '사회적 책임을 다하는 기업' 혹은 '지속가능성을 추구하는 기업'으로 바꿀 필요가 없었다. 처음부터 벨 같은 사람을 고용했기 때문이다. 이들은 책상 앞에서보다는 베이스캠프에서 더 편안함을 느끼는 자들이지만, 그러면서도 회사가 추구하는 사명을 열렬히 따른다. 파타고니아에서는 고객과 종업원, 회사와 회사가 내세우는 명분 사이에 간격이 거의 없다.

초심을 지킨다

취나드는 "파타고니아의 이미지 한가운데 대장간 점포로 시작했던 우리의 과거가 자리잡고 있다"[18]고 했다. 이 회사의 뿌리는 1960년대 취나드 장비회사로 거슬러 올라간다. 몇 명의 산악 등반가들이 모여 전 세계에서 가장 좋은 등산 장비를 만들어내던 곳이었다. 1972년에 의류로 사업을 확장하면서 취나드는 친구들과 함께 파타고니아라는 회사를 만들었다.

이후 수십 년이 흘렀지만 과거와 아주 동떨어진 회사가 된 것은 아니다. 철물점 주인이 일감을 쌓아두던 제련장은 파타고니아 본사와 대각선으로 마주보고 있다. 그리고 취나드 장비회사에서 모루 작업을 했던 독립심 강하고, 권위를 우습게 아는 등반가들의 신념과 태도는 파타고니아가 가진 지금의 이미지를 만들어냈다. 그 이미지는 품질 좋은 하드웨어를 만들고, 전 세계 야생지를 마음껏 누비고 다니겠다는 우직한 열정이다. 파타고니아는 진정으로 자신들의 과거를 지키는 사람들이 일하는 곳이다.

정직 실천

진정으로 책임 있는 기업은 자신이 저지른 사회적인 잘못과 환경적인 잘못을 당당히 시인함으로써 정직한 모습으로 비쳐진다. 40년 넘는 역사 동안 파타고니아는 녹색 정신을 실천하기 위해 많은 노력을 해 왔다. 앞에서도 소개한 바 있지만 이 회사는 믿을 만한 공급원이 확보되지 않았을 때도 오직 유기농 면 사용만 고집했다. 비용이 상승했으니 매출이 줄어들 게 뻔했다. 이들은 또한 양털 재킷 생산라인을 재활용 패트병을 원료로 쓰는 라인으로 전환시킨 최초의 아웃도어 의류 메이커였다. 처음으로 폴리에스터 의류를 재활용해 완전히 새로운 의류를 만들어낸 것이다. 또한 해마다 매출(이윤이 아닌)의 1%를 수많은 풀뿌리 환경단체에 기부해 긍정적인 사회 변화의 도구가 되기로 자청했다. 그러나 파타고니아는 자기들 입으로 지속가능이나 책임 있는 사회를 위해 노력한다는 식의 말을 한 적이 한 번도 없다. 파타고니아는 회사의 사명 선언에서 '불가피한 경우 외에는 해악을 끼치지 않겠다' 고 약속하고 있다. 대단히 신중한 단어 선택이다. 회사의 입장에서는 달성 불가능한 기준이기 때문에 '절대로 해를 끼치지 않겠다' 거나 '해를 최소화 하겠다' 는 식의 약속은 하지 않는다.

파타고니아의 환경 계획 담당 이사인 릭 리지웨이는 이렇게 설명한다. "지속가능한 제조업이라는 것은 없습니다. 그런 것은 존재하지 않습니다. '불가피한 해악' 이란 말의 이면에는 우리가 하는 활동 가운데 많은 것이 해로운 것임을 우리가 안다는 의미가 내포되어 있습니다."(19)

물론 최근 생산에 쓰인 자원을 되찾아 환경면에서 우수한 제품을 만드는 데 재활용upcycle 하자는 '요람에서 요람으로' cradle to cradle와 '폐쇄 회로' closed loop 개념을 도입한 혁신 노력이 펼쳐지는 것을 보면 언젠가 리지웨이의 말이 틀렸다는 게 입증될지도 모른다. 그러나 그가 말하는 취지는 반박할 여지가 없다. 파타고니아는 믿을 만한 기업이다. 왜냐하면 자기들이 쓰레기와 오염 배출에 기여하는 게 문제라는 것을 알기 때문이다. 리지웨이는 회사가 환경을 위해 유익한 일을 하는 것을 일종의 '속죄 행위' 라고 말한다. 이렇게 솔직하게 인정하기 때문에 파타고니아의 말에 신뢰가 생기고, 완전한 지속가능성을 향해 나아가는 파타고니아의 여정이 진정성에 바탕을 두고 있다는 믿음이 가는 것이다. 물론 목적지에 영영 도달할 수 없을지도 모르지만 그건 중요치 않다.

B 코퍼레이션의 정직성 테스트

정직한 기업, 말과 행동이 일치하는 기업이 되려면 'B 코퍼레이션' B Corporation이 되는 게 가장 확실한 방법이다. 사업가로 성공한 세 명의 대학 동창생들이 만든 'B 랩' B Lab은 필라델피아에 본사를 둔 비영리기관으로 민간 기업의 힘을 사회에 도움이 되도록 쓰려는 기업들을 인증해 주는 곳이다. (이 때 'B'는 주주뿐만이 아니라 모든 이해 관계자들에게 '이로움' benefit을 주는 일을 한다는 의미이다.) 'B 코퍼레이션'이 되려면 높은 수준의 사회적, 환경적 성과를 이룩해 'B 영향 평가 시스템'에서 높은 점수를 얻어야 한다. 'B 영향 평가 시스템'은 기업이 종업원과 공급업체, 공동체, 그리고 환경에 미치는 영향을 평가해서 보여준다.

더 중요한 것은 임원들이 주주의 이익뿐 아니라 종업원과 공동체, 그리고 환경에 유익하도록 고려하는 쪽으로 정관을 고쳐야 한다는 점이다. 다시 말해 'B 코퍼레이션'은 사업의 유전자 코드를 모든 이해 관계자들에게 유익한 쪽으로 재편해야 한다. 'B 랩'의 공동 창업자인 제이 코언 길버트는 이렇게 설명한다. "이런 기업들은 시장의 힘과 기업가 정신의 힘을 사회적, 환경적인 문제를 해결하는 데 쓰려고 합니다. 주주 가치 창출뿐만 아니라 사회적인 가치를 만드는 데 사업을 활용하려는 것이지요."

B 랩은 출범한 지 불과 2년만에 50개 업종에서 200개가 넘는 회사를 인증해 주었다. 금융서비스회사, 은행, 하이테크 기업에서부터 기업간 거래 업체인 B2B, 교육, 텔레콤 회사에 이르기까지 다양한 기업들이 여기에 포함되었다. (세븐스 제너레이션도 자랑스러운 B 코퍼레이션 초창기 멤버이다.) 많은 기업들이 스스로를 '사회적 책임감이 있고' '환경 지향적'이라고 선언하는 상황에서 누가 진짜고 누가 가짜인지 구분하기란 어렵다. B 랩이 하는 일과 적용하는 법적 기준은 어떤 기업이 책임감 있는 기업이고, 어떤 기업이 영악한 마케팅의 수단으로 그렇게 하는지를 판별해 주는 일종의 진실성 테스트이다.

수많은 기업들이 이 기준을 가지고 자신들이 이룬 사회적, 환경적 성과를 점검해 본다. (이는 완전한 B 코퍼레이션이 되기 위한 첫 단계이다.) 그리고 기관 투자자들로 하여금 사회적으로 책임 있는 투자의 단계를 넘어서 '영향력 투자' impact investments(20)라는 새로운 자산투자 형태로 나아가도록 하는 데도 이 기준이 이용된다. '영향력' 투자는 투자수익뿐만 아니라 사회적, 환경적인 가치도 함께 창출해 내는 투자를 말한다.

사실 'B 랩'은 소위 '제4 부문'(정부, 기업, 비영리 부문과 다르다는 의미에서 붙여진 이름)을 위한 지원체계를 구축하고 있다. 이 부문은 사회적인 목표와 금전적인 목적 두 가지 모두에 의해 움직이며, 기존의 기업과 인도주의 단체의 중간 쯤에 위치하는 일종의 하이브리드 기업들의 집합체이다. 이들은 이윤 추구 기업도 아니고 비영리 단체도 아니다. 이들을 가리켜 '이로움을 추구하는 기업'for benefit 이라고 부르기도 한다. 코언 길버트는 앞으로 한 세대 안에 이 제4 부문, 즉 이로움을 추구하는 기업들이 미국 GDP의 10%를 차지할 것이라고 내다본다. 이미 B 코퍼레이션은 진정으로 책임 있는 기업이 되고자 하는 기업들에 대해 더 높은 기준을 요구하고 있다.

정직과 성장은 양립 가능한가?

기업이 건강한 시선으로 고착화 된 모든 것을 무시할 때 정직이 자리잡을 가능성은 더 높아진다. 파타고니아의 사례를 보면 정직은 적어도 다섯 가지 실용적인 원칙에 좌우된다. 구체적으로 열거하면 다음과 같다.

- 독특한 것을 표방한다.
- 이윤보다 목적을 앞세운다(이윤은 자연스레 따라온다고 생각한다).
- 명분을 바탕으로 기업을 세운다.
- 과거에 내세운 명분에 맞게 기업을 이끈다.
- 말과 행동을 일치시킨다.

아주 간단한 것 같은 원칙인데도 정말 책임 있는 기업이라고 주장하는 많은 기업들이 이 원칙을 지킨다고 법석을 떠는 것을 보면 놀랍다. 파타고니아는 캘리포니아 출신의 인습 타파자들이 모여 정말 정직하고 영향력이 큰 기업을 세울 수 있다는 것을 보여주었다. 하지만 소수가 지분을 소유하고 있는 이 기업은 월스트리트에서 요구하는 기준은 무시한 채 자유분방하게 활동한다. 지난 몇 년간 그린워싱이 워낙 확산되어 왔기 때문에 특히 상장기업에서는 진정으로 정직한 기업을 찾아보기 힘든 것 같았다. 상대적으로 작은 기업이라면 그런 이상을 달성하기가 더 쉬울 것 같기도 하다. 하지만 도대체 어느 정도가 적정 규모일까?

기업의 규모가 정직성과 반드시 반비례하는 것은 아니지만 규모가 커짐에 따라 정직성이 떨어지는 경우는 많다. 브랜드가 홈그라운드에서 먼 곳까지 확장되는 경우, 먼 곳에 있는 지사들은 거의 예외 없이 정직성이 떨어진다. 톰스 오브 메인 치약과 버츠비는 콜게이트 파몰리브Colgate Palmolive, 클로록스처럼 현지화를 내세우는 다국적 대기업에 흡수되면서 원래의 진지함을 잃고 말았다.

하지만 대기업이라고 모두 다 그런 것은 아니다. 태평양 북서쪽 오레곤 주 비버톤에서 시작한 거대 기업 나이키는 다국적 문화, 지속가능성, 그리고 진지함이 서로 양립 가능하다는 것을 분명히 보여주었다.

정직한 지속가능성을 위한 사용자 가이드: 나이키

나이키는 연수입 195억 달러, 지구촌 전역에 광범위하게 퍼진 공급 체인, 스포츠와 관련된 거의 모든 제품을 취급하는 포트폴리오로서 그동안 능력 있고, 현실적인 입장을 고수해 온 미국의 대기업이다. 동의하지 않는 사람들도 있겠지만, 다국적 기업 가운데 나이키만큼

오랫동안 진지하게 책임 있는 기업이 되기 위해 노력한 기업은 드물다. 환경운동가들이 나이키를 세계에서 가장 탐욕스럽고 부도덕한 기업의 대표적인 상징으로 지목한 1990년대 초반 이후, 나이키는 조직 운영 전반에 걸쳐 환경과 사회를 우선시하는 정신을 심기 위해 힘든 길을 걸어 왔다. 물론 그 목적을 완전히 달성했다고 말하기는 힘들다. 나이키를 비난하는 사람들은 아직도 남아 있다. 그렇지만 지금까지 이 회사가 나아간 과정은 같은 길을 걷고자 하는 기업들에게 소중한 교훈을 준다.

나이키는 최근 들어 녹색 기업이라는 주장을 내세우지 않음으로써 그린워싱의 논란에 말려드는 것을 피하고 있다. 이들은 '기업 책임'과 '행동 규약'을 발표하는 일은 이제 그만두고 지속가능성을 혁신의 원천으로 개발하는 전략에 치중한다. 2009년 6월에 나이키는 CR 책임 부서를 개편해 사내 모든 조직이 지속가능성을 실천하도록 이끄는 부서로 만들었다. 그리고 더 의욕적인 목표를 추구하기 위해 이 부서에 '지속가능한 비즈니스와 혁신'이라는 이름을 붙였다. 그 목표란 바로 지속가능성을 새로 부상하는 사업 기회들을 포착하는 데 새로운 활력으로 이용한다는 것이다.

나이키의 지속가능성 담당 이사인 해나 존스는 이렇게 설명했다. "지속가능성이 기업의 평판을 높여 줄 것이라고 생각하여 이를 추진한다면 정직성에 문제가 있는 것이지요. 그런 식으로 하면 기업이 하는 실제 행동이 말과 일치하지 않는 경우들이 생기게 됩니다. 하지만 우리처럼 지속가능성이 진정한 혁신을 가져다 줄 것이라는 기대로 임한다면 언행불일치 같은 문제가 생길 리 없지요."[21]

사명과 전통을 핵심 위치에

177 에이커에 달하는 나이키 본사의 맥켄로 빌딩 출입문으로 걸어 올

라가면 다음과 같이 쓰인 거대한 오렌지색 배너가 눈에 띈다. "신체만 있으면 여러분은 운동선수이다." 전설적인 오레곤대 육상부 감독이자 나이키의 공동창업자였던 빌 바워만이 한 말이다. 그는 1999년에 사망했다. 나이키는 이제 곧 창립 50년을 넘어서게 되지만 그 풍부한 유산은 영원한 현재형으로 남아 있다.

바워만의 이야기는 나이키의 사명 선언인 '전 세계 모든 운동선수에게 영감과 혁신을 가져다 준다'란 문구 바로 밑에 새겨져 있다. 이 문구가 본사 건물을 들어서는 나이키의 모든 종업원과 방문객들을 맞이한다. 나이키의 목적을 나타내는 이 선언은 나이키 구내 어디를 가건 튀어나온다. 파타고니아의 데이비드 브라우어가 한 말에서와 같은 감동을 불러일으키는 말은 아니지만, 나이키가 무엇을 가장 중요시 하는지 나타내고 있다. 그것은 바로 영감, 다시 말해 고객과 운동선수들을 위해 혁신하겠다는 다짐이다. 종업원과 이해 관계자들에게 공동운명체라는 느낌을 안겨 줌으로써 진실하고 정직한 기업이라는 이미지를 유지하려는 것이다.

지속가능성을 최우선 어젠다로

겉으로 녹색 기업인 것처럼 행세하는 기업들은 지속가능성이라는 목표를 회사 내 의사전달 과정에서는 중요시하는 척하지만, 막상 전략적 우선순위에서는 낮은 곳으로 밀어낸다. 나이키는 이 순서를 뒤집는다. 지속가능한 비즈니스와 혁신 담당 부사장인 존스는 전 세계 135명으로 이뤄진 팀을 지휘하며 최고경영자에게 직접 보고한다. 그녀는 또한 이사회 내의 기업책임위원회와 두 달에 한 번 미팅을 갖는다. CEO인 마크 파커와는 그보다 훨씬 더 자주 만난다. 그녀의 사무실은 CEO 사무실과 지근 거리에 있다. 그녀가 나이키의 모든 비즈니스 부문 최고 책임자들과 같은 층을 쓴다는 사실은 조직 내에서 지속가능성의 중요도를 높여 주고, 지속가능성이 이 회사의 전략 계획 수립에 확실히 각인되도록 해준다.

존스는 자기 직함에 '기업 책임'이라는 말이 들어 있기는 하지만 이말만 가지고는 자신의 업무 영역을 모두 나타낼 수 없다고 생각한다. 그녀는 지속가능성을 혁신의 원천으로 활용하는 데 최대한 집중하고(자기 팀을 '혁신 팀'이라고 부른다), 주주를 비롯한 나이키의 모든 이해 관계자들에게 '조화로운 투자수익'이란 말을 입버릇처럼 들려준다. 그녀는 이를 이렇게 설명한다. "우리는 투자수익을 내면서 동시에 좋은 일을 할 수가 있습니다. 예컨대 쓰레기를 줄이면서 비용도 절감할 기회가 보이면 이를 밀어붙입니다."

예를 들어 지난 2006년에 작성한 한 내부 보고서에서 나이키가 소비자의 손에 들어가지 않을 물건을 만드는 데 해마다 8억 달러라는 돈을 소비하고 있다는 사실이 드러났다. 카탈로그에서부터 판매 광고용 진열품, 샘플, 공장 폐품에 이르기까지 다양한 물품이 여기에 해당되었다. 나이키가 스스로 밝힌 바에 따르면 회사가 생산해 낸 것 가운데 42%는 쓰레기로 처리되었다. 재료를 재활용하고, 마케팅 부대비용을 줄이며, 포장재를 줄이는 혁신을 통해 존스 팀은 쓰레기 매립 공간을 줄이고 수백 만 달러를 절감했다. 이 못지않게 중요한 사실은 기업 책임에 대해 회의적인 사내 인사들에게 지속가능성을 생각하는 것이 회사 이익에도 긍정적인 효과를 가져다 줄 수 있음을 보여준 것이다.

존스는 이렇게 덧붙였다. "과거에는 기업 책임이란 것이 리스크와 평판을 관리하는 일에 더 가까웠습니다. 그러나 우리는 이것을 비즈니스 모델의 핵심 업무에 가깝게 바꾸었습니다. 우리는 여러 비즈니스 부문들에게 상담을 해주는 입장입니다. 나이키에서 믿을 만한 컨설턴트가 되려면 실질적인 사업 감각을 보여주어야 합니다."

끝까지 진실하라

혁신에 대해 많은 관심을 기울였음에도 불구하고 나이키 하청 공장들의 근로조건을 향상시키려는 노력은 좌절로 얼룩진 더디고 고된 과정을 겪었다. 나이키 하청공장들은 전 세계 52개국에서 80만 명을 고용한 글로벌 공급 체인의 일부이다. 사이먼 자덱은 '하버드 비즈니스 리뷰'에 실은 글(22)에서 나이키의 이러한 노력이 다섯 개의 주요한 단계를 거쳐 점진적으로 진행되었음을 보여주었다. 자덱은 런던에 본부를 둔 컨설턴트 회사 어카운터빌리티AccountAbility의 매니징 파트너이다. 나이키는 이 과정에서 좌절을 이겨내고 결국 신뢰를 얻었다. 우리가 보기에 진실성을 인정받기 위해서는 다음의 세 가지 단계가 특히 중요하다.

첫째: 압력에 수동적으로 굴복 1990년대 초반에 공급업체 공장 일부에서 미성년자 고용 등 끔찍한 학대가 있다는 사실이 밝혀져 항의 시위와 불매운동이 촉발됐을 때 나이키는 방어적으로 대응했다. 이 세계 최대의 신발 업체가 비난의 표적이 된 데는 눈에 잘 띄는 부메랑 모양의 상징적인 로고도 한몫 했다. 나이키는 이것이 품질 좋은 제품과 존경받을 만한 기업의 상징이라고 단언했다. 자덱이 살펴본 바에 따르면 당시 나이키는 경쟁자들보다 하청업체에 대한 감독을 더 소홀히 하지는 않았다. 그러나 그런 것은 상관없었다. 운동가들의 압력에 굴복해 나이키는 행동강령을 만들고, 유명 업체를 고용해 공장들을 감사하기로 했다. 그러나 노동단체는 이 업체들의 독립성과 그런 조치들의 효력에 의문을 제기했을 뿐만 아니라 나이키의 진실성도 의심했다.

둘째: 전문적으로 대응 1998년에 나이키는 기업 책임 부서를 신설했다. '책임 있게 행동하는 것이… 다른 업무와 마찬가지로 관심을 쏟아야 할 업무의 일부'라는 점을 인정했기 때문이다. 기업 책임 팀이 80명이

넘는 전문가를 거느릴 정도로 커졌는데도 나이키 하청공장의 학대 관행에 관한 보고는 계속 터져나왔다. 철저히 조사해 본 결과, 제품 배송 마감 일자를 지나치게 빠듯하게 설정해 야간작업을 불가피하게 만드는 등 나이키 자체의 비즈니스 관행이 스스로 정한 근로기준을 위반하도록 만드는 주범임이 드러났다. 그제야 나이키는 '기업 책임을 비즈니스의 핵심 부분으로 관리해야 한다'는 점을 이해하게 되었다.

셋째: 집단 책임 1990년대 초반에 나이키는 이 일을 혼자서 끌고 갈 수 없다고 공개적으로 밝혔다. 공급업체 공장을 진정으로 개혁하기 위해서는 업계 전체는 물론 정책 입안자들의 참여도 필요했다. 2000년에 나이키의 공동창업자인 필 나이트는 "사회적 감시를 위한 글로벌 스탠다드의 도입을 지지한다"고 말하고, 모든 의류 메이커가 이 기준에 근거해 성과를 측정하자고 요구했다. 자넥이 쓴 글에는 "나이트는 모든 기업의 사회적 성과 기록이 공표되면… 나이키가 리더라는 사실이 드러날 것이라는 점을 계산했다"고 되어 있다. 이 말은 사실이었다. 나이키는 개발도상국 의류공장의 복지 문제와 관련해 공격의 대상이던 입장에서 당초의 비판가들을 인도하는 위치로 바뀌었기 때문이다.

나이키가 '책임 있는 기업'이란 개념과 관련해 일반 대중의 높아지는 기대치를 따라잡으려는 시도는 어렵게 성공을 거두었다. 하지만 여전히 하청공장들의 근로조건은 별로 개선되지 않았다는 증거들이 나왔다. MIT 슬론 경영대학원의 리처드 로크 교수는 수개월에 걸쳐 나이키의 감사 자료를 꼼꼼히 검토한 다음 2006년에 그 결과를 공개했다. 결과는 다음과 같이 별로 좋지 않은 내용이었다. "나이키가 상당한 노력과 투자를 쏟아 부었음에도, 공급업자 가운데 80% 가량이 작업장의 근로 환경이 변동이 없거나 더 악화되었다."(23)

이유는 각 브랜드에 자체 공급업체들을 감시하도록 맡기는 신흥경제국 정부의 미비한 규제에서부터, 특정 기간을 정해 이루어지는 단기 계약이 주종이다 보니 하청 공장에 대한 나이키의 영향력이 제한적이라는 사실에 이르기까지 다양했다. 그러나 이런 이유들보다는 보고서에 담긴 암묵적인 메시지가 더 중요하다고 할 수 있는데, 그것은 바로 나이키 혼자서는 모니터링을 제대로 할 수 없다는 사실이었다.

우리는 나이키가 로크 교수의 보고서를 보고 맹비난하리라고 생각했지만 그렇지 않았다. 존스는 이렇게 강조했다. "정말 멋진 보고서라고 생각합니다. 그것은 업계와 우리 이해 관계자들에게 이제는 우리의 접근방법을 바꿔야 할 때가 되었다고 알려주는 웨이크업 콜 같은 것이었습니다. 정책만 가지고는 문제를 풀 수 없고 시스템 전체를 새로 부팅해야 합니다."

나이키는 공장들을 엄밀히 감사하는 데 그치지 않고 한 걸음 더 나아갔다. 단순히 근로자들을 모니터링만 하는 게 아니라 그들에게 권한을 부여해 준 것이다. 나이키는 제조공정의 낭비요소를 제거한 '린 매뉴팩처링' lean manufacturing 생산방식을 추진했는데, 그것은 근로자들을 여러 일을 하는 멀티태스킹multitasking 팀으로 조직하는 것이었다. 이렇게 하려면 근로자들은 자기관리를 더 철저히 하고 작업 유연성과 근로자들 사이의 협력이 더 필요했다. 그렇게 하면 결국 숙련 노동력을 보유하기 위해 임금을 올리고, 근로조건을 향상시키도록 경영진에게 압력이 가해진다. 적어도 이론상으로는 그렇다. 존스는 이렇게 예측했다. "경영진이 근로자들이 많은 부가가치를 창출하는 것을 보면 더 좋은 대우를 함으로써 근로자들을 소중히 생각하게 될 것입니다."

나이키는 베트남에 린 매뉴팩처링 훈련센터를 개설한 다음 장기 계약을 맺은 공급업체 관리자들을 대상으로 발전적인 인사 관행 구축 방법에 대해 교육시키고, 일선에서도 의사결정이 이루어지도록 밀어붙였다.

그리고 빠듯한 데드라인을 정해 2011년까지 모든 공급업체 공장에서 '과도한 초과근무' 를 뿌리뽑겠다는 목표를 세웠다. 나이키는 20여 년 동안 좌절과 불충분한 성공을 반복하며 문제 해결을 위해 쉬지 않고 노력한 덕분에 힘들게 신뢰를 얻었다. 자덱을 비롯한 여러 전문가들이 말하듯이, 나이키는 운동가들로부터 경멸을 당하던 대상에서 개발도상국의 제조업 환경을 더 인간답게 만들기 위한 민간 부문의 노력을 대표하는 핵심 리더로 진화했다.

변화의 절박성 인정

나이키는 하청공장의 조건을 개선하기 위해 오랜 시간 고투를 벌였고, 초기에 재활용과 녹색 화학 분야에서 극히 미미한 성공을 거두었다. 이렇게 해본 결과 점진적인 변화로는 모든 기업들이 직면한 환경 문제와 사회 문제의 해결을 도저히 이룰 수 없다는 결론에 이르게 되었다. 존스는 파커가 나이키의 지속가능성 팀에게 다음과 같은 과제를 던졌다고 했다. "지속가능성의 정신을 우리가 하는 일, 다시 말해 혁신과 디자인의 중심에 놓으라고 했습니다. 우리 제품이 지속가능성을 실천하고 그 안에서 살아 숨쉬도록 하라는 것이었습니다."

파커는 이 일을 서둘러야 한다고 생각했다. 머지않은 장래에 정부의 방침과 소비자들의 요구에 따라 기업들이 지금까지 용케 피해 왔던 외적인 비용의 많은 부분을 짊어질 수밖에 없게 될 것임이 분명해졌기 때문이다. 나이키는 머지않아 자기들 앞에 숱한 어려운 도전들이 가로놓이게 될 것이라고 예상했다. 깨끗한 물을 구하기 힘들어지면서 물 값이 천정부지로 치솟을 것이고, 제조업자들은 자기가 배출하는 이산화탄소에 세금을 물게 될 것이다. 또한 기업들로 하여금 사용 수명이 다한 자사 제품을 수거해서 새 상품으로 다시 만들어내도록 하는 법이 시행될 것이었다. '걸어 오던 길'만 계속 가려고 하면 운신의 폭이 더 좁아지고 실패 확률은 엄청나게 커질 것이다. 이런 새로운 현실 아래서 나이키 지속가능성 팀의 목표는 기업을 녹색 경제의 세상으로 인도해 갈 한발 앞선 척후병이 되는 것이다.

존스는 이렇게 말했다. "가장 큰 혁신 과제는 우리를 진정한 지속가능 기업으로 변화시켜 줄 새로운 비즈니스 모델을 만들어내는 것이었습니다. 그런 사업 모델이 만들어져야 급변하는 비즈니스 환경에서 살아남을 수 있기 때문입니다."

구성원 모두가 지속가능 실천자로

파커와 존스는 CR 팀이 혁신 파이프라인의 출발점에 서야 한다고 생각했다. 결과에 대한 감사가 이뤄지고 나서 사후 기업책임 보고서가 작성되는 끝 지점이 아니라, 전략을 세우고 창의성이 발휘되는 출발점에서부터 기업책임이 강조되어야 한다고 판단한 것이다. 그렇게 하려면 지속가능성을 규정을 지키고 리스크 관리나 하는 기능으로 생각해서는 안 되었다. 존스는 자기 팀이 혁신을 밀어붙이고, 또한 각 사업 부문을 도와 그들이 지속가능성을 '체득'하고, 이를 일상 작업 속에서 실천해 나가도록 해주는 아이디어 랩의 기능을 하도록 만들었다.

어떻게 하면 지속가능성의 씨를 뿌리고 다른 사람들이 수확하도록 도울 것인가? 나이키의 '컨시더드'Considered 팀이 하나의 모델을 제시한다. 이들은 '사내 지속가능성 싱크탱크'로서 오염물질과 쓰레기를 줄이고 에너지와 물을 아끼며, 생태적으로 유익한 물질을 만들어내는 등의 풀기 힘든 과제들과 씨름한다. 이를 위해 회사 소속 디자이너들의 창의력을 이용한다. 디자이너들은 다음 세대 나이키 제품을 만들어가는 책임을 진 혁신가들이다. 날마다 수천 가지 제품들에 영향을 미치게 될 수백 가지 결정을 내린다. 그렇게 함으로써 궁극적으로는 나이키 환경 발자국의 크기를 결정하게 된다. 그래서 싱크탱크는 각 디자이너들의 선택 하나하나가 생태적으로 미칠 영향을 실시간으로 계량해 낼 예측도구를 만들어 냈는데 그게 바로 '컨시더드 지수' Considered Index(팀 이름도 여기서 따왔다)라는 데스크탑 프로그램이다.

디자이너들은 새로운 러닝화를 스케치할 때 여러 가지 스펙을 이 '컨시더드 지수'에 대입해 본다. 그러면 이 모형이 유독성 용제와 천연재료, 재활용된 쓰레기의 퍼센트 등 여러 테스트에 대해 얼마나 좋은 점수를 받는지를 따져서 총점이 매겨진다. 컨시더드 지수는 최종 디자인이 완성되어 가는 도중에 업그레이드할 수 있는 지점을 표시해 보여준다. 이런 식으로 디자이너들은 이 지수를 통해 자기 창작품이 환경에 미치는 영향을 꼼꼼히 따져 보고 이를 개선해 나간다. 개발에 착수한 첫 해에 환경에 유익한 혁신 성과를 이룬 디자이너들에게는 '얼리 어답터' early adoptor 점수가 부여된다. 이는 변화를 전파할 강력한 촉매가 된다. 각 디자인 팀의 컨시더드 지수 점수가 공개되기 때문에 내부 경쟁이 촉진되고 대화를 촉발시켜 혁신으로 나아가도록 이끌어 준다.

컨시더드 팀장인 로리 보겔은 이렇게 설명했다. "이 지수 덕분에 디자이너들 모두가 지속가능성을 실천하는 행동대원이 되었습니다. 예를 들어 휘발성 유기화합물질VOC을 배출하는 접착제 사용을 줄여 더 높은 점수를 받게 되면 접착제 사용을 완전히 없애 버릴 방법 개발에 나서는 식입니다. 디자이너들이 내리는 결정 한 가지 한 가지에 우리가 환경에 미치는 악영향이 조금씩 줄어들게 되는 것이지요."

말이 아니라 행동으로

기업 하는 사람들에게 회사의 총이익과 수익에 대해 물어보면 금방

답을 들을 수 있을 것이다. 하지만 회사에서 소비하는 에너지와 물이 얼마나 되는지, 쓰레기를 얼마나 만들어 내는지 물어보면 대부분의 경우 무슨 말인지 이해가 안 된다는 표정을 지어 보일 것이다. 이런 질문에 답을 내놓지 못하면 진정으로 지속가능한 기업이 되기 힘들다. 나이키가 컨시더드 지수를 만들면서 달성하고자 했던 목표가 바로 이것이었다.

어려운 질문에 대한 답을 얻기 위해서는 몇 달에 걸쳐 고된 연구를 이어가야 하는 경우가 많다. 컨시더드 팀도 지수의 기반이 될 다양한 데이터베이스를 구축하면서 이런 과정을 견뎌냈다. 나이키는 이 끈질긴 조사팀에 회사가 사용하는 원료와 제조공정의 화학성분, 그리고 환경에 미치는 영향을 밝혀내라는 임무를 맡겼다. 이들은 중국을 비롯한 여러 나라로 출장을 다니며 고무, 가죽, 나일론, 폴리에스터, 발포 고무와 같은 원료 샘플을 모았다.

그리고 랩으로 돌아와서 이 원료들의 화학성분을 밝혀냈다. 그런 다음 원료들이 미치는 영향을 양에 따라 평가하고, 분야별로 네 개의 카테고리로 나누어 순위를 매겼다. 네 개의 카테고리는 화학(발암물질, 급성 및 만성 위험물질, 내분비 교란물질), 에너지 배출 세기(물질 킬로그램 당 배출되는 이산화탄소의 양을 킬로그램으로 표시), 물의 소비 세기(물질 킬로그램 당 소비되는 물의 양을 리터로 표시), 그리고 쓰레기 물질(제조 과정과 사용 수명이 다한 뒤에 발생되는 쓰레기 물질)이다. 각각의 카테고리에는 수치가 부여되어 '컨시더드 지수'가 각 디자인의 지속가능성 총점을 계산해 낼 수 있게 했다.

이들은 또한 공기, 토지, 물, 인체 건강에 피해를 덜 입히고 환경에 유익한 물질을 찾아냈다. 이렇게 찾아낸 '환경적으로 유익한 물질들'은 다음과 같이 세 가지로 분류되었다. '재활용' regenerate: 재활용 고무나 폴리에스터같이 소비자 사용 전과 사용 후에 재활용품으로 만들어지는 물질, '재생

가능' renewable: 대나무, 유기농 면처럼 수확한 다음에 신속히 보충되는 원재료, '화학적 최적화' chemically optimal: 유기농 울이나 용제 사용을 줄인 가죽처럼 독성 물질을 줄인 재료. 일단 이처럼 양질의 물질이 지수 데이터베이스에 포함되면 디자이너들은 회사 전체의 제품 포트폴리오에서 지속가능성 지수를 높일 가능성을 확보하게 되는 것이다. 이런 식으로 컨시더드 지수는 디자이너들에게 나이키가 만들어 가고자 하는 미래에 대해 확고한 이미지를 심어 준다.

나이키의 슈퍼스타 디자이너인 팅커 해트필드는 나이키의 가장 유명한 스니커인 에어조던 XX3의 2009년 형을 디자인하면서 컨시더드 지수의 혁신 잠재력을 뚜렷이 증명해 보였다. 그는 이 신발을 지속가능성 렌즈를 통해 처음부터 완전히 새로 만들었다. 이 과정에서 환경과 관련된 혁신을 많이 선보였는데 그중에서도 가장 돋보이는 것은 화학물질이 든 접착제를 추방한 것이었다. 이를 위해 그는 마름질한 재료를 퍼즐처럼 맞물리게 해 바느질로 덧기웠다. 덕분에 XX3는 완전히 다른 겉모습을 갖게 되었으며, 지속가능성과 기능성이 효과적으로 결합된 최초의 에어조던으로 재탄생되었다. 나이키는 이 신발이 50만 켤레쯤 팔린 것으로 추산했다. 중요한 또 한 가지 점은 해트필드가 다른 디자이너들로 하여금 그의 뒤를 따르도록 만들고, 그들의 작품 속에 지속가능성을 끼워넣을 수 있도록 영감을 준 것이다. 이런 식으로 지속가능성이 기업의 창의적인 과정에 뿌리내리도록 만들었다.

또 하나 인상적인 것은 이런 혁신이 가장 회의적인 입장을 보인 마이클 조던의 마음까지 흔들어놓았다는 점이다. 존스는 당시 상황을 이렇게 회고했다. "팅커가 조던 XX3 지속가능성 모델을 만들고 싶다고 하자 조던의 반응은 '무슨 헛소리를 하느냐'는 식이었어요. 녹색은 손해 보는 장사라는 생각이 앞섰던 것 같아요. 하지만 팅커는 이를 혁신의 기회로 보았습니다. 그는 스스로 특별한 제약을 정하고, 그래서 전혀 새로운 방법으로 혁신할 수밖에 없도록 만들었습니다. 결과를 본 조던은 '앞으로 모든 조던 신발은 지속가능한 신발로 만들겠다' 고 약속했습니다."

그러나 XX3를 마케팅 할 때 나이키는 최고 수준의 성능과 대담한 스타일을 갖추었다고 강조할 뿐 '생태 친화성' 은 크게 부각시키지 않았다. 나이키는 이 신발을 신는 프로 운동선수들, 그리고 그들을 모방하고 싶어하는 수많은 아이들에겐 모양과 느낌이 중요할 뿐 지속가능성은 크게 호응을 얻기 힘들 것이라고 생각했다. 조던 XX3은 가장 친환경적인 나이키 농구화이며 지속가능성을 포함하는 새로운 디자인 기준을 제시했다. 그런데도 나이키는 이 신발을 녹색 칭찬으로 뒤덮을 생각을 하지 않았고 그런 점이 더 진지한 느낌을 준다.

보겔은 이렇게 말했다. "우리 모두 지속가능성과 관련해 더 많은 노력을 하고 싶습니다. 이는 사업의 성장에도 절대적으로 필요한 것입니다. 하지만 이런 일을 떠벌릴 생각은 없습니다. 가장 중요한 점은 우리는 해야 할 일을 하고 있고, 결과로 말하겠다는 것입니다."

북극성을 따라간다

'컨시더드 지수' 는 디자이너들이 사소하고 일상적인 일들에서도 지속가능성을 높이는 결정을 내리도록 도와준다. 그러나 디자이너나 여러 혁신가들이 이 지수를 통해 나이키의 지속가능성 버전이 미래에 어떻게 될지 큰 그림까지 내다볼 수는 없다. 그래서 나이키는 2008년에 비영리 지속가능성 자문기구인 '내츄럴 스텝' Natural Step과 제휴해 지속가능한 미래라는 장기 비전을 향해 나아가는 데 필요한 추가적인 틀을 개발했다. '북극성' North Star이라고 부르는 틀이었다. 컨시더드 혁신 담당 이사인 짐 고다드는 내츄럴 스텝이 만든 사례 연구에서 "북극성은 먼 곳에

떠서 우리가 올바른 길에서 이탈하지 않도록 비쳐주는 등대 역할을 한다"(24)고 했다.

나이키의 북극성 계획은 모든 제품이 온전히 '폐회로' 안에서 순환되도록 하는 기업을 추구한다. 최소한의 재료를 사용하여 언제든 해체되어 새로운 제품으로 재활용될 수 있도록 만든다는 것이다. 회사는 이미 '신발 재사용' Reuse A Shoe 프로그램을 통해 이런 폐회로의 대략적인 베타 버전을 완성했다. 헤진 운동화를 스포츠 외장재로 쓰는 재활용 소재인 '나이키 그라인드' Nike Grind로 바꾸는 프로그램을 말한다. '북극성'은 디자이너들이 쉽게 재활용할 수 있는 소재를 사용하도록 하고, 조립디자인 분야의 혁신에 집중할 수 있도록 지원한다. 이런 식으로 '북극성'은 디자이너들에게 나이키가 미래에 어떤 기업이 되고자 하는지 알려주고 인도하는 확실한 이정표 역할을 한다. 보겔은 이렇게 자신했다. "우리는 미래의 상황에 대해 분명한 의견일치를 보았기 때문에 빠른 시일 안에 목적지에 도달하게 될 것입니다."

———————

진정으로 지속가능한 기업을 만들기 위해 노력하는 과정에서 나이키가 얻은 소중한 교훈은 다음과 같이 정리할 수 있다.

■ 종업원과 이해 관계자 모두에게 여러분이 겪은 이야기를 되풀이해 들려준다.
■ 지속가능성을 먹이사슬의 제일 꼭대기에 둔다.
■ 목표를 분명하게 나타낸다.
■ 패배를 뚫고 나아간다─전장에서 당하는 부상은 훈장이다.

- 여러분이 겪는 힘든 문제들을 현실적인 입장에서 받아들인다.
- 사람들이 지속가능성을 체득하도록 돕는 도구를 만든다.
- 다양한 질문을 던진다—더 나은 답을 얻어내기 위해 노력한다.
- 나침반을 진북眞北에 맞춘다.

이 교훈들은 사회에 유익한 일 불과 몇 가지 하고 책임 있는 기업이라고 주장하는 게 아니라, '진정으로' 책임 있는 기업을 만드는 데 도움이 될 것이다. 사회적 책임과 관련해 자신의 업적을 굳이 떠벌리지 않아도 될 정도로 자신만만한 기업을 만드는 데도 도움이 될 것이다.

협력하는
기업

협력을 통한 이윤 창출

6

힘의 균형이 기업으로부터 소비자에게로 옮아가고 있나는 뚜렷한 증거들은 쉽게 찾아볼 수 있다. 다음이 그러한 증거들이다.[1]

테네시 주 프랭클린 출신의 부동산 투자자 프레드 빌함은 3000 달러에 달하는 로우스 비자 카드 대금을 모두 지불하고 나자 카드 발행사가 다른 보상 프로그램으로 그의 호감을 사려고 하든지, 아니면 적어도 대출 한도 정도는 올려 주리라고 기대했다.[2] 반대로 카드 회사는 그의 이자율을 인상했다. 그는 화가 머리끝까지 났다. 바로 얼마 전만 해도 그런 경우 거래개선협회Better Business Bureau 직원을 상대로 효과도 없는 불평을 늘어놓는 게 고작이었을 것이다. 하지만 온라인 사회공학의 발달 덕분에 그는 훨씬 더 만족스러운 대응 방법을 알아냈다.

'테네시 신용카드 대학살'이라는 타이틀을 붙인 유튜브 비디오에서 빌함은 로우스 비자를 비롯해 자기가 갖고 있는 카드들을 조각 내고, 썰고, 구멍을 내고 해서 수십 조각으로 찢어 버렸다. 이 2분짜리 클립은 경기 침체 때 인터넷에 등장했던 수십 개의 '플라스텍토미'plastectomies[3] 가운데 하나였다. 플라스텍토미는 신용카드를 잘게 자르고, 조각 내어 못 쓰게 만들고, 불태우는 장면을 담은 비디오를 말한다. 채무 불이행 소비자가 늘어날수록 카드 발행사들은 이율을 올리고 새로운 수수료를 추가로 부과했는데, 이에 대한 소비자들의 불만이 유튜브를 통해 터진 것이었다. 분노한 소비자들이 웹사이트를 개설했고, 성난 카드 소지자들이 이곳에 찾아와 불평을 늘어놓고, 카드 발행사 소비자 담당 부서의 무성의한 대응에 불만을 털어놓기도 했다. 오래 가지 않아 주류 언론이 이런 소비자들의 분노에 대해 다루기 시작하고, 의회는 신용카드업계의 개혁을 위한 법안을 통과시켰다.

기업들은 오랫동안 소비자를 쥐고 흔드는 데 익숙해 있었다. 말로는 소비자가 왕이라고 떠들어 대지만 대부분의 기업들은 고객 중심적이기 보다는 자기 중심적인 경우가 훨씬 더 많다. 많은 기업들이 고객을 소비의 대상으로, 단지 회사 손익계산서상에 나타나는 매출 통계의 대상으로 간주할 뿐이다. 조시 버노프와 샬린 리가 'MIT 슬론 매니지먼트 리뷰'에 실린 글에서 주장했듯이, 힘의 균형추는 오랫동안 대기업 쪽에 기울어져 있었다. 대기업은 흔히 고객의 입장에서 그들이 무엇을 필요로 하는지가 아니라, 기업이 보기에 사람들이 무엇을 살 것인가 하는 판단에 근거해 제품을 고안하고, 서비스를 제공하고, 마케팅 메시지를 만들어낸다. 너무 많은 대기업이 사람들의 욕구에는 무관심하며, 숱한 사람들이 대기업과 소통하는 과정에서 반복적으로 좌절감을 경험하고 있었다. 버노프와 샬린 리는 "고객 중심적이라는 말은 그저 헛소리에 불과했다. 그러나 이제 많은 소비자들은 더 이상 이런 관계에 순종하지 않는다"[4]고 지적했다.

플라스텍토미를 보여주고, 신용카드와 관련해 불만을 쏟아내는 웹사이트가 홍수를 이루는 것은 고객이 반발하고, 기업들이 세력 균형의 우위를 잃어가고 있다는 신호이다. 애틀랜타의 한 고객이 끊긴 인터넷을 접속해 달라고 컴캐스트사에 요청했는데, 회사에서 나온 기술자가 인터넷 접속은 못하고, 대신 이 불쌍한 사나이의 소파에 누워 낮잠을 자는 비디오도 있었다. '내 소파에 누워 자는 컴캐스트 기술자'라는 제목이 붙은 1분짜리 낮잠 유튜브 다큐멘터리에 관한 소문은 칡넝쿨처럼 인터넷에 퍼져나가 130만 회가 넘는 조회수를 기록했다. 어떤 AOL 고객이 고집불통인 서비스 담당 직원과 싸우느라 얼굴이 시뻘게진 유튜브 클립도 있었다. 이 클립은 25만 건에 가까운 조회수를 기록했다. 그런가 하면 한국의 어떤 블로거가 올린 구역질 나는 사진들도 있다. 던킨 도너츠 매장의 지저분한 환경을 담은 이 사진은 블로그스피어를 통해 빠르게 번

져나갔다.(5)

고객들은 웹에 널려 있는 갖가지 커뮤니티의 바다를 누비면서 비호의적이고, 무반응, 무관심한 기업들의 프로필을 작성한다. 사람들은 이 기술을 이용해 자신들의 익명성을 벗어던지고 개체성을 드러내며, 기존의 기업-고객 관계를 새롭게 정의하고 있다. 사람들은 기업들로부터 거래 상대가 아니라 관계의 대상으로 대접받기를 원하고, 그들의 입에서 허풍이 아니라 진실이 담긴 말을 듣고 싶어한다. '서포트 이코노미'The Support Economy라는 책에서 공저자인 쇼샤나 주보프와 제임스 맥스민은 이런 현상을 "소비자가 직접 '뛰어들어서' 자신의 운명과 돈을 스스로 결정하고, 원하는 것을 자신 손으로 직접 고르려는 것"(6)이라고 표현했다. 이들은 원하는 것을 기업으로부터 얻지 못하면 온라인 커뮤니티를 통해서 얻어내려고 한다.

사회적으로 책임 있고, 독자들의 요구에 민감하게 반응하고자 하는 기업의 리더들이라면 다음과 같은 교훈을 귀담아 듣기 바란다. 현명한 조직들은 일종의 전략적인 유도를 한다. 소비자들로 하여금 회사의 미래를 함께 만들도록 참여시키는 것인데, 회사가 가지고 있는 통제력의 일부를 포기하는 대신 소비자들의 힘을 키우는 전략이다.(7)

좋은 일을 위한 사회공학

오픈 소스 소프트웨어 운동은 혁신을 위해 일부 기본 구성요소들(이 경우에는 소스 코드)을 공개함으로써 인터넷 상에서 수천 명의 IQ를 동원할 수 있다는 것을 극적으로 보여주었다. 웹이 키운 이 자발성이 리눅스, 모질라와 같은 시스템을 탄생시켰다. 유투브와 페이스북, 플릭커와 같은 웹 2.0 세대 기업들은 일반대중(컴퓨터 프로그래머들만이 아니라)을 부추겨서 끝이 보이지 않을 정도로 무궁한 창의성의 물꼬를 트고, 온라인 제품과 서비스에 기여하도록 만들었다. 이런 기술들의 특성 가운데 인터넷 제1세대의 핵심적인 특성과 구분되는 것은 바로 개인의 이익 추구를 사회의 이득 추구로 바꾸는 절묘한 전환이다.

책임 있는 기업들은 사회공학을 이용해 소비자를 기여자로 변화시키고 있다. 이들 기업들은 웹을 이용해 소비자를 정직하고 투명한 소통에 참여시킨다. 혁신가와 소비자들은 대화와 블로그, 트위트 대화를 통해 다음과 같이 좋은 기업이 갖는 네 가지 핵심 특성의 이점을 잘 이용한다.

■책임 있는 기업은 고객의 생각을 흘러 보내지 않는다. 사회적 네트워킹은 기업이 소비자들의 말에 귀를 기울이고 있음을 보여주는 강력한 수단이다. 좋은 사례가 바로 맥도날드의 '기업의 사회적 책임' 블로그인 '공개 토론' Open for Discussion이다. 물론 이 사이트는 황금 아치 맥도날드가 생각하는 지속가능성에 대한 입장을 공표한다. 그리고 비평가 끼어들면 간혹 기업 PR의 창구라는 위치로 되돌아가 분위기를 흐리기도 한다. 그러나 이 블로그는 맥도날드가 결국 소비자와 비평가를 끌어안을 의사가 있고, 나아가 외부 사람들이 자기들을 보는 시선으로 기꺼이 스스로를 바라보겠다는 의지를 보여주는 확고한 첫 단계이다.

■종업원들이 온라인 대화로 업무 이야기를 하는 것은 기업 역시 창의적인 개인들로 이루어진 공동체이지, 획일적인 별난 조직이 아니라는 점을 보여 준다. 델Dell은 '다이렉트투델' DIRECT2DELL이라는 블로그를 운영하는데, 여기 보면 이 컴퓨터 업계의 거물이 자사의 배터리 리콜이라든가, 해외 콜센터의 만성적인 문제 같은 달갑지 않은 주제에 대해 소비

자나 종업원 모두와 대화할 준비가 되어 있음을 보여 준다. 장비와 하드웨어에 대한 소식과 아이디어를 공유하고자 하는 사내 기술 두뇌들이 올린 다듬지 않은 문건과 비디오도 올라온다. 덕분에 다이렉트투델은 이 회사의 무뚝뚝한 창업자는 꿈도 꾸지 못했던 방식으로 델에 인간미를 보태고 있다.

■ 사명에 충실한 기업은 소비자를 운동가로 변모시킨다. 강력한 시민 행동단체이자 휴대폰 및 신용카드 회사인 워킹 애셋Working Assets(8)은 고객의 월별 사용 요금 가운데 1%와 신용카드 구매 건당 10센트씩을 인권과 환경을 위해 일하는 비영리 단체에 보낸다. 이런 방법으로 이 회사는 지금까지 진보적인 명분에 6000만 달러를 모금해 주었다. 하지만 매년 이 돈의 용처를 투표로 결정하는 것은 기업의 일부 고위 간부들이 아니라 소비자들이다.(9) 또한 회사가 운영하는 웹사이트인 '크레도 액션' CREDO Action은 사람들이 자신들의 생각을 마음껏 떠들 수 있는 가상 녹색마을을 제공한다.

최근 여러 해에 걸쳐 워킹 애셋의 네트워크 회원들은 의회 의원들을 상대로 400만 건이 넘는 메시지를 보냈고, 20만 명이 넘는 유권자를 새로 등록시켰다. 또한 '자유롭고 공정한' 선거를 위해 미국 전역의 투표장에 감시단을 파견한다. 완전한 오픈 소스 기업은 아니지만 워킹 애셋은 소비자들을 하나의 운동으로 불러 모았다. 이 운동에 참여하는 사람들이 회사의 사명을 만들어 나가는 데 참여하고, 회사의 매출 가운데 일부를 어떻게 쓰라고 발언권을 행사한다. 이런 협력적인 기업은 과감하게 고객들에게 이렇게 묻는다. 우리가 어떤 좋은 일을 했으면 좋겠습니까?

■ 현명한 기업들은 온라인 대화를 이용해 소비자들을 제품 혁신의 중

심자리에 앉힌다. 이런 기업 가운데 하나가 바로 쓰레드리스Threadless이다. 티셔츠 제조 회사로 2008년에 매출이 200% 이상 급등한 기업이다. 한때 모든 기업에 필수적이라고 여겨지던 광고, 프로 디자이너, 세일즈 팀과 같은 부서가 없는 데도 이런 성과를 이룩했다. '잉크' 매거진에 처음 보도된 것처럼 쓰레드리스는 매달 몇 종의 새로운 티셔츠 라인을 선보이는데 대개는 한 장도 남김없이 다 팔려나간다. 비결은 기존의 생산 논리를 완전히 뒤엎기 때문이다. 산업 혁명 이래 무엇을 만들지를 결정해 온 것은 기업이었다. 하지만 쓰레드리스에서는 기업이 무엇을 만들어야 할지를 소비자가 결정하고, 따라서 그렇게 만들어진 최종 제품을 소비자가 살 가능성도 크게 높아진다.

쓰레드리스는 10대, 20대 70만 명이 모인 자사 온라인 커뮤니티를 통해 디자인 경연대회를 수시로 연다. 네트워크 멤버들은 자신이 만든 티셔츠 디자인 아이디어를 제출하고, 자기가 좋아하는 디자인의 순위도 매긴다. MIT의 한 연구원이 조사한 것을 보면 쓰레드리스 소비자의 95%가 디자인 하나를 골라 투표한 다음 15달러 짜리 셔츠 한 장을 산 것으로 나타났다. 이런 민주적 접근법 덕분에 이 회사는 수동적 쇼핑객들을 R&D에 적극적인 참여자로 변신시켰다. 쓰레드리스 이사 중 한 명인 제프 리버먼은 "우리는 티셔츠를 캔버스 삼아 모인 커뮤니티 기업"[10]이라고 말한다.

쓰레드리스의 창립자로 최고전략담당자chief strategy officer인 제이크 니켈은 이러한 협력 모델을 '건전한 상식' 이라고 부른다. 하지만 그를 비롯한 쓰레드리스 사람들은 상식보다 훨씬 더 깊은 무엇에 접근해 왔다. 막스 플랑크 진화인류학 연구소가 내놓은 최근의 증거를 보면 인류가

상당한 협력 역량을 갖고 있다는 점을 재확인시켜 준다.

이 연구소의 연구원들은 인간이 유인원보다 '일반적으로 더 영리한 지'를 테스트하기 위해 성인 침팬지와 두 살짜리 아이들에게 일련의 비언어적 IQ 테스트를 실시했다. 그 결과 꼬마들이 집단적 사회기능인 집단 학습과 의사소통, '타인의 의도를 해석하는 능력' 테스트에서만 원숭이보다 앞선다는 사실이 드러났다. 연구원들은 이런 결과를 가지고 다음과 같은 결론을 내렸다. 그것은 바로 인간의 집단적인 인지능력, 다시 말해 협력을 통해 문제를 찾아내고 해결하는 능력이 인간을 동물과 구분시켜 준다는 것이다. 연구소의 공동 소장인 마이클 토머셀로는 뉴욕타임스 매거진에 보도된 이 실험을 설명하는 글에서 이렇게 지적했다. "유인원들은 거의 대부분 상대에게 자신이 원하는 일을 시키고자 하는 경우에만 의사소통을 했다. 반면에 유아들은 타인과 정보를 공유하기 위해 몸짓을 하고 말을 했다. 서로 도움을 주고자 하는 것이다."(11)

유아에 해당되는 것은 성인에게도 해당된다. 인간은 태어날 때부터 남들과 상의해 가며 무엇을 만들도록 되어 있다. 쓰레드리스, 페이스북, 리눅스와 같은 조직들은 별난 것처럼 보일지도 모른다. 그러나 사실 협력하는 기업이 기존의 기업들보다 훨씬 평범하고, 훨씬 더 인간적이다. 협력하는 기업은 사람들에게 집단으로 심사숙고하고, 반추할 기회를 주기 때문에 더 나은 통찰과 아이디어를 이끌어낸다. 소프트웨어 코드를 만드는 일이건, 어떤 사회적 벤처에 기부할지를 결정하는 일이건간에 마음 맞는 동료와 함께 소통하고, 경쟁하고, 창조한다는 생각은 사람들을 훨씬 더 열의에 타오르게 만든다. 협력하는 기업은 누군가 자신의 목소리를 들어주고, 자신의 의견을 중요하게 여겨 주기 바라는 사람들에게 진정한 호소력을 갖는다.

협력하는 기업은 책임 있는 기업과 동의어인 경우가 많다. 두 경우 모두 위계서열을 공동체로, 불투명성을 투명성으로, 할당을 기여로, 이익만 추구하던 것을 목적을 추구하는 이익으로 대체한다. 책임 정신으로 혁명을 이끄는 기업 리더들은 소비자, 사상적인 지도자, 심지어 다른 기업들과도 힘을 합쳐 협력적인 기업 모델을 만들어 가는 사람들이다. 브루클린 다운타운에 있는 골드 스트리트에 협력 생산peer production의 새로운 선구자 기업 하나가 있다.

공동체와 함께하는 기업: 에치닷컴

에치닷컴Etsy.com은 롭 칼린을 비롯한 뉴욕대 재학생 세 명이 2005년에 세운 회사이다. 칼린은 현재 기업가이면서 파트타임으로 가구 디자이너로도 활동한다. 에치닷컴은 출범하자마자 순식간에 DIY do-it yourself 업계의 이베이로 성장했다. 스스로를 '모든 수제품手製品을 사고 팔 수 있는 여러분의 공간'이라고 선언한 에치는 가방, 촛대, '희귀물품', 그릇, 퀼트, 장난감, 목공예품, 그리고 갖가지 일회용품들로 어지러운 직거래 장터이다. 직원들은 기업명의 유래를 입밖에 내지 않지만 에치는 분명히 '잡동사니'itsy-bitsy라고 할 때의 그 이치itsy에서 따온 것처럼 들린다.(12) 작다는 것은 공예품의 핵심 특징이다. 공예란 제한된 양의 수제품을 만들어 이를 지속가능한 규모로 파는 것이기 때문이다.

풀뿌리 신생 기업의 이미지를 보여주긴 하지만 에치는 확실히 성장하고 있다. 이미 최대의 온라인 수제품 시장으로 성장해 150개국에 걸쳐 260만여 명의 회원과 430만 개에 달하는 물품 목록을 보유하고 있다. 에치는 판매자들이 가상 온라인 점포를 차릴 수 있는 플랫폼을 제공함으로써 재고로 가득 찬 창고를 없앴다. 그리고 이곳은 제3자로부터 광고를 유치해 수입을 올리지 않는다는 면에서 다른 많은 웹 2.0 기업들과도 다르다. 이들은 한 품목을 4개월간 올리는 데 20센트를 부과해 돈을 번다. 사이트의 인기 있는 진열 페이지에 수제품을 특별 소개해 주는 대가로 15달러 정도 받기도 한다. 그리고 거래가 성립되면 물품 가격의 3.5%씩을 가져간다. 이런 사업 모델로 에치는 2008년 불황 속에서도 세 배나 커진 9000만 달러의 총 매상고를 올렸을 뿐 아니라, 2009년에도 매출이 두 배 이상 늘었다.

물론 에치의 미래 역시 밝다고 할 수는 없다. 이 기업은 2009년 말에야 처음으로 손익 균형을 맞춘 것으로 알려졌다. 지속적인 성장이 가능할지는 오로지 판매자의 참여와 혁신에 달렸다. 또한 이제 겨우 신생 기업 티를 벗었지만, 이베이에 대해 경계의 시선을 늦추어서도 안 되고 벼락출세한 경쟁자들과도 싸워야 한다. 경제가 곤두박질치던 순간에도 성장 능력을 보여준 것은 에치가 자기 공동체의 창의적인 힘을 진정으로 발휘시킬 줄 아는 기업이라는 증거이다.

에치는 흔히 말하는 좋은 기업은 아니다. 기업책임 보고서도 발행하지 않는다. 퀴퀴한 냄새가 나는 오프라인 사무실은 인쇄공장 6층을 개조해서 쓰는데 바람이 들이치고 친환경 작업장과는 거리가 멀다. 최고경영자인 마리아 토머스는 미국공영방송NPR에서 디지털 미디어 팀장으로 일하다 옮겨 왔다. 그녀는 기존의 '지속가능성'과 '녹색'이라는 개념을 에치에 접목시키기 위해 노력중이다.[13] 그녀는 이와 관련해 이런 말을 했다. "그런 단어들은 마케팅 담당자들이 에너지 절약처럼 사람들에게 좋은 연상작용을 일으키려고 끌어들여서 쓰는 것입니다. 그런 정신을 항상 실천하고 있지도 않으면서 마치 진정으로 지속가능한 기업인 것처

럼 말하는 걸 보면 속이 거북합니다."(14)

사실 에치는 지속가능성의 정신을 실천하는 기업이다. 물론 항상 전기를 절약하고 이산화탄소 배출을 줄인다는 의미는 아니다. 지구planet와 음식접시plate의 밀접한 관계(15)를 사람들에게 깨우쳐 준 슬로푸드 운동처럼, 대부분이 여성인 에치의 장인들은 현지 재료를 이용해 자기 제품을 만드는 경우가 많다. 그리고 버려진 재료를 업사이클upcycle 해서 한 단계 더 수준 높은 새 것을 만들어 낸다. 그렇게 하는 데 시간이 얼마가 걸리건 상관하지 않는다. 만드는 과정은 꼼꼼하며, 정성을 다한 실습과 기술을 강조한다. 그러한 과정 자체가 비인간적인 속도로 정신없이 바쁘게 돌아가는 21세기식 삶에 대한 해독제가 된다.

에치는 또한 수백만 명에 달하는 고객들에게 도처에 점포를 둔 체인점 문화에 대한 대안을 제시한다. 에치는 대형 소매상의 획일성과 그곳에서 이루어지는 쇼핑의 익명성 대신, 자족감과 자기 표현을 보장한다. 이 회사의 첫 광고물은 어떤 꼬마가 공장에 돌을 던지는 사진에다 '대량 생산을 끝내자' 는 슬로건을 담은 것이었다. 후속 판인 비전 선언은 그보다는 조금 덜 도전적이지만 그 못지않게 야심만만하다. '새로운 경제를 건설하고 보다 나은 선택을 제시한다: 수제품을 팔고 사고 생활화하자' 는 게 바로 이들이 제시한 비전이다. 뉴욕 타임스 매거진에 실린 글에서 롭 워커가 쓴 것처럼 "에치는 소비자의 책임이라는 고상한 아이디어를 이윤 동기라는 비감상적인 개념과 접목시키고 있다."(16)

에치의 수익 모델은 물건을 사는 사람들에게 달려 있다. 하지만 자신들 나름의 독특한 관점에서 그렇다는 말이다. 이들은 웹 2.0 기술을 사람들이 대형 할인점 대신 물건 제조자로부터 직접 구매하던 산업화 이전의 상거래 형태와 접목시킨다. 한 번 쓰고 버리는 대중 소비자의 라이프 스타일에 맞서 이 회사는 수공에 바탕을 둔 과거의 쇼핑 문화를 활성화하는 것으로 대응한다. '와이어드' Wired 매거진이 "쇼핑의 미래는 과거에 달려 있다"[17]고 강조한 것과 마찬가지다.

에치는 블로그와 온라인 포럼, 위키, 그리고 베테랑 장인들이 나와서 물건 만드는 방법을 가르치고 판매도 하는 온-오프라인 '랩'을 만들었다. 그리고 이를 통해 월마트의 세상에서 벗어나 좋아하는 일을 할 기회를 얻고자 하는 사람들에게 만남의 장을 마련해 주었다. 에치는 새로운 종류의 협력 모델을 만들어 가고 있다. 자기 손으로 직접 하고 싶어 하는 사람들이 모인 커뮤니티가 대형 쇼핑몰을 대신할 새로운 대안을 만들어 가는 것을 도와주면서 수익도 올리고 좋은 평판도 회사의 자산으로 쌓아가는 것이다. 이 협력적인 책임 기업의 모범사례에서 우리가 배울 게 무엇인지 좀더 깊이 알아보자.

커뮤니티가 기업이다

에치는 에치 커뮤니티의 최고 논객인 매튜 스틴치콤 같은 이들을 위해, 또한 그런 사람들의 손으로 만들어졌다. 미술을 전공한 프로 뮤지션이었던 스틴치콤은 소위 '떠돌이 세대' drifter generation에 속한다. 떠돌이 세대란 창의적이고 재능 있는 사람들이 재주와 호기심을 주체하지 못해 20~30대에 여러 다양한 경력을 섭렵하며 떠돌이 생활을 하던 것을 말한다. 롭 칼린은 에치를 창업한 뒤 한때 그래픽 디자인 사업을 같이 한 스틴치콤에게 마케팅 이사로 와달라고 부탁했다. 에치에는 진지함이 넘쳐나는데 이는 이 회사가 지구촌 전체를 포괄하는 창의적인 소기업으로 시작했기 때문일 것이다. 에치도 칼린이나 스틴치콤이 하던 회사처럼 1~2인 기업으로 독립적으로 사업하면서 다른 기업들과 연계를 갖고 싶어 했다.

스틴치콤은 당시를 이렇게 회상했다. "우리는 먹고살 궁리를 해야 하는 창조적인 전문가 커뮤니티에 속해 있었는데, 우리가 만든 작품을 팔만한 마땅한 공간이 없었어요. 에치는 순전히 예술가들을 염두에 두고 만들어졌고, 우리는 예술가들이 이 과정에 참여하기를 바랐습니다."

에치는 공동체 구성원들에게 자신들의 개성을 보여줄 공간을 마련해 주는 동시에, 점점 커지는 장인 공동체의 집단 상상력을 활용하는 재간도 있었다. 이들이 공동체의 가장 좋은 생각을 받아들이는 동시에 탁월한 한 가지 재능을 돋보이게 만드는 훌륭한 도구 가운데 하나가 바로 '트레저리' Treasury이다. 이것은 공동체의 회원이면 누구라도 사이트에 올라 있는 수많은 물품 목록 가운데서 십여 가지에 달하는 수공예품을 선택해 단일 페이지에 진열할 수 있도록 한 일일 특집이다. 예를 들어 '디자인스인파이버' DesignsInFiber라는 이름의 숍을 운영하는 어떤 화가는 여러 명의 화가들이 각자 사진, 유화, 퀼트, 모자이크 등 여러 매체로 만든 나무 이미지를 한데 모아 컬렉션을 기획했다. 시작한 지 하루만에 이 컬렉션에는 칭찬 일색의 코멘트가 쏟아져 들어왔다. (에치 회원들은 안목은 그렇게 뛰어나지 않을지 몰라도 작품에 대한 칭찬은 아끼지 않는다.) CEO인 마리아 토머스는 이렇게 평가했다. "이는 소수의 에치 종업원들이 하는 것보다는 수백만 명에 달하는 커뮤니티 회원들이 더 빨리, 그리고 더 가공되지 않은 상상력을 발휘해 컬렉션을 조직할 수 있다는 말입니다."

'트레저리'에서 '디자인스인파이버'와 같은 사업가는 한 페이지에 무엇을 실을지 취사선택하는 신문 편집자 같은 역할을 한다. 편집자가 어떤 기사를 돋보이게 실음으로써 더 많은 독자들의 눈길을 끌어들이는 것처럼 에치의 큐레이터도 어떤 수공예품을 '트레저리'에 특별 수록함으로써 더 많은 구매자를 유인할 수가 있다. 그러나 신문 편집자는 기본적으로 고위 경영진이 임명하고, 독자들의 눈에는 잘 안 보이는 존재인 반면, 에치의 큐레이터는 스스로 자청한 이들이고, 눈에 잘 띄는 존재이며, 누구나 쉽게 접근할 수 있다. 사람들은 '특집 큐레이터' 버튼을 누르면 '디자인스인파이버'의 '니트 홈 데코 제품 목록'을 비롯해, 그녀의 약력, 블로그와 트위터 사이트 주소, 그녀의 숍을 '좋아하는 숍' 목록에 올려놓은 200명이 넘는 회원 등을 한꺼번에 담은 페이지를 볼 수 있다. 3백여 만 명에 달하는 에치의 수공예가들은 저마다 사연을 갖고 있는데, 이들이 '트레저리' 같은 특집을 통해 자신의 사연을 털어놓으면, 그게 바로 돈벌이가 되는 것이다.

에치는 회원들을 더 큰 공동체에 연결시킬 뿐만 아니라, 공동체를 회사에 묶어 주어야 한다. 에치는 '스토크' Storque라는 대단히 쌍방향적이고 다층 구조의 자사 블로그를 통해 회원들과 단단히 결합되어 있다. 회사 직원들은 블로그의 '진행중인 일' Works in Progress 난에다 완성한 일, 앞으로 처리할 일 등을 업데이트해서 올린다. 토머스와 스틴치콤을 비롯한 에치의 간부들도 '토킹 숍' Talking Shop이라는 이름이 붙은 포드캐스트를 열어 커뮤니티 회원들이 생각나는 대로 올리는 질문에 답한다. 에치는 월례 '기상 보고' Weather Report를 통해 투명성의 경계를 한층 더 넓힌다. 이 '기상 보고'는 지난 30일간의 매출 관련 수치를 비롯해 꼭 필요한 시장 통계(판매된 제품 수, 페이지뷰, 신입회원)를 공개하는 곳이다. '바이브 트랙' Vibe Track이라는 공간도 있는데 상근 직원이 지키고 앉아 회원들이 트위터에 올리는 글에 직접 답장을 쓴다. 이곳에서는 또한 커뮤니티의 분위기를 직원들에게 그때그때 알려주는데 무엇이 잘 돌아가고 있는지, 그보다 더 중요한 것은 무엇이 잘 돌아가지 않는지에 대해 상세히 알린다.

당연한 말이지만 일이 항상 잘 굴러가는 것만은 아니다. 우리와 인터뷰를 하던 때도 스틴치콤은 요금청구와 관련해 일이 잘못 처리된 것 때문에 골머리를 앓았다. 판매자가 월별 판매수익금에서 회사에 지불해야 하는 최소 금액을 변경시키면서 이를 커뮤니티 회원들에게 제대로 알리지 않았던 것이다. 사전에 약속한 대로 그런 사실을 이메일로도 일체 알리지 않았고, 변경 날짜도 하필이면 토요일로 잡았다. 그래서 무슨 영문인지 모르는 사람, 변경 조치에 화가 난 사람들이 사무실로 전화를 걸어댔지만 휴일이라 전화 받는 사람이 아무도 없었다.

그는 당시 상황을 이렇게 회상했다. "커뮤니티 전체가 부글부글 끓어올라 폭발 일보 전이었어요. 그 순간에 나는 '사우스 바이 사우스웨스트' south by southwest 컨퍼런스에 참석해 투명성과 의사소통의 중요성에 대해 연설을 하고 있었습니다. 연설을 듣는 청중들 가운데 우리 사이트를 방문한 사람이 아무도 없기를 간절히 바랄 뿐이었지요. 한마디로 사이트 전체가 혼란에 빠져 있었기 때문입니다."

이런 재앙에 가까운 일을 당하고 난 뒤 스틴치콤을 비롯한 에치닷컴의 간부들은 회사가 커뮤니티 회원들과 한데 어울리기 위해 쓰는 메커니즘의 다양성을 좀더 끌어올려야겠다고 생각했다. 정기적으로 업데이트를 하고, 포드캐스트, '기상 보고'로도 커뮤니티 회원들에게 일체감을 느끼게 할 수 없다면, 경영진이 에치의 사용자 포럼에서 사람들과 더 많은 대면 시간을 가져야 할 것 같았다. 간부들은 협력적인 애치닷컴이 커뮤니티의 집단 재능을 이끌어내 이득을 보기 위해서는 더 많은 채널을 가동해 지속적인 대화를 갖는 게 최선이라고 생각했다.

판매자를 돕는 시장

에치의 창업자들은 판매자가 성공해야 회사도 성공한다는 것을 처음부터 알았다. DIY족들은 만약에 에치가 자신들의 소小브랜드를 돋보이게 해주지는 않고, 그들이 가진 진취성과 독창성을 이용해 회사의 이익만 챙기려한다는 생각이 들면 곧바로 사이트를 떠날 것이다. 에치가 사업을 키우려면 판매자의 사업부터 잘 되도록 해주어야 한다. 전문 장인들에게 다른 어떤 곳보다도 더 많은 질 좋은 구매자를 유인할 수 있는 도구와 기술을 제공해 줌으로써 그들이 자기 시장을 구축해 가도록 도와야 한다는 말이다.

에치는 현실 세상에서 독립 사업가들을 위한 비즈니스 콜로키엄과 비슷한 면이 있다. 회사는 일주일에 세 번 온라인 초보자를 위한 '뉴비챗' Newbie Chat을 연다. 여기서 초보 회원들은 직원이나 베테랑 기업가들로부터 소중한 조언을 얻을 수 있다. '스토크'에서는 가격 책정과 관련된 강의나 재고 관리를 위한 스프레드시트도 제공된다. '에치 포럼'을 통해서는 동료들끼리의 교육도 숱하게 이루어진다. 여기서 에치 사람들은 소기업 운영에 대해 시시콜콜한 데까지 낱낱이 토론하고(예를 들어 '판매가 잘 되다가 갑자기 추락하면 어떻게 하나?' 등), 작품을 만들고 홍보하는 방법에 대한 조언을 서로 나누고('제품 사진을 잘 찍는 방법?' - '내가 알고 있어요!' 등), 각자의 가상 점포에 대해 서로 비판을 주고받기도 한다. 어떤 장인이 '우리 가게 매출을 올릴 방법을 한 가지만 말해 달라'는 글을 올리자 1300여 개의 답글이 붙기도 했다. 이례적인 일이 아니다. 한마디로 에치는 이런 여러 장치들을 통해 현명한 방법으로 '공급업자들'을 교육시키는데, 이들이 바로 다음 세대를 이을 소규모 제조업자들인 것이다.

에치에는 장인들을 위한 다단계 지원 그룹도 있는데 이들을 통해 회사는 커뮤니티에 참여하는 도구를 제공한다. 그 가운데 가장 대표적인 것이 바로 '에치 팀' Etsy Teams 인데, 공동으로 이용하는 장소나 기능을 중심으로 조직된 500여 개의 판매자 집단을 상대로 기술, 지침, 워크샵을 제공하는 온라인 지역이다. 판매자 집단 가운데 예를 하나 들자면,

'에치 후커스' Etsy Hookers는 코바늘 뜨개질에 열심인 수십 명의 장인들로 이뤄진 팀이다. DIY 사업은 자유롭지만 다른 편으로는 외롭기도 한 일이다. 소규모 제조업자가 팀에 소속되면 자기와 비슷한 일에 종사하는 이들이 하고 싶어 하는 일을 하기가 한결 쉬워진다. 인연을 맺고, 잡담하고, 의견을 주고받고, 불만을 토로하고, 나누고, 뽐내고, 격려하고, 만들고, 배우는 일을 함께 할 수 있다. 이렇게 해서 에치는 다음과 같은 결론에 도달했다. 그것은 바로 가능한 한 많은 신참 사업가들에게 기술을 전파시켜 주는 것은 물론이고, 가능한 한 많은 판매자들끼리 서로 관계를 맺을 수 있도록 격려하고 도움을 주자는 것이다.

커뮤니티와 함께

에치는 대량협력무기(WMC)weapons for mass collaboration, 다시 말해 집단 협력에 필요한 일반적인 무기는 모두 확보하고 있다. 온라인 사업이다 보니 우선 광범위한 사회적 네트워크를 구축하고 있다. 에치에서 팔리는 것은 모두 커뮤니티에서 나온다. 그러나 에치의 가장 효과적인 무기는 모든 책임 있는 기업들이 간절히 개발하고 싶어 하는 것이다. 그것은 기본적이면서도 요란스럽지 않은 핵심 능력, 다시 말해 신뢰라는 것이다.

에치는 신뢰를 통해 커뮤니티 회원들이 스스로를 관리하도록 했다. 이곳에는 네트워크 전체를 감독하는 우두머리도 없고, 업무를 할당하고 무한에 가까운 사이트의 컬렉션을 기획하는 기획조정실 같은 것도 없다. 사실상 회사가 사업 모델을 통째로 판매자들에게 맡기는 것이다. 만약 장인들이 자신의 창의성으로 에치의 성장 엔진을 계속 가동시키지 않으면 기업 매출은 가라앉고 말 것이다. 그들이 만드는 수제품이 곧 에치의 판매물품 목록이다. 반면에 회원들은 에치가 커뮤니티에 충실하고, 커뮤니티가 표방하는 가치, 다시 말해 옳은 일을 하자는 가치에 충실하리라고 믿는다. 에치는 개방성과 접근성을 높이는 노력을 통해 신뢰를 쌓았다. 회원들은 회사 경영진에게 불만을 토로하고 싶으면 쉽게 그렇게 할 수 있다. 회사의 피드백 메커니즘은 '스토크'나 '에치 포럼'만 있는 게 아니다. 스틴치콤을 비롯한 경영진은 매주 온라인 '업무 시간'을 갖는데, 이때 장인들은 사이트에 대해 궁금한 것이 있으면 얼마든지 물어 볼 수 있다.

스틴치콤은 이렇게 말했다. "회원들은 우리 사업의 진정한 파트너들입니다. 우리는 에치 브랜드가 수만 개의 작은 브랜드로 이루어져 있다는 생각을 항상 하고 있습니다. 우리는 소규모로 남아 있음으로써 크게 성장하고 싶습니다. 개인 생산자들에게 초점을 맞춤으로써 회사를 키워 나가겠다는 말입니다."

에치는 현재 특별한 것에 대한 사람들의 채워지지 않는 갈망을 어떤 식으로 활용할 수 있을지에 대해 다양한 실험을 하고 있다. 반 세대 이상 사람들은 디지털 주문제작에 익숙해 있었다. 티보Tivo로 TV 오락프로를 즐겼고, 아이팟으로 음악을 들으며, 플리커 커뮤니티로 경험을 서로 공유해 왔다.[18] 우리는 주문제작한 시계에서 자동차, PC, 기타에 이르기까지 세상 모든 것에 개인의 발자국을 남김으로써 개인의 심미안을 물리적인 세상에 나타낸다. 에치는 소비자와 장인들이 쉽게 공동 작업을 하도록 만들어 줌으로써, 독특하고 특별한 것을 찾는 사람들의 욕구를 활용한다. '연금술'Alchemy이라는 이름의 서비스도 운용 중인데, 이곳에서는 소비자가 색다른 맞춤 물품을 주문할 수 있다. 예를 들어 웨딩드레스, 커프스 단추, 콧수염 기른 사람들을 위한 콧수염 컵을 주문하고, 지불 희망 가격도 함께 올린다. 이걸 보고 장인들이 제작 제안을 하고 낙찰을 받는다.

'연금술' 서비스를 통해 에치는 소비자를 공동 창조자로 탈바꿈시켰다. 고객들은 이 사이트를 창작의 공유지로 생각한다. 여기서 아이디어를 서로 교환하고, 디자인에 대한 비평을 하며, 장인들과 관계를 맺고, 즐긴다. 가장 중요한 것은 그들이 물건을 구매한다는 점이다. '연금술' 덕분에 기업은 예비 고객인 포커스 그룹을 통해 실험과 리서치를 하는 성가신 의무감에서 풀려났다. 에치는 최고의 제품 혁신이 반드시 R&D 연구소에서 나오는 게 아니라는 사실을 알고 있다. 혁신적인 아이디어는 실제로 제품을 고안하고, 그 물건을 사는 소비자들로부터 나온다는 것이다.

영감과 가르침의 결합

터커씨 부부의 경우를 보자. '스토크'에 가면 그들이 만든 '수제 초상화' 비디오가 있다. 그랜드마 모지스(76세에 작품 활동을 시작한 미국의 국민화가)의 그림에서 금방 뛰어나온 듯한 모습의 로빈과 케이티 터커 부부는 대부분의 시간을 미주리 주 북부 구릉지대에서 자급자족하며 살고 있다. 그들은 수동 펌프로 물을 긷고, 직접 기르는 염소와 닭을 잡아 고기를 얻는다. 로빈은 세계적인 수공예가로서 페달로 작동하는 테이블톱으로 발트해의 자작나무, 퍼플하트를 비롯한 여러 이국적인 목재를 다이아몬드 모양으로 자르고 무늬를 새겨 회전 쟁반과 혼수 상자를 만들었다. 부부는 자기들이 만든 '목재 모자이크'를 랩탑 컴퓨터와 초고속 인터넷을 통해 접속한 에치와 마이스페이스, 유투브 같은 사회적 네트워크 사이트에서 판매한다. 컴퓨터와 시골집은 어쩐지 잘 어울리지 않을 것 같지만, 디지털이 주도하는 터커 부부의 전원적인 삶은 아주 자연스럽다. 로빈은 "도시에서 일하면 돈은 더 벌겠지만, 나는 아름다운 것들을 만들면서 더 많은 즐거움을 누리고 있다"고 말한다.

에치에 올라 있는 터커 부부의 작품 프로필을 보고 커뮤니티 회원들이 70개가 넘는 코멘트를 보냈다. 대체적인 반응은 '매우 인상적이다!'는 것이다. 터커 부부의 소박한 삶은 많은 사람들이 살고 있는 얽매인 삶의 방식에서 벗어나 자급자족하는 삶을 사는 것이 쉽진 않지만, 분명히 가능하다는 것을 보여준다. 따라서 에치에서는 수제품뿐 아니라 자유도 파는 셈이다.

많은 회사가 급여를 깎고 일시 해고를 단행하며 '머릿수'를 줄이는 때에 에치는 창의적인 사람들에게 꼬박꼬박 출퇴근 하는 삶이 주는 불확실성과 획일성으로부터 탈출할 희망을 안겨 준다. 수제 초상화 비디오에 깔려 있는 이런 희망은 '스토크'에 올라 있는 '낮일을 그만두자' 시리즈에 분명하게 표현되어 있다. 이 시리즈는 매일 카힐리 크리에이션즈의 마샤 X 같은 예술가들을 초청해 질의응답 시간을 갖는다. 마샤 X는 에치에서 하는 보석 사업이 잘되자 '파워포인트 발표와 회의'의 연속인 회사 생활을 그만두고 '그토록 꿈에 그리던 직업'을 처음으로 시작하게 되었다. 이런 특징이야말로 정말 에치다운 것이다. 사람들로 하여금 더 큰 도약을 할 수 있도록 여러 모델과 멘토를 제공해서 돕는 역할을 하는 게 바로 에치다. 한마디로 영감과 가르침의 결합인 셈이다.

에치는 기업가적인 열정과 현실의 교차점에 현명하게 자리를 잡았다. 쉬운 일은 아니었다. '낮일을 그만두자'가 출퇴근 생활을 그만두라고 유혹하긴 하지만, '포춘 스몰 비즈니스'Fortune Small Business에서 에치의 대변인이 밝힌 바에 따르면, "대부분의 판매자들이 이 사이트를 부차적인 수입의 원천으로 삼고 있다"[19]고 한다. 하고 싶은 일을 하며 살 수 있다면 가장 이상적일 테지만, 예술가들도 호락호락하지 않은 상거래 현실을 무시할 수는 없다. 에치는 사람들이 흑자를 내는 데 도움이 될 갖가지 도구와 커넥션을 제공하지만 소비자 구매욕을 자극하는 것은 어디까지나 판매자의 몫이다.

대형 체인점 문화를 거부하는 자급자족형의 분위기가 에치를 둘러싸고 있기는 하지만, 에치는 이 독립적인 기업가들이 자본주의 시스템에 반기를 드는 것은 아니라는 사실을 잘 안다. 그들은 그저 인습을 타파하는 자신들의 독특한 도장을 시스템에 찍으려는 것뿐이다. 그들 가운데 많은 수가 성공한다면 에치는 스스로 선언한 다음과 같은 사명을 이루게 되는 것이다. '사람들에게 힘을 실어 주어 세계 경제를 변화시켜 나가자. 한 번에 한 사람, 한 공동체씩.'

명심해야 할 교훈들

사회적 네트워킹은 당연히 예측 불가한 것이다. 하지만 아마도 웹 3.0 시대에는 웹 2.0 기업들 가운데 살아남을 곳은 거의 없을 것이다. 에치는 아직 얼마 되지 않은 기업이지만 아트파이어ArtFire, 다완다DaWanda와 같은 힘차게 성장하는 신흥 기업의 희생양이 될 수도 있고, 이베이나 아마존의 먹이가 될 수도 있을 것이다. 에치도 나름대로 성장통을 이겨내 왔다. 고객 서비스가 좋지 않고, 사이트가 판매자가 사용하기 쉽지 않다는 불평도 많이 들었다. 안티 블로그인 에치비치Etsybitch가 생겨나기도 했다. 에치의 미래가 어떻게 될지는 장담할 수 없다. 하지만 에치가 지금까지 발전해 온 과정만 봐도 우리는 소비자와 협력하면 진정으로 책임 있는 기업이 될 수 있다는 값진 교훈을 얻게 된다. 회사 이름 뒤에 굳이 닷컴이 붙지 않아도 된다.

인간적인 혁신이 사람을 끌어들인다

에치의 성공은 '촉각의 부활'과 때를 같이 한다. 많은 경우 직장생활의 대부분은 컴퓨터 앞에 앉아 자판을 두드리고, 메시지 보내는 일로 채

워진다. 그 메시지들은 대부분 지정 수취인만 받아보고, 다른 사람은 그런 게 있는지도 모른다. 에치는 이러한 전자 일터의 익명성에 해독제를 제시한다. 직접 손에 흙을 묻히고, 대단히 인간적이고, 손으로 만질 수 있는 확실한 물건을 만들어내고 싶어 하는 우리의 본능을 이용하는 것이다. 스틴치콤은 이렇게 설명한다. "아마도 에치에서 활동하는 사람들의 4분의 1 정도는 판매에 관심도 없을 것이다. 단지 자기들이 만든 것을 타인에게 보여주고, 마음을 나누고 싶어서 그러는 것일 뿐이다."

자신의 이야기를 통해 관계를 맺는다

마리아 토머스는 이를 '의미 있는 것을 찾아 탈출하기' 라고 말한다. 증시 투자자들이 경기 하강기에 '우량 주식' 으로 몰려들 듯이 사람들은 경제 붕괴와 그 뒤에 이어지는 사회적인 격동기에 '의미 있는 것' 을 추구한다. 사람들은 종종 그 의미를 자신들이 맺고 있는 개인적인 관계에서 찾는데, 주로 이야기를 통해 맺어지는 경우가 많다. 에치의 경우도 마찬가지다. '판지로 만든 사슴 머리', '재생 널빤지에 그린 성조기', '배드 걸즈 콜라주' 등등 에치에 올라오는 것은 모두 사연이 있다. 만드는 과정과 만든 사람에 대한 이야기이다. 사람들은 만든 사람의 이력과 경험이 아로새겨진 물건에 목말라 한다. 그렇기 때문에 에치는 기회 있을 때마다 비디오, 포드캐스트, 블로그를 비롯한 여러 경로를 통해 만든 사람들에게 자신의 이야기를 할 기회를 주려고 한다. 미주리 주 시골에서 DIY 인생을 찾아낸 로빈과 케이티 터커 부부의 비디오 파일은 에치의 판매자들에겐 영감을 주었고 구매자들에게는 의미를 안겨 주었다.

대화를 넓히고 커뮤니티를 만든다

에치는 이스탄불에 있는 전통시장 그랜드 바자의 가상 버전이라고 할 만하다. 그랜드 바자에서는 사람들이 미로처럼 길게 늘어앉아 각자 자신의 판매대에서 일하지만, 서로 친근하게 지내고, 경쟁하는 사이라도 서로 돕는다. 구매자들은 대부분 단골 상인을 찾고, 모든 거래는 대화로 시작된다.

에치 스토크의 메인 쇼케이스

기업과 기업의 협력: 나이키와 크리에이티브 커먼스

선 마이크로시스템의 공동 창립자 빌 조이가 고안한 '조이의 법칙'은 한편으론 경영인들을 좌절하게 만들 것이다. '여러분이 누구이건 아주 영리한 사람들 대부분은 남을 위해 일한다.' 이게 바로 조이의 법칙이다. 하지만 인터넷의 등장으로 이제 어떤 기업이건 인터넷을 이용하는 16억 명의 사람들과 서로 연결하고 협력하는 일이 가능하게 되었다.

문제는 대부분의 기업들이 전 세계에 퍼져 있는 두뇌 파워를 이용할 준비가 안 되어 있다는 것이다. 기업들은 지금도 회의 중심의 협력 모델에 따라 조직되어 있다. 소그룹이 온라인에서 서로 모이거나, 오프라인에서 직접 모일 뿐이고, 정보의 흐름은 철저히 통제된다. 크리에이티브 커먼스Creative Commons의 과학 부문 부회장인 존 윌뱅크스는 "기업이 자원 소비를 줄이고, 지속가능성을 달성하는 데 네트워크의 힘을 이용하지 않고 있다"[20]고 지적했다. 네트워크를 통한 협력을 증진시키는 일에 몰두하고 있는 비영리 기구인 크리에이티브 커먼스는 이런 안타까운 상황을 뒤바꾸고자 한다.

2009년에 크리에이티브 커먼스는 나이키, 베스트 바이Best Buy와 제휴해 지속가능성과 관련된 문제점들을 이겨낼 혁신 작업에 협력하기 위한 공개 온라인 플랫폼 개발에 뜻을 모았다. '그린X체인지' GreenXchange라는 이름의 이 플랫폼은 단순하지만 강력한 전제에 따라 운영된다. 획기적인 지속가능성 혁신은 여러 사람이 서로 공유할 때 더 향상된다는 것이다. '내처럴 패스' Natural Path의 블로거인 아그네스 마저는 이렇게 강조했다. "만약 그린X체인지가 지적 재산의 이용에 대해, 그리고 아이디어를 공유함으로써 얻는 장점에 대해 우리가 가진 생각을 바꾼다면 지속가능성에 대한 우리의 생각은 진정으로 협력적인 차원으로 높아질 것이다."[21]

'그린X체인지'는 아직 초기 단계이기는 하지만, 크리에이티브 커먼스의 개별적이고, 자발적인 저작권과 표준 규약을 이용해 기업들이 더 쉽고, 더 값싸고, 더 신속하게 특허권을 이용하고, 연구 협력하고, 실무진을 구성해 산업 전반의 문제점을 개선하는 일에 나서도록 만들겠다는 목표를 가지고 있다. 특허권 소유자들은 사용 약정서를 만들어, 기업들이 데이터를 이용하려면 먼저 계약을 체결토록 요구한다. 과민한 기업들은 자기네가 만든 연구 결과를 경쟁자들에게 감추려고 할지 모른다. 하지만 모든 특허권 보유자는 자신의 지적 재산권을 사용하는 데 비용을 부과하고, 이를 통해 새로운 수익원을 창출한다.

투명성을 받아들여, 힘들게 얻은 지식을 나누어 준다는 것은 선뜻 내키지 않는 일이다. 기업은 항상 자신의 특허권을 보호해 왔다. 하지만 '그린X체인지'는 기업들에게 특허권을 개방시키라고 권한다. 나이키의 기업 책임 지평 담당 경영자인 새라 세번은 그 이유를 이렇게 설명한다.

■**모르는 게 무엇인지 파악** 세번은 이렇게 말했다. '나이키는 '녹색 고무'와 관련된 훌륭한 특허를 갖고 있습니다. 고무 관련 제품을 제조할 때 나오는 유독성 화학물질 여섯 가지 가운데 다섯 가지를 제거하는 기술이지요. 그런데 이 특허기술을 향상시켜 줄 학자들이 외부에 없을까요? '그린X체인지'가 그들을 찾는 데 도움을 줄 수 있지 않겠습니까?'

■**변두리에서 아이디어가 나온다** "크리에이티브 커먼스는 우리에겐 흔치 않은 제휴 상대입니다. 이 단체는 사회사업가와 벤처자본가들을 참여시키는데, 우리가 흔히 해법을 찾는 곳에서 보면 변두리에 있는 사람들이지요. 덕분에 우리는 다른 차원의 영감을 얻게 될 수도 있을 것입니다."

■**협력으로 경쟁력을 키운다** "협력함으로써 혁신의 앞줄에 설 수 있습니다. 내부 R&D팀이 만들어내는 것보다도 훨씬 더 많은 아이디어를 접할 수 있게 됩니다. 나이키에도 똑똑한 사람이 많지만, 그건 회사 바깥에 있는 사람들을 합친 것의 절반에도 못 미치지요."

■**모두 한 배를 탔다** "사업하는 우리 모두 그동안 우리가 아는 것은 우리끼리만 간직하라고 배워 왔습니다. 하지만 이런 태도로는 기업이 지속가능성과 관련해 필요한 만큼 속도를 내지 못합니다. 내가 15년 동안 이 일을 하는 동안 지구촌 인구는 두 배가 되었습니다. 기업들은 이제 천연자원이든 지적자원이든 막론하고 자원을 서로 공유하는 일에 익숙해져야만 합니다."

에치는 대단히 쌍방향적인 커뮤니티를 구축하기 위해 쉬지 않고 노력해 왔다. 그것은 직원, 판매자, 구매자가 모두 동맹관계를 맺고, 아이디어를 교환하고, 창작물을 비판하고, 통찰을 나누고, 자원자를 고용하고, 좋은 물건을 맞교환하고, 서로간의 대화가 점점 더 풍성해지는 커뮤니티이다.

그랜드 바자를 가로지르는 구불구불한 좁은 골목길처럼 에치는 수많은 의사소통의 경로들 때문에 넓고 친숙한 곳 같은 느낌을 준다. 소통하는 범위는 전 세계적이지만, 그 안에서 이루어지는 개별적인 관계는 동네 시장 같은 분위기이다. 쇼핑객이 생산자와 밀접한 관련을 맺고, 그들이 물건을 만드는 과정에 숨은 뒷이야기를 들을 수 있도록 해준다. 그렇게 하다 보니 에치는 또 다른 욕심을 갖지 않을 수 없게 되었다. 그것은 바로 사람들에게 자신들이 진정으로 가치 있다고 여기는 것이 무엇인지 깨닫게 해주고, 그렇게 해서 그들을 완전히 깨어 있는 소비자가 되는 데 한발 더 다가서도록 해주는 것이다.

협력을 위한 사용자 가이드: IBM

협력적인 기업 모델은 에치나 쓰레드리스 같은 웹 2.0 기업이나 사회운동가들, 워킹애셋 같은 하이브리드 영리 기업의 전유물이 아니다. 다국적 거대 기업 역시 시장 구축을 위해서, 그리고 어려운 사회적, 환경적 문제들을 해결하기 위해서 대중들에게 의지한다. IBM은 2004년부터 '글로벌 혁신 전망(GIO)' Global Innovation Outlook을 통해 회사의 기술과 사업 예측 과정을 외부 전문가들에게 공개하고 있다. 세계에서 가장 명석한 두뇌들을 동원해 지구촌의 어려운 문제를 해결하려는 야심찬 계획이다. 그 난제들이란 보건의료, 아프리카 경제개발, 지구 기후변화, 안보, 사회 등 다양한 이슈를 포괄한다.

그동안 IBM은 일반 대중뿐 아니라 엘리트 집단으로 부를 수 있는 사람들로부터도 도움을 이끌어냄으로써 협력을 통한 혁신에 큰 인상을 남겼다. GIO는 기업, 정부, 학계의 최고 이론가들을 초청해 모임을 꾸려 가는데, 지금까지 75회 이상 GIO 포럼이 열렸다. 이를 통해 수십여 개국 수천여 명의 선도적 사상가들이 한데 모여 새로운 관계를 맺고, 실무계획에 착수하고, 수많은 아이디어를 쏟아냈다.

다음은 주요 사례들이다. 2008년 가을 몇 개월간 GIO에는 코카콜라 엔터프라이즈, 프린스턴대, 미국해양대기관리청 등 다양한 조직의 대표적인 전문가와 영향력 있는 인물들이 모였다. 이들은 애틀랜타, 암스테르담, 두바이, 싱가포르 등 일곱 군데의 국제도시에서 만났다. 이들은 하루를 함께 보내며 모든 종種의 생존에 가장 중요한 한 가지 천연자원에 대해 연구했다. 그건 바로 물이었다.

IBM은 세계 유수의 테크놀로지 기업이지만 물과 대양에 대한 아이디어를 모으는 GIO 회의는 지극히 아날로그적이었다. 빅 블루 IBM이 소개한 바에 의하면 한번씩 '크게 잠수'할 때마다 20명이 넘는 혁신가들이 랩탑도 휴대폰도 없이 회의 테이블에 둘러서서 대화했다. 이들은 방대하지만 유한한 지구의 물 자원을 현명하게 사용하기 위한 전략을 놓고 솔직하고 자유로운 대화를 나누었다. GIO 포럼의 목적은 해답을 구하는 게 아니라, 물과 대양의 미래와 관련해 좀더 앞선 사고의 물꼬를 터줄 어려운 질문을 던지는 것이었다. 예를 들면 이런 질문들이다. 물 관리에 혁신을 촉진시킬 기회로는 어떤 게 있을까? 물, 음식, 에너지 생산 사이에는 어떤 상관관계가 있는가? 지속가능한 물 공급을 확보하기 위해 민간 부문이 할 수 있는 일은 무엇인가?(22)

IBM이 후원하지만 이들 모임은 모두 오픈 소스 모델에 따라 운영된다. 대화를 통해 제기되는 아이디어는 원하는 사람이면 누구나 다 이용할 수 있다. IBM은 물론 이 회의를 통해 얻는 게 있다. 다양한 파트너들을 접할 뿐만 아니라, 그들의 머리 속에 들어 있는 최상의 아이디어들을 끄집어내서 예측과 전략계획 수립에 도움을 받는다는 점에서 그렇다. 물과 대양을 주제로 한 GIO 모임이 있은 지 몇 달 뒤에, IBM이 공익시설이나 기업들이 물 공급을 보다 원활하게 하도록 도와주는 새로운 스마트 서비스와 기술을 선보인 것은 우연의 일치가 아니다. IBM은 물 서비스와 관련된 시장이 5년 내에 200억 달러 규모가 될 것이라고 예측했다.(23)

IBM은 지구의 가장 소중한 자원인 물에 대한 생각이 잘못되어 있고, 잘못 관리되고 있다고 믿는다. 그래서 IBM 스스로 이와 관련된 조치를 하려고 하며, 사회가 나서서 조치를 취하도록 도우려고 한다. 그래서 IBM은 물 포럼에 관한 상세한 보고서를 발간하고, 참석자들이 대화를 계속해 나갈 수 있도록 인맥 사이트인 '링크드인' LinkedIn에다 'GIO 그룹'을 개설했다. 또한 다양한 주제로 GIO 보고서를 만들어 전 세계 기업, 대학, 정책 결정가들에게 25만 부 이상 배포했다.

IBM 회장이자 최고경영자인 샘 팔미사노는 사명의 핵심이 되는 부분, 다시 말해 세상에 이익이 되는 혁신을 점화하는 데 최선의 방법은 상호학습과 협력이라고 확고하게 믿고 있다. 그는 '글로벌 혁신전망 2.0' 서문에서 이렇게 강조했다. "우리가 함께 하는 일들은 세상을 의미 있고 지속가능한 방식으로 변화시킨다. 나는 여러분이 여기서 도발적인 아이디어를 찾아내고… 그렇게 얻은 아이디어들을 더 발전시키고, 자기 것

으로 만들어 가기 바란다."(24)

소규모 팀으로 수백 명의 머리를 한데 모으기

혁신가가 되어 회사를 더 협력하는 방향으로 끌고가려는 사람들은 극복하기 힘든 어려움에 직면하게 될 것이다. 혁신을 추구하는 기업이 어떻게 해야 외부 협력자들을 끌어들여 공들여 만든 전략을 수행하는 데 도움을 받을 수 있을까? GIO 같은 의욕적인 기구는 어떻게 해서 만들 수 있을까? 그 실마리는 소수의 사람들이 주도해서 풀었다. IBM처럼 기업 내부에 뛰어난 두뇌가 넘쳐나는 조직도 외부인을 끌어들이면 이득을 볼 수 있을 것이라고 생각한 소수 사람들이 앞장서서 이를 관철시켰던 것이다.

다국적 기업들의 일반적인 특성인 좁은 칸막이 안에서 일하는 사람들에겐 협력 작업에 필요한 과감한 변화는 기대하기 힘든 경우가 많다. 하지만 2003년에 데이비드 욘을 비롯해 그와 의기투합한 동료 몇 명은 그런 변화를 택했다. IBM의 기업 커뮤니케이션 부사장이던 욘은 회사의 이윤동기와 가치동기를 더 잘 일치시킬 수 있는 기회가 분명히 있다고 판단했다. 가장 똑똑한 집단 가운데 하나인 IBM 사람들의 집단 지혜로부터 아이디어를 얻는 과정에서 영감을 얻은 것이다.

2003년에 타이코, 월드컴, 엔론의 스캔들이 이들 기업이 내세우던 '가치'를 조롱거리로 만들던 시기에 팔미사노는 IBM을 목적을 추구하는 조직으로 만들기 위한 노력을 배가했다. IBM 문화의 핵심에는 80년 넘게 다음과 같은 기본적인 신념이 공유되고 있었다. 개인의 존엄성과 권리에 대한 존중, 탁월함을 추구하는 노력, 뛰어난 고객 서비스가 바로 그것이었다.(25) 하지만 1990년대 초반에 성장이 눈에 띄게 둔화되고, 빠른 속도로 진행되는 업종 내부의 변화를 따라잡지 못해 사지로 내몰리는 경험을 하면서, 회사의 우선순위는 목적 추구에서 성과의 규모를 적정 수준으로 조정하는 쪽으로 옮겨 갔다. IBM의 전 회장 토머스 왓슨이 쓴 글에 따르면 팔미사노는 '기술적인 자원이나 경제적인 자원보다는 조직의 기본 철학, 정신, 힘의 원천이 성과와의 관련성이 훨씬 더 크다는 것을 알았기 때문에' (26) 목적을 최우선으로 하는 회사의 정신을 되살리기로 했다.

팔미사노는 회사의 명령으로 강제 부과된 기업 가치는 아무런 의미를 갖지 못한다는 사실을 알았다. 가치는 진정한 곳, 다시 말해 IBM 사람들로부터 나오는 것이어야 했다. 그는 자신이 책임진 기업 커뮤니케이션 팀으로 하여금 회사의 글로벌 조직 전반에 걸쳐 사람들과 대화하고, 21세기에 IBM을 이끌 기본 신념이 무엇인지 찾아내도록 시켰다. 이 계획의 이름은 '가치 잼' Values Jam이었다.

IBM은 이전에도 이런 '잼' 계획을 가동한 적이 여러 번 있었다. 2001년에는 새로운 사업 기회를 찾아내기 위한 대규모 온라인 브레인스토밍 회의를 열었다. 이듬해는 경영혁신 아이디어를 발굴하기 위한 계획을 가동했다. IBM 만한 규모의 기업이 오픈 소스를 통해 회사가 추구하는 가치를 모색한 사례는 과거에 없었던 것 같다. IBM은 온라인 타운 홀 미팅을 시작해 전 세계 곳곳에서 일하는 글로벌 직원 모두가 참여토록 했다. 수천 여 명의 참가자들은 사흘 동안 "여러분이 본 IBM 최고의 시절은 언제였나?" "IBM이 하룻밤 새 사라진다면 세상은 어떻게 변할까?" 같은 질문을 놓고 난상토론을 벌였다. 수많은 답변이 쏟아졌다. 사람들은 IBM의 주류 두뇌가 1960년대 인류의 달 착륙을 도왔다는 점을 상기했다. 회사의 IT 인력 덕분에 9.11 테러 이후 72시간 만에 월스트리트가 제대로 돌아갈 수 있었던 점도 기억해냈다. IBM이 개발한 첨단 모델링 기술 덕분에 지금은 초기 유방암을 쉽게 발견할 수 있게 되어 수천여 명의 목숨을 구하고 있다는 사실도 화제에 올랐다.

'가치 잼'이 끝날 때 IBM 사람들은 자기들이 하는 행동이 세 가지 핵심 가치에 따라 이루어져야 한다는 결론에 도달했다. 그 가운데 하나는 '회사에도 세상에도 중요한 것은 혁신'이라는 것이었다. 욘은 이렇게 말했다. "사람들은 회사에만 이익이 되는 혁신에는 관심이 없었습니다. 우리가 하는 혁신이 사람들의 삶을 향상시키는 데도 도움이 되기를 바랐어요."(27)

IBM이 회사의 새로운 가치를 발표한 이튿날 3000여 명의 직원들이 팔미사노에게 편지를 썼다. 욘은 그 메일을 일일이 다 읽었는데 내용 모두가 엄청나게 긍정적인 것이었다. 사람들은 그 가치들 때문에 이제 자신이 회사에 몸담고 있는 이유를 찾았다고 썼다. 남다른 일을 하기 때문이라는 것이었다. 새로운 가치 선언이 회사 안 깊숙이 묻혀 있던 자부심을 다시 일깨운 것이었다.

그러나 이처럼 좋은 반응에는 경고도 함께 따라왔다. 보내온 메일의 3분의 2 가량이 새로운 가치에 부응하기 위해서는 IBM이 해야 할 일이 많다고 일러주었다. 기분 좋은 이야기를 광고하고 싶은 PR 본능을 억누르고 욘은 미사여구와 IBM에서 벌어지는 일상 사이의 격차를 좁힐 방법을 찾아 나섰다. 그는 빅 블루 IBM의 문화를 변화시킬 프로그램을 내놓아 IBM 사람들 모두에게 진정으로 '세상을 위해' 혁신한다는 느낌을 안겨 주어야 할 것 같은 의무감을 느꼈다. 그러나 PR 담당 간부 혼자서 어떻게 그런 도전을 감당할 수 있겠는가?

욘은 동료인 에드 비번, 마크 해리스와 팀을 이뤄 답을 찾기 위한 브레인스토밍을 했다. 이들이 붙잡은 화두는 '세상과의 협력'이었다. 그들은 숱한 막다른 골목과 마주치고 되돌아오기를 반복하며 많은 시간을 보냈다. 그러던 어느 날 IBM의 최고 혁신 및 기술 담당 책임자인 닉 도노프리오와 복도에서 대화하다가 섬광처럼 한 가지 아이디어가 떠올랐다. 도노프리오는 '글로벌 기술 전망(GTO)' Global Technology Outlook이라는 연례 최고 경영진 회의에서 막 돌아오는 길이었다. 향후 10년간의 하이테크 발전을 예측하는 회의였다. 욘이 회의가 어땠느냐고 묻자 도노프리오는 "우리는 지금 눈앞에서 벌어지는 일들이 기업과 사회에 어떤 의미를 갖는지 제대로 모른다"고 답했다.

욘은 도노프리오가 말한 문제점을 비번과 해리스에게 말했다. GTO의 기본 구성을 그대로 빌려와 IBM에 적용해 보면 어떨까? 기술 혁신이 기업과 사회에 가장 큰 이익이 되는 방향으로 작용하게 하려면 어떻게 해야 할지에 대해 솔직한 대화를 나눠 보면 어떨까? 내부에서만 이야기할 게 아니라 다른 기업이나 학계, 정부, NGO의 똑똑한 이들도 참여시키면 좋을 것이라는 생각이 들었다.

불과 한 시간 만에 세 사람은 IBM '글로벌 혁신 전망(GIO)' 프로그램의 기본 틀을 만들어냈다. 어려운 지구촌의 문제들과 정면으로 맞서 획기적인 혁신의 기회를 탐색해 보는 오픈 소스 계획과 닮은 것이었다. IBM은 이미 리눅스에 10억 달러를 투자하고 있었다. 욘과 동료들은 이것 역시 오픈 소스가 혁신의 의미를 재규정하고, 빅 블루의 전략과 문화의 핵심 부분이 되고 있음을 보여주는 것이라고 생각했다. 그들은 리눅스에서 모델을 빌려왔다. 혁신 전망을 위한 노력이 더 개방적이고, 글로벌하며, 여러 분야를 포괄하고, 협동적이고, 그리고 재미있도록 만들자는 것이었다.

GIO가 출범된 지 다섯 달 만인 2004년 말에 IBM은 최우수고객 300명에게 초기 단계에서 얻은 결과를 발표했다. 청중들도 무대 위의 참석자와 함께 곧바로 아이디어를 쏟아냈다. 팔미사노는 원래 연설할 계획이 없었지만 참지 못하고 벌떡 일어나 그 회의장에서 나온 최우수 아이디어 다섯 개에 대해 IBM이 재정 지원과 연구 지원을 하겠다고 약속했다.

이제 네 번째 세대에 접어든 GIO는 최근 '세컨드 라이프'에 불쑥 나타났다. 그곳에서 참여자들은 도시의 미래를 탐험할 '인월드'inworld를 만났다. 나아가 IBM은 GIO에서 제기된 긴급한 문제들의 해결책을 찾기 위해 새로운 혁신을 추진하는 데 수백 만 달러를 계속 투자하고 있다. 특히 교통 관리, 전자 의료보건 기록, 차세대 전력망인 스마트 그리드와 같은 수백 만 달러짜리 사업들은 부분적으로는 GIO 투자로 착수되었다.

하지만 GIO가 미친 가장 의미심장한 영향은 IBM이 추구하는 사명의 핵심 부분인 '세상을 이롭게 하는 혁신'을 기업 문화에 내재화시켰다는 것이다. 욘이 이끄는 팀은 사람들에게 중요한 아이디어를 키우고, 공유할 수 있는 자유분방한 환경을 만들어 주었다. 그리고 이를 통해서 회사가 거창한 사명에 걸맞게 운영되고 있다는 증거를 일터에서 찾을 수 있는지 의아해 하던 IBM 사람들에게 선명한 기준을 마련해 주었다.

이 일이 어떻게 가능했을까? 욘이 이끄는 팀은 IBM의 오픈 소스 예측 프로그램만큼이나 위험하고 어려운 이 일을 어떻게 해낼 수 있었을까?

진정성에서 출발

'가치 잼'에서 제기된 가치들은 대체로 진정한 것으로 받아들여지고 있고, GIO는 가치 잼의 본 뿌리에 접목되어 있다. 이들이 IBM과 세상에 이로운 혁신을 한다는 것은 쉽게 알 수 있다. 그래서 욘이 IBM 직원들에게 GIO란 개념을 처음 던졌을 때, 많은 이들이 그 아이디어에서 진정성이 느껴진다고 했다. 또한 현실성이 있는 것으로 받아들여졌기 때문에 핵심 경영진 역시 여기에 귀를 기울이게 되었다.

후원 세력을 만든다

욘의 팀은 IBM 간부들에게 많이 알려져 있었지만 상대적으로 영향력은 덜했다. 그들은 자기들이 추구하는 명분에는 힘 있는 협력자가 필요하다는 것을 알았다. 일단 청사진을 만든 다음 그들은 이를 회사의 최고 혁신 및 기술 담당 경영자인 도노프리오에게 보여주었다. 도노프리오는 IBM이 기술 혁신과 새로운 사업 기회, 사회적 도전이 만나는 접점을 파악하는 데 GIO가 도움이 되리라는 점을 한눈에 알아보았다. 그들은 GIO가 IBM의 최고 연구자들을 세계적인 전문가, 영향력 있는 이들과 연결시켜 줄 것이라고 강조했다. 그렇게 해서 형성된 관계와 정보 교류를 통해 IBM의 기술 사업과 IT 서비스 사업의 통합이 가속화 될 것임을 보여주었다. 도노프리오는 이것이 IBM 핵심 전략 가운데 하나의 촉매가 되리라는 것을 알고 그 계획에 동의했다.

도노프리오는 세 명의 다른 고위 관계자에게 GIO의 생각을 설득시켰다. IBM 리서치, 컨설팅, 커뮤니케이션 분야의 대표들이었다. 그리고 팔미사노와 대단히 중요한 만남의 자리를 주선했다. 그들의 목표는 GIO가 회사와 동떨어진 R&D 프로젝트처럼 기업의 핵심 사업 부문의 국외자가 아님을 확신시키는 것이었다. 그들은 회사를 통해 GIO를 추진하고 많은 피드백을 받고 싶었다. 이를 위해서는 최고 경영진의 축복이 반드시 필요했다. 팔미사노는 선뜻 계획을 지지해 주었고, 변화의 내부 장애물을 무너뜨리기 위한 과제 하나를 제시했다. 욘은 이렇게 말했다. "샘은 우리가 이 프로젝트를 추진해 나가는 데 별 어려움을 못 느낀다면, 그건 무언가 일이 잘못되어 간다는 뜻이라고 했어요." 이렇게 해서 팀은 회의주의자들을 변화에 동참시키기 위해 꼭 필요한 경영진의 지원 화력을 손에 넣었다.

좋은 일은 실적에도 도움이 된다

GIO는 이타적인 욕구를 근간으로 한다. 지구촌의 가장 어려운 문제들을 해결하기 위해 세계 최고의 두뇌들을 끌어모으는 것이었다. 그러나 이 프로젝트를 설명할 때 절대로 남을 돕기 위해서라는 식으로 말하지 않는다. 도노프리오를 비롯한 경영진이 이 계획을 받아들인 것은 전략적인 가치가 있다고 생각했기 때문이다. 욘은 예를 들어 경제적인 기회를 얻는 것과 지속가능한 물 수급을 이루는 것은 자연스럽게 서로 조화를 이루는 목표라는 점을 강조했다. 글로벌 물 위기는 어마어마한 금액의 경제활동 기회를 가져다준다. 거기에는 사회적인 문제와 환경적인 문제들이 잔뜩 담겨 있고 여러 분야의 산업이 관련 되며, 혁신을 이루는 데 비옥한 토양이 된다. 다시 말해 GIO는 IBM으로 하여금 반드시 있어야 할 곳에 있도록 만들어 준 셈이다.

리스크를 감수하되 도박은 하지 않는다

욘과 그의 동료들은 대담하게 사고했지만 그렇다고 큰 도박을 하지는 않았다. 어쨌건 그들에게는 그럴 권한도 없었다. 다행스럽게도 혁신을 하는 데는 수많은 실험이 뒤따랐고 GIO 계획도 시행착오 속에서 진전되었다. 그 덕분에 그들은 만만치 않은 도전을 하면서도 큰 위험을 감수하지는 않았다. 그저 IBM이 스스로 내세운 가치에 부응하려는 기업이라는 생각을 가지고, 그런 회사를 위해 무엇인가 해보겠다는 생각만 했던 것이다.

빅 블루 IBM은 혼자서는 절대로 이루지 못할 놀랍도록 다양한 아이디어들을 GIO를 통해 불러일으키고 있다. GIO에 참여하는 이들은 자기들이 하는 자유분방한 대화가 때로 서로 모순되는 다양한 관점들을 한데 묶어 줄 뿐만 아니라, 집단이 함께 나서서 비판하면 훌륭한 아이디어를 더 훌륭하게 만들 수 있다는 사실을 깨달았다. IBM은 노벨상 수상자를 여섯 명이나 배출하고, 미국 내 어떤 기업보다도 많은 특허권을 보유한 혁신적인 공장이다. 하지만 내부 인재들이 아무리 우수하다 해도 외부의 총명한 두뇌들이 모인 것보다 더 뛰어날 수는 없다는 점을 당당하게 인정한다. 이것 또한 GIO의 공적이다.

———

IBM과 회사 내부 전문가들과의 관계를 비롯해 에치와 수공업자 회원들, 쓰레드리스와 고객들, 워킹애셋과 사회운동가들과의 관계에서 보듯이 이들에게는 한 가지 공통점이 있다. 이들 모두 조직 속에 더 많은 사람을 끌어들일수록 수익은 커지고, 더 큰 목적을 충족시킬 확률도 더 높아진다는 것을 알고 있다는 점이다. 이 혁신 기업들은 자기들이 모든 해답을 갖고 있지 않다는 점을 겸허하게 인정한다. 이들은 많은 사람들로부터 최상의 아이디어를 뽑아낸다. 그리고 그렇게 해서 얻어낸 아이디어들을 가지고 실제로 판을 바꾸는 배짱도 갖고 있다. 이들은 기존의 '책임 기업'들에게 새로운 도전을 안겨준다. 기존의 책임 기업이란 자기들이 명분을 추구하는 데 고객들이 소중한 기여를 할 능력을 갖추고 있다는 사실을 아직 깨닫지 못한 기업을 가리킨다.

사회적 책임을 넘어

7

기업 의식의 실천

이제는 기업의 사회적 책임, 더 나아가 기업의 지속가능성이야말로 눈앞의 이익만 좇는 게 아니라, 사회를 포함한 모든 이해 관계자들을 생각하는 기업들이 나아가야 할 길로 받아들여지고 있다. 이는 대단히 중요한 진전이다. 하지만 아직은 만족할 만한 수준에 크게 못 미치는 경우가 많다.

많은 기업들이 아직 사회에 유익한 일을 하는 것을 단순한 마케팅 홍보 정도로 생각한다. 브랜드 이름을 빛내고, 고객의 환심을 사며, 비판의 시선을 떨쳐내는 수단으로 여기는 것이다. 진정으로 사회적으로 좋은 일을 한다는 기업들도 기업 책임 CR 부서를 실무 부문에서 분리시켜 중요한 전략적 의사결정에는 영향을 미치지 못하도록 하는 경우가 허다하다. 자칭 훌륭한 기업시민이라고 주장하는 웹페이지와 겉만 번지르르한 리포트가 수없이 쏟아져 나오지만, 많은 기업이 지속가능성이나 사회적 책임을 기업 활동의 중심 자리에 두지 못하고 있다.

더 깊고 결정적인 무엇이 필요한데, 그게 바로 기업 책임의 미래를 고민하는 사람들이 '기업 의식' corporate consciousness이라고 부르는 것이다. '기업' 과 '의식' 이라는 두 단어는 서로 어울리지 않는 경우가 많다. 클린턴 행정부 때 노동부 장관을 지낸 정치평론가로 버클리대 교수인 로버트 라이시 같은 절대론자들은 기업은 중역과 종업원, 주주들에게만 책임을 질 뿐 사회에는 책임을 지지 않는 법인이라고 주장한다.(1) 라이시의 견해에 따르면 "기업은 서류, 다시 말해, 계약서 상에나 존재할 뿐" (2)이다. 우리가 생각하는 '기업의 사회적 책임' 같은 것은 없다. 기업은 윤리나 도덕이 적용되는 존재가 아니며 의식이나 양심이 있는 존재도 아니라는 것이다.

우리는 이런 견해에 동의하지 않는다. 법인이라 해도 개인에게 부여되는 책임과 같은 책임을 져야하는 경우가 많다. 기업 역시 소송을 제기하고 피소되기도 한다. 법을 어기면 책임을 지고 채무를 변제할 책임도 있다. 재산을 사고팔기도 한다. 기업은 그 구성원이 법인설립 인가를 획득할 때 '태어나고' 손실을 너무 많이 입거나 파산하면 '죽음'을 맞는다.(3)

마저리 켈리는 '하늘이 내린 자본의 권리' The Divine Right of Capital라는 통찰력 넘치는 책에서 기업들이 개인과 같은 권리를 달라고 요구하는 경우가 많지만, 아이러니하게도 기업은 이를 악용해 자신의 권리를 남용한다고 지적했다. 예를 들어 기업의 정치자금 기부는 개인으로 치면 언론의 자유와도 같은 것이니 보호되어야 한다고 주장하는 경우가 여기에 해당된다. 기업의 장기적 가치는 기업설립 인가증이나 은행계좌, 실물 자산 등에 있는 것이 아니라, 그 구성원들의 재능과 지식에 있다. 켈리는 한 광고대행사의 예를 들고 있는데, 이 회사는 직원들이 떼지어 떠나면서 각자의 거래처도 다 가지고 갔다. 그들이 떠나자 이 기업은 보유 가치가 하나도 없는 존재가 되어 버렸다. (4)

기업corporate이란 말은 '코포라투스' corporatus라는 라틴어에서 온 것으로 원래 '한 몸이 된다'는 뜻이다. 기업에 가 보면 이 말의 뜻이 쉽게 이해될 것이다. 공동의 목적을 추구하는 개인들의 자발적인 '집합체'가 바로 기업이다. 기업이 성공하려면, 다시 말해, 수익을 늘리고 사회에 긍정적으로 기여하기 위해서는 높은 수준의 통합된 의식을 가져야 한다. 이는 소속된 개인들 각자가 조직 내의 다른 구성원, 나아가 자신을 둘러싼 세계에 자신이 미치는 영향을 민감하게 인식하고 있어야 한다는 말이다. 각 개인은 조직의 집단 목적을 규정하는 가치를 명심하고, 조직의 나아갈 길을 제시하는 원칙들을 항상 유념해야 한다. '의식'이라는 단어 자체가 집단 노력을 의미한다. '의식' conscious은 라틴어 '콘시우스' conscius에서 나온 말로 '다른 이들과 함께 안다'는 뜻을 갖고 있다.

문제는 대부분의 기업이, 개인 차원이건 조직 차원이건, 이 '공동의 지식'을 발전시켜 나가는 노력을 제대로 하지 않는다는 것이다. 이들은 기업이 희망하는 바가 어떤 것이어야 하는지에 대한 일관된 견해를 의식적으로, 그리고 집단적으로 만들어 내는 데 실패했다. 기업에 가장 중요한 것이 무엇인지에 대해 분명하게 정리된 입장이 없고, 또한 그 중요한 입장을 기업이 일상적으로 하는 의사결정에 반영하려는 의지가 없으면 구성원들은 우왕좌왕하고, 간부들은 방향을 잃고 만다. 그렇게 되면 기업은 사회와 환경에 의도하지 않은 영향을 대거 미치게 된다. 그런 경우 그들이 외치는 '기업의 사회적 책임'은 공허한 소리가 될 수밖에 없다.

세븐스 제너레이션은 2005년부터 저술가이며 컨설턴트인 캐롤 샌퍼드와 함께 회사의 집단 의식을 규정하고 키우는 노력을 계속해 왔다.(5) 샌퍼드는 그동안 포춘 500대 기업과 신생 기업들을 상대로 이들이 회사의 전략계획을 수립하고 실행에 옮기는 데 유연성과 원칙을 발휘하도록 도와주었다. 세븐스 제너레이션은 우리가 일하는 방식, 그리고 성취하고자 하는 목표에 대한 지각의 수준을 높임으로써 우리가 높은 목적을 달성하도록 도와주었다.

의식을 개발하려는 세븐스 제너레이션의 노력은 '현존: 인간, 조직, 사회의 심오한 변화 탐구' Presence: An Exploration of Profound Change in People, Organizations, and Society(6)라는 책에서 제기하는 주장과도 궤를 같이한다. 이 책은 인간이 영위하는 삶의 방식 대부분은 깊이 자리 잡은 습관의 틀을 벗어나지 않는다는 점을 강조한다. 우리는 하루의 일과를 시작하는 방식, 신문을 읽고, 회의에 참석하고, 석양을 바라보는 방식을 포함한 대부분의 행동을 이전에 하던 대로 한다. 그렇기 때문에 진정으로 획기적인 변화는 우리가 생각하는 한계 바깥에서 일어난다. 더 나은 제품을 설계하고, 획기적인 사업기회를 찾아내고, 더 좋은 부모가 되는 일을 이전에 거의 해보지 않는 행동 영역에서 이루어내는 것이다. 이 책은 우리가 생각하는 방식을 되돌아보고, 더 나은 길은 없는지 자문해 본다면, 완전히 새로운 가능성의 세상이 우리 앞에 열릴 것이라는 주장을 설득력 있게 내세운다.

우리의 개인적 의식을 일깨워서 이를 집단적인 목적의식에 얽어매는 것은 캐롤 샌퍼드가 묘사한 것처럼 본질적으로 '안정을 뒤흔드는 과정'이다. 그렇게 하기 위해서는 기계처럼 외운 대로 움직이는 '정적인' 조직으로부터 업무 방식에 끊임없이 문제를 제기해 개선의 노력을 하는 '역동적인' 조직으로 변모해야 한다. 이는 깊이 뿌리내린 사고 습관을 깨부수고, 진부한 아이디어를 버리고, 우리의 정서적 패턴과 틀에 박힌 언어습관을 재검토하고, 과거의 성공을 안이하게 되풀이하는 것을 피해야 한다는 것을 의미한다. 그렇게 할 때 비로소 우리는 가능성의 지평을 더 높일 수 있다.

그렇다면 세븐스 제너레이션은 성공한 것인가? 사실 이 여정은 끝이 없는 길이다. 스스로를 점점 더 자각해 가는 끝없는 과정이라고 하는 편이 더 나을 것이다. 직원들 각자의 정신과 의지를 시험해 보는 데는 많은 노력이 필요했다. 기업의 사회적 역할에 대한 낡은 사고방식 때문에 사람들이 더 많이 성취할 수 있는 가능성에 제약이 가해지고 있다. 변화가 두려워 적은 성취에 만족하고 마는 사람들도 있다. 하지만 지금까지는 기업 실적이 긍정적인 결과를 말해 주고 있다. 신생 도전자 무리들과 고질라와 같은 클로록스의 맹공을 받는 가운데서도 세븐스 제너레이션의 지속가능한 가정용품과 퍼스널 케어 용품의 매출은 2007년에 45% 증가했다. 2008년에는 경험 많은 애널리스트들조차 예측하지 못한 심각한 경기하강 속에서도 같은 용품 매출이 51% 증가했다. 깊은 경기후퇴의

심연으로 더 가라앉은 2009년에도 세븐스 제너레이션은 다소 느려지긴 했지만 꾸준한 성장세를 유지했으며, 경쟁사들로부터 A 플러스급 최고 두뇌를 계속 영입했다.

이 못지않게 중요한 점은 세븐스 제너레이션이 '목적 수익률' return on purpose을 신장시켰다는 것이다. 의식 있는 기업시민이 되려는 노력의 일환으로 우리는 환경에 미치는 영향을 줄이고, 사회를 풍요롭게 하며, 다른 기업들을 우리가 하는 취지에 동참시키는 것을 목표로 하는 많은 계획을 내놓았다. 이런 집단 자의식은 변화를 만들어내고자 하는 직원들의 내적 동기를 활성화해 주었다. 그리고 우리의 강점과 약점, 어려운 미래를 향해 나아갈 때 우리 앞에 기다리는 함정이 무엇인지에 대해 더 깊이 있게 알도록 만들었다. 세븐스 제너레이션은 캐롤 샌퍼드가 주장한 것처럼 "인간의 의식을 개발하고 이용하는 것이야말로 경영진이 해야 할 근본적인 업무이고… 성장하는 기업이 반드시 명심해야 할 원리"[7]라는 점을 몸소 배웠다.

기업 의식 구축: 세븐스 제너레이션

'기업 의식' 이란 말은 다소 모호한 느낌을 풍길지 모르지만 그 핵심은 기업이 명료한 목적을 갖는다는 것이다. 기업 의식은 사람들에게 조직에 가장 중요한 것이 무엇인지에 대해 공동 비전을 갖게 하고, 그 비전에 의미 있게 기여할 방법을 제시한다. 또한 그렇게 할 경우에 얻게 될 성공의 모습이 어떨지에 대해 분명한 청사진을 갖도록 해준다. 세븐스 제너레이션의 경우, 기업 의식을 구축하는 것은 '지속가능성' 이 특정 부서의 전유물이 아니라, 모든 조직원들의 마음과 정신에 속해 있다는 점을 각인시

키는 노력이다. 먼저 바람직한 미래가 어떤 것인지에 대한 그림을 그리고, 그 다음에는 그 미래를 만들어 가는 노력을 함께 해나가는 것이다.

많은 기업들이 사회적 책임에 대한 노력을 불과 몇 명에게만 떠맡기고 있다. 세븐스 제너레이션에서는 기업 의식 덕분에 공동체 전체가 가장 중요한 일에 참여한다. 지속 가능성을 발전시키는 일이 회계에서 마케팅, 물류, 제품 개발에 이르기까지 모든 부문이 함께 참여하는 일이라는 생각을 하는 것이다. 지속가능성에는 사회 정의와 평등의 실현이라는 임무도 포함된다. 일을 할 때는 이로쿼이 연맹의 위대한 법전에서 빌려온 회사 이름에 부합되도록 노력해야 한다며 모든 직원에게 다음과 같이 상기시킨다. "우리가 내리는 결정이 앞으로 다가올 일곱 세대seven generations에까지 미칠 영향력을 고려해 최대한 신중을 기한다."

회사의 이름과, 이름의 유래에 깃든 깊은 유산을 상기시키는 것은 우리가 하는 일 모두에 높은 수준의 의식을 갖고 임하자는 뜻이다. '최대한 신중을 기한다' 는 말은 모든 일을 집단으로 생각하고 행동한다는 뜻이다. 우리는 결정하기 전에 토론한다. 우리가 너무 많이, 너무 자주 토론한다는 생각을 할지도 모르겠다. 하지만 우리의 아이디어는 고립된 가운데 만들어지지 않는다. 소비자와 이해 관계자들 모두가 아이디어를 보내온다.

앞에 인용한 문구 가운데 '우리가 내리는 결정이 미칠 영향력을 고려한다' 는 구절은 조직적으로 생각하고, 전체 속에서 우리가 차지하는 위치를 고려한다는 뜻이다. 다시 말해, 좋은 것이건 나쁜 것이건 우리가 하는 모든 행동은 회사 바깥으로 파급되어 나가 소비자와 경쟁사는 물론, 공동체, 사회, 환경에까지 영향을 미친다는 말이다.

마지막으로 '앞으로 다가올 일곱 세대에까지' 라는 말은 우리가 단지 지금 이 순간만을 위해 일하는 게 아니라는 뜻이다. 절대 그렇지 않다. 우리가 추구하는 진정한 '기업의 사회적 책임'은 아직 태어나지 않은, 우리와 마주칠 가능성이 절대로 없는 이들을 대상으로 한다. 칼럼니스트인 데이비드 브룩스는 이처럼 미래를 내다보는 사고를 '후대의 힘'이라고 부른다. 그것은 더 나은 미래를 창조하라는 의무이며, 우리가 하는 일에 의미를 부여하고, 우리에게 어떻게 살아야 한다는 '삶의 방식'을 선물로 안겨 준다.[8]

한마디로 말해, 위대한 법전의 말은 사회와 환경의 미래가 일시적으로 우리 손에 맡겨져 있다는 생각을 담고 있다. 이 법전은 세븐스 제너레이션에 생기 있는 정신을 불어넣어 주었고, 우리 모두가 더 높은 수준의 의식을 가지고 업무에 임하도록 해주었다.

집단 의식을 규정하고 키우는 일은 회사의 본질, 진정한 정체성에 대한 분명한 입장을 만들어 가는 것이다. 진정한 정체성이란 회사의 근본 신념을 형성하는 가치와 특성을 말한다. 좀더 구체적으로 말하면 그 신념은 사회와 지구에 이로운 일을 장기적으로 추구하라는 글로벌한 사명감, 그리고 기업의 목적과 사회적 목적에 뚜렷한 초점을 맞춰 조직의 성과를 키우겠다는 목표를 말한다. 이런 용어들을 구체적으로 살펴보고, 세븐스 제너레이션의 기업 전략이 기업의 사회적 책임에 대한 기존의 정의를 훌쩍 뛰어넘어 세워지도록 하는데 이 용어들이 어떤 역할을 하는지 살펴보도록 하겠다.

진정한 정체성 찾기

모든 기업에는 시작 단계에서부터 핵심 목적과 신념 체계가 있다. 이러

amazon.com.

한 가치들은 기업의 설립자와 최초로 고용된 사람들, 다시 말해 기업의 DNA를 형성하고, 그것을 기업이 나아갈 문화적인 노선에다 자리매김하는 핵심 그룹에서 나온다. 예를 들어, 아마존의 직장 문화는 설립자인 제프 베조스가 보기 드물 정도로 고객 지향적이기 때문에 '오늘의 고객에 최선을 다한다' 이다. 하버드 비즈니스 리뷰와 가진 인터뷰에서 베조스는 구체적으로 표현하지는 않았지만 다음과 같이 목적 의식을 분명히 보여주었다. "지금부터 몇 년 뒤에 사람들이 아마존을 돌아보면서 업계에 고객중심주의의 기치를 드높인 기업이라는 말을 해주었으면 좋겠다."(9) 누군가가 이 회사에다 다른 사명을 부과한다는 것은 상상도 할 수 없다. 이런 목적은 창립자의 비전과 기업의 '영혼'에서 유기적으로 솟아나는 것이다.

진정으로 목적 지향적인 기업은 자신을 특별한 존재로 만들어 주는 믿음, 가치, 특성이 무엇인지 분명하게 안다. '세상의 정보를 조직화 한다'는 구글의 사명이 실감나는 것은 그것이 공동 설립자들이 자란 환경을 계속 반영하고 있기 때문이다. 그 환경이란 바로 실리콘 밸리와 스탠퍼드 공대를 말한다. 혁신과 기업가 정신, 지식의 추구가 높은 평가를 받는 환경이다. 샘 월튼은 1992년에 죽었지만 월마트의 벤톤빌 본사에는 그가 여전히 큰 비중으로 '살아 있다'는 말을 자주 듣는다. 사실 이 회사의 고위 경영진은 어려운 결정을 내려야 할 때 아직도 '샘은 이럴 때 어떻게 했을까?(WWSD)' what would Sam do?라고 묻는다고 한다.(10) 결점도 많지만 월마트는 여전히 '언제나 저가에' 라는 핵심가치에 충실한 기업이다. 이는 설립자로부터 물려받은 검약, 집중, 그리고 업무 윤리라는 핵심 정체성에서 멀리 벗어나지 않기 때문이다.

기업 문화의 유전자 암호는 초기에 각인되지만, 기업을 키우는 당면 과제에 몰두하다 보면 그 신념과 가치는 뒷전으로 밀려나는 경우가 많다. 기업이 살아남아 번창하게 되면 조직 내 사람들이 반드시 이런 의문을 갖게 되는 시기가 온다. 우리의 목적은 무엇인가? 우리는 어디로 향하고 있는가? 향후 3, 4, 5년, 아니면 10년 동안 우리가 이루어야 할 일은 무엇인가?

세븐스 제너레이션도 2005년에 그런 상황을 맞았다. 17년 만에 회사는 돈을 벌어들이며 빠르게 성장하고 있었다. 매출은 전년 대비 37%나 솟구쳤다. 곳곳에서 기업의 사회적 책임과 관련해 이룬 업적에 대해 많은 인정도 받았다. 그런 덕분에 이 분야에서 지도자의 위치를 단단하게 굳혔다.[11] 이렇게 진전을 이루고 있었음에도 불구하고 세븐스 제너레이션은 자신도 모르는 사이에 어디로 가는지 모르고 길을 잃고 말았다.

외부 사람들의 눈에는 세븐스 제너레이션의 목적이 분명해 보였지만 안에서 보기에는 전혀 그렇지 못했다. 조직 전체의 잡다한 아이디어를 모두 포괄하고 포용하려다 보니 점차 한꺼번에 여러 다른 방향을 추구하게 되고, 방향끼리 서로 맞부딪치는 일도 수시로 일어났다. 성장, 수익성, 교육, 소신, 소비자 제품 개발, 기업 책임의 모델, 좋은 일터 만들기, 지구 구하기, 더 나은 세상 만들기 등 세븐스 제너레이션이 내세운 목표는 수없이 많았다. 사람들은 수십 개에 달하는 여러 가지 의제들 사이에서 이리 뛰고 저리 뛰었다. 충돌과 실수는 피할 수가 없었다. 결국 회사는 캐롤 샌퍼드를 조직 내로 불러들여 핵심가치를 알아내고, 이를 통해 기업의 전략적 방향을 설정하는 작업을 시작했다.

조직의 본질을 다시 찾는 일은 고고학적 발굴과 흡사하다. 회사 초창기에 세운 신념과 가치를 찾아 과거 깊숙이 파들어간다. 세븐스 제너레이션에게 이 내면을 향한 여정은 다음과 같은 세 단계 실천 과정으로 시작했다. 직원들이 세상을 어떻게 보고, 어떻게 처리하는지에 대한 정의를 내리고, 그들이 가치 있게 생각하는 게 무엇인지 찾아내며, 그들이 기업의 본질적 목적이라고 생각하는 게 무엇인지 분명히 하는 것이었다. 세븐스 제너레이션의 본질은 많은 면에서 공동 창업자의 핵심 정체성을 반영한다. 그래서 기업의 심장과 영혼을 제대로 드러내기 위해 제프리 홀렌더 회장은 스스로 내면으로 파들어 가기 시작했다.

핵심 절차

제프리는 자신의 핵심 과정, 다시 말해 자기가 세상을 인식하고, 그 속에서 일하는 방식을 '체제의 부조화를 해소하는 것' 이라고 불렀다. 부조리한 세상사의 여러 문제들에 맞서려는 경향이 자기한테 있다는 점을 재미있게 표현한 말이다. 예를 들어 우리는 이윤을 극대화하는 시스템 속에서 서로 경쟁하느라 대기 오염과 지표수 오염을 야기하는 등의 간접비용을 남에게 떠넘기고 있다. 그 비용은 사회가 대신 지불한다. 이에 따라 유기농 제품은 재래식 농법으로 생산한 식품보다 가격이 더 비싸다. 대기업농들에게 근로자들의 건강이나 환경에 미치는 재앙과 같은 영향 비용을 제대로 부담시키지 못하기 때문이다. 또 한 가지 문제는 부유한 소비자들만이 건강에 좋고 안전한 식품을 먹을 형편이 된다는 점이다. 이런 '체제의 부조화' 는 기업에 직접적이고 부정적인 영향을 미친다. 그리하여 세븐스 제너레이션도 천연 무공해 제품을 사고 싶어 하는 저임금 계층에게 싼값에 판매하지 못하는 것이다.

오늘날은 이런 부조리한 시스템이 넘쳐난다. 전 세계가 먹고 남을 만한 식량이 생산되는데도 많은 사람들이 여전히 굶주린다. 재생가능 에너지를 전 세계에 공급할 만한 지식과 능력을 갖고 있으면서도 우리는 여전히 화석 연료를 태운다. 세븐스 제너레이션이 당면한 과제는 만연

해 있는 큰 문제들 가운데 어떤 문제를 해결할 것이냐를 결정하는 일이
다. 그리고 문제를 바로잡기 위한 조치를 취하기 전에 그 근본 원인이 무
엇인지를 알아내는 것이다.

핵심 가치

핵심 가치를 드러내는 일은 비교적 쉬웠다. 이 책의 핵심 원칙 가운데
하나이기도 한 그 가치는 진실하게 살자는 것이다. 세븐스 제너레이션
은 20년 이상 '진실함'을 실천해 왔다. 물론 진실함을 제대로 실천하는
게 매우 힘들다는 것은 우리도 안다. 성공을 과시하는 것보다는 실패와
실수를 공개하는 것이 고통스러운 과정이지만, 바로 이 고통스러움이
우리를 진짜 이상적인 상태에 더 가까이 가도록 해준다는 것을 알기 때
문이다.

2003년에 세븐스 제너레이션이 발표한 최초의 책임 보고서에서 제프
리는 "우리 제품 가운데 다수가 우리가 바라는 만큼 환경과 관련된 사
명에 충실하지 못하다"고 인정했다. 지속가능성을 추구하는 것과 실적
을 높이는 것 사이의 어려운 상관관계에 대한 소비자들의 이해를 높이
기 위해 세븐스 제너레이션은 책임 보고서에서 자사 제품의 의류를 비
판했다. 이런 관행은 오늘날까지도 이어지고 있다. 잘하면 좋지만, 때로
는 자신이 잘못한 것을 인정함으로써 우리는 진정한 자신의 모습을 찾
는다.

핵심 목적

기업의 핵심 목적이 핵심 가치와 반드시 같은 것은 아니다. 하지만 핵
심 목적은 훌륭한 가치를 창출한다. 아마존이 자기들이 파는 상품에 대
해 최상의 정보를 제공하는 것(핵심 가치) 이상의 일을 한다고 주장할 때

제프 베조스는 이 점을 알고 있었다. 아마존은 고객이 더 나은 구매결정을 하도록 도와주는 일(핵심 목적)도 한다는 것이었다.

제프리의 핵심 목적은 세상을 좀더 공정하고, 덜 불공평하게 만들기 위해 애쓰는 것이다. 이는 대부분의 알파 자본주의자들에게는 높은 순위를 차지하지 않는 의제이다. 높은 수준의 의료보장과 교육을 받는 데 동등한 기회를 보장하는 일, 먹고 살 만한 수준의 최저 임금을 보장하는 일, 같은 직종에서 일하는 여성이 남성과 동등한 임금을 받도록 보장하는 일과 같은 정의와 평등의 개념들은 과열 경쟁과 승자 독식의 비즈니스 세계에서는 발을 붙이지 못하는 경우가 비일비재하다. 세븐스 제너레이션 역시 이런 명분들을 증진시키는 데 만족할 만한 성공을 거두지 못했지만, 긍정적인 영향력을 확대하고자 노력해 온 점은 대단히 중요하다. 환경을 훼손되지 않은 상태로 돌려놓으려고 하면서 사회에 대해 같은 노력을 하지 않는다는 것은 말이 되지 않는다. 다른 기업들이 지속가능한 제품을 만들 때 세븐스 제너레이션은 지속가능한 기업이 되고자 노력하고 있다.

세븐스 제너레이션이 캘리포니아 주 오클랜드에 본사를 둔 '경제적 안정을 위한 여성행동' WAGES과 협력하게 된 것은 기업의 핵심 목적을 규정하는 과정에서 시작한 현실적인 사업의 일환이다. WAGES는 일자리 창출과 협력 사업의 조직 및 육성을 통해 저소득 라틴계 여성들을 돕는 비영리 기구이다.

세븐스 제너레이션은 WAGES가 미국 전역에 걸쳐 가정청소사업 조합을 설립하는 데 도움을 주기로 했다. 이 벤처 사업을 하는 데는 경제적 수익을 올리는 데 필요한 것처럼 자본 투자와 사업 노하우가 필요하다. WAGES는 이들에게 자생적 기업이 되는 데 필요한 초기 조직화, 훈련, 사업 체계, 후원을 제공해서 이들이 자족적인 기구가 될 수 있도록 만들어 주었다. 우리의 도움 없이 WAGES는 이런 노력을 해나갈 수가 없다. 그래서 세븐스 제너레이션은 WAGES 매니저들의 봉급을 지불하고, 조합 회원들에 대한 보건 및 안전 문제 교육 지원, 그리고 회사 브랜드를 이용해 이들의 활동을 홍보도 해주었다.

WAGES와 함께 시작한 대여섯 가지의 사회적인 사업들은 세븐스 제너레이션이 진정으로 핵심 목적에 충실한 기업이 되도록 하는 데 도움이 되었다. 세븐스 제너레이션의 핵심 목적은 공정하고 평등한 사회를 만드는 것이다. 그런데 지금 이 사업들은 조직 전체를 활성화시키는 데 큰 역할을 한다. 시장에서 세븐스 제너레이션이 지지를 얻는 것은 뚜렷한 목적 의식을 갖고 일하기 때문이고, 그 목적은 이 회사의 본질에서 직접 흘러나온다.

핵심 절차, 가치, 목적 = 기업의 핵심

체제 부조화를 드러내자. 진실하게 살자. 공정하고 평등한 세상을 만들자. 캐롤 샌퍼드와 작업하기 전 17년 동안 세븐스 제너레이션 직원들은 이러한 세 가지 축을 자기들 손으로 만들었다. 그러나 의식하고서 만든 것은 아니었다. 새로 입사하는 사원들은 세븐스 제너레이션의 가치에 끌렸다는 말을 하면서도 그 가치가 구체적으로 무엇인지 말로 표현하지 못했다. 우리도 마찬가지였다. 우리는 제프리와 함께 집단 의식 개발을 시작했고, 내부석으로는 기입 의식 담당 이사인 그리고르 바넘이 작업을 이끌었지만, 공동 설립자의 비전을 조직 전체에 부과시킨다는 생각은 하지 않았다. 그보다는 전략적 초점을 명료하게 정리해 우리의 진정한 정체성을 끄집어내겠다는 생각을 했다.

일단 그런 신념과 가치가 분명하게 드러나자 우리는 그것을 말로 정리하기 위해 노력했다. 가치란 일상의 사고 속에 깃들지 않으면 아무 소용이 없다. 그래서 큰 회의가 열릴 때 직원들에게 기업 정체성의 핵심 요소를 설명하는 슬라이드를 보여주는 정도로 그치지 않았다. 플립 차트와 화이트보드에 그림으로 그리고, 이야기로 만들고, 대화 속에 자연스레 끌어들여 생생하게 실감할 수 있도록 만들었다. 이런 노력을 한 이유는 사람들이 기업 가치와 일치되는 결정을 내리도록 유도하기 위해서였다.

기업의 진정한 자아의식을 일깨우고 나자 사람들은 자신이 무엇을 위해 일하는지를 더 분명하게 이해하기 시작했다. 물론 그런 통찰이 쉽게 생겨나지는 않았고, 우리는 그 통찰이 지속되도록 하기 위해서도 노력했다. 우리가 세운 가설들에 대해 끊임없이 의문을 제기하고, 우리가 하는 행동이 가치와 일치하지 않을 때는 거리낌없이 지적했으며, 다양한 사고를 할 수 있도록 서로를 자극했다. 균형을 잃고, 불안정하다는 느낌이 들면, 우리가 올바른 길을 힘들게 나아가고 있구나 하는 생각을 했다.

목적을 가진 회의

우리가 하는 일에 긴장감을 더 불러일으키고, 의식적인 노력을 기울이자는 노력의 일환으로 세븐스 제너레이션은 몇 가지 일일 실천사항을 도입했다. 구성원 모두가 보다 일치된 사고를 하기 위한 것이다. 실천사항 가운데 하나가 바로 변형된 '태스크 사이클' Task Cycle이라는 개념으로, 컨설턴트인 캐롤 샌퍼드에게서 배운 것이다.[12] 간단한 목적 선언을 하는 것인데, 집단 작업에 착수할 때마다 다음의 세 가지를 반드시 먼저 말하고 나서 시작한다. 무슨 일을 하는가? 왜 하는가? 달성하고자 하는 목적이 무엇인가?

회의나 프로젝트를 시작하면 팀 리더가 먼저 이 태스크 사이클을 작성해서 팀원들에게 나누어 준다. 하려는 일의 목적, 결과 혹은 '제품', 그 일을 통해 어떤 영향을 미치고 싶은지, 그리고 어떤 과정을 밟아 일을 진행할 것인지에 대해 미리 사고의 틀을 제공하는 것이다.

태스크 사이클은 모두 똑같은 포맷을 따르고 일관된 언어를 사용한다. 2009년에 세븐스 제너레이션의 회사 전체 전략 업데이트 회의를 조직할 때 쓴 태스크 사이클은 목적에 대해 '2009년과 미래 계획의 토대가 될 전략 업무에 대한 이해를 돕기 위해서'라고 쓰고 있다. 단지 무슨 일을 하는 데 목적이 있는 게 아니라, 어떤 변화나 변혁을 이끌어내겠다는 의지를 밝힌 것이다.

더 좋은 일을 함으로써 얻는 이득에 대해 태스크 사이클은 이렇게 밝혔다. "세븐스 제너레이션 공동체 모두가 내려진 결정의 내용과 그것이 미치는 영향에 대해 알도록 한다. 그렇게 하면 앞으로 공동체 구성원 모두가 자신이 하는 일을 세븐스 제너레이션의 업무 전략과 관련지을 수 있다." 업무 과제와 목표에 대해 우물 안 개구리식 관점에서 벗어나, 그것이 미치는 영향에 대해 제세석인 관점을 깃도록하려는 것이었다.

어떤 의미에서 태스크 사이클은 일종의 '사전 부검' 같은 것이다. 프로젝트를 진행하기 전에 미리 그것에 내포된 문제점과 기회를 집단적으로 예측해 보는 것이다. 이를 통해 사람들은 회의가 시작되는 시점에 회의를 통해 얻고자 하는 것이 무엇인지 알 수 있다. 이런 명료함과 방향 설정 덕분에 사람들의 참여도가 높아진다. 이렇게 하면 회의를 훨씬 더 효과적으로 만들 수 있고, 회의시간도 훨씬 더 단축시킬 수 있어 모두가 좋아한다.

글로벌 임무 개발

진정한 '기업 핵심'을 찾는 것은 그야말로 자신의 내면을 찾아가는 여정이다. 이와 달리 글로벌 임무 개발은 미래를 향해 우주 유영을 하는 것에 비유할 수 있다. 글로벌 임무는 세븐스 제너레이션이 기업을 성장시키고 사회에 기여하려는 노력의 장기적인 목표이다. 이 목표를 달성하는 데는 한 세기가 더 걸릴지도 모른다. 그렇게 본다면 이것은 '세상의 모든 정보를 조직화한다'는 구글의 무한한 야심이나, '중병에 걸린 사람들을 위해 혁신한다'는 겐자임의 목표와 다르지 않다. 하지만 글로벌 임무는 말 그대로 기업의 사명과는 다른 것이다.

사명은 아무리 범위가 넓고 담대하더라도 기업이 달성하고자 하는 과제나 목표를 가리킨다.(13) 반면에 글로벌 임무는 행동하라는 명령이다. 사명은 '세상을 위해 무슨 일을 할 것인가?'라는 질문에서 시작하는 반면, 글로벌 임무는 첫 장에서 언급한 것처럼 '우리가 가장 잘 할 수 있는 일 가운데 세상에 가장 필요한 게 무엇인가?'라는 질문을 제기한다.

이 질문은 기업의 목적과 가능성에 대해 세븐스 제너레이션이 가진 신념의 중심에 놓여 있다. 이는 우리가 특별한 기업이 되고자 한다는 사실을 지속적으로 환기시켜 주는 질문이다. 이는 또한 회사 구성원들로 하여금 세상의 필요로 하는 일과 기업이 할 수 있는 능력의 관계에 대해 깊은 생각을 해보도록 만든다. 우리 모두의 앞에 놓인 어려운 문제들(무한한 기회이기도 하다)에 대해 어떻게 하면 최상의 대응을 할 것인지 모색하도록 만들어 준다. 임무를 추진하는 데는 여러 가지 다양한 노력이 필요하다. 예를 들어 다른 기업이나 단체들과 협력해야 하고, 자체적으로 하는 교육과 개발 노력도 더 강화해야 한다.

2005년 가을 버몬트 주 스토우에서 열린 전 직원 연례 수련회에서 우리는 다음과 같은 질문을 화이트보드에 적어놓고 직원들에게 답해 보라고 시켰다. '세상이 우리한테서 가장 바라는 게 무엇인가?' 글로벌 임무가 피부에 와 닿도록 하기 위해 세븐스 제너레이션 공동체 모두가 이 문제에 매달렸다. 효과적인 진행을 위해 사전 준비 팀이 그해 상반기 동안 매달려서 '글로벌 임무(GI)' global imperatives 실무 초안을 만들었다. 수련회를 통해 도출해낸 여덟 가지의 임무는 두렵고, 영감을 주고, 희망적이고, 감동적인 내용들이었다.

그러나 처음엔 제시된 용어들이 지나치게 불분명해서, 임무의 내용이 무엇인지 제대로 파악하기가 어려웠다. 그대로 사용할 수 없을 정도였다. 2007년에는 이 글로벌 임무의 내용을 236단어로 줄였는데, 그래도 길고 복잡하기는 마찬가지였다. 2009년에 우리는 한번 더 표현을 알기 쉽게 고치고 내용을 3분의 2로 줄이는 작업에 착수했다. 그해 5월 직원회의에 초안이 제출되자 일부 직원들은 강력하게 반대했다. 표현을 단순화시키는 과정에서 메시지의 핵심적인 의미가 희석되었다는 것이었다. 그래서 우리는 다소 추상적이긴 하지만 우리가 추구하는 목적을 담은 강력한 메시지를 일부 추가시켰다. 예를 들어 "우리는 과거, 현재, 미래를 똑같이 중시하며, 가공물이 아니라 가치가 풍부한 세상을 만들어 나가겠다"는 내용도 초안에 빠졌다가 나중에 다시 추가되었다.

의심할 여지없이 우리의 글로벌 임무는 계속 진화할 것이다. 이런 수정작업을 거치면서도 우리가 추구하는 핵심 임무는 계속 유지되었다. 세븐스 제너레이션은 환경을 복원하고, '공정하고 평등한 세상'을 만들기 위해 노력하며, 구성원 모두가 '의식 있는 소비'(14)를 고취시키는 교육자라는 생각을 갖는다는 내용은 계속 남아 있다.

이런 목표들이 너무 유토피아처럼 들린다면, 그것은 어느 정도 우리가 의도한 바이다. 글로벌 임무는 우리로 하여금 가장 좋은 모습의 세상을 그리고, 세상에 긍정적인 변화를 일으키는 동인 역할을 하라고 요구한다. 이런 목표는 사실 가까운 시기에는 달성하기 힘든 것들이다. 그리고 늘 기억하고 있기도 쉽지 않다. 우리는 아직도 그것들을 일관성 있는 내용으로 만들기 위해 노력하고 있다. 중요한 것은 대부분의 구성원들이 글로벌 임무가 어떤 것인지 말로 제대로 나타내지는 못해도, 내용은 본능적으로 알고 있다는 것이다.

'글로벌 임무'를 만들어서 유익한 점은 직원들이 '세븐스 제너레이션은 어떤 점이 특별한가?'라는 질문에 답할 수 있게 되었다는 점이다. 또한 직원들로 하여금 '일반 소비재 산업' consumer packaged goods industry에서 경쟁하는 것이 무엇을 의미하는지 다시 한 번 생각해 볼 수 있게 해주었다. 사실 세븐스 제너레이션은 이제 일반 소비재 산업에 속한다고 볼 수도 없다. 우리가 추구하는 궁극적인 임무에 따르면 우리는 '의식적인 소비를 촉진하는 산업'에 속해 있다. 우리는 오늘 내린 결정이 미래 세대들에게 어떤 영향을 끼칠지를 생각하도록 우리 자신을 비롯해 비즈니스 파트너, 소비자, 심지어 경쟁자들까지 교육하는 데 몰두한다.

다소 몽상적인 말처럼 들릴지도 모르겠다. 그렇다고 모두 다 '위 아 더 월드' We Are the World의 리듬에 맞춰 몸을 흔들자는 말은 아니다. 자신을 의식 있는 소비의 전도사로 자처함으로써 회사를 차별화시켜 '잔뜩 쌓아놓고 싸게 파는 관행'이 판치는 업계에서 핵심적인 경쟁 무기가 되도록 하겠다는 것이다. 세븐스 제너레이션은 사업적으로도 번창해 왔는데, 그것은 구성원들이 스스로를 단순히 기저귀나 주방세제를 나르는 납품업자가 아니라, 지식을 전달하고 환경을 감독하는 사람이라고 생각하기 때문이다. 그들은 교육을 사람들의 '의식을 일깨우는 알'이라고 생각한다.

예를 들어 2008년에 세븐스 제너레이션은 '속에 있는 것을 세상에 보여 주기' Show the World What's Inside 캠페인을 전개했다. 가정용 세제의 모든 성분을 공개하라고 사람들을 교육하고 장려하는 데 초점을 맞춘 운동이었다. 연방 규제조치에 따라 식료품 기업은 자사에서 만드는 쿠키와 가공 수프의 내용물에 대한 리스트를 모두 공개하고, 개인용품 기업은 샴푸의 화학성분을 공개하도록 되어 있다. 하지만 불행하게도 빨래세제, 그릇세제, 기타 여러 세제를 판매하는 브랜드에 대해서는 병 속에 무엇이 들어 있는지 공개하라는 요구가 없다. 사람들이 흔히 쓰는 세제에서 발견되는 화학성분 가운데 일부가 발암물질이라고 알려져 있고, 그럴 가능성이 큰 데도 현실은 그렇다.(15)

세븐스 제너레이션은 자발적으로 모든 세제의 성분을 공개하고, 제품 라벨과 웹사이트의 물질안전 데이터 시트에 그 리스트를 올리고 있다. 우리를 따라 하는 기업들도 있지만 대다수 기업들은 그렇게 하지 않고 있다.

세븐스 제너레이션은 '속에 있는 것을 세상에 보여주기' 캠페인을 통해 산업 전체에 광범위한 변화의 필요성을 교육하고 역설해 왔다. 교육용 웹사이트, 소비자의 핸드폰에 다운받을 수 있는 온라인 라벨 해독 가이드 등이 여기에 해당된다. 그 덕분에 소비자들은 구매 시점에 라벨을 읽고 많은 가정용 세제에 들어 있는 잠재적인 위험 요소를 알아낼 수 있게 되었다. 소비자들을 환경운동가가 되도록 돕는 '환경실무그룹' Environmental Working Group 캠페인도 지원한다. 소비자들이 규제당국에 전화를 걸어 더 많은 성분 공개를 요구하고, '어린이 안전 물질법' 제정을 지지하는 캠페인이다. 자사 제품 성분에 포함된 위험한 화학물질을 공개

하도록 압력을 받으면 가정용 세제 회사들은 아마도 제조법을 바꿔 더 안전한 제품을 내놓게 될 것이다.

세븐스 제너레이션이 '속에 있는

것을 세상에 보여주기' 캠페인을 시작한 지 얼마 지나지 않아 SC존슨이 뒤를 이어 자기 나름대로 성분 공개 노력을 시작했다. 윈덱스, 글레이드, 레이드 등 기타 수십억

달러 규모의 브랜드들도 우리 뒤를 따라 같은 캠페인을 시작했다. 그게 바로 우리가 바라는 바였다. 75억 달러 규모의 거물 기업 SC존슨이 성분 공개에 나서면 동종 업계의 다른 기업들 모두가 규제 당국의 조치와 관계 없이 그 뒤를 따를 수밖에 없을 것이다.

글로벌 임무를 통해 직원들이 얻은 독특한 목적 의식이 세븐스 제너레이션의 모든 전략을 이끌고 있다. 추진 계획, 진입 시장에서부터 제품 개발, 직원 채용에 이르기까지 모든 업무가 영향을 받는다. 글로벌 임무의 영향 때문에 사람들은 지속가능성의 기준을 끌어올렸을 뿐 아니라, 더 밝은 미래를 그리면 더 큰 차별화를 이뤄낼 수 있다는 생각을 재확인했다. 글로벌 임무는 기업이 완전히 새로운 사고방식을 갖도록 촉매 역할을 한다. 다시 말해, 해를 덜 끼치겠다는 점진적인 사고에서 나아가 모든 사물을 원래보다 더 좋은 상태로 돌려놓겠다는 확장적인 사고로 변한 것이다.

방향 설정

우리가 누구이며(기업의 본질), 무엇을 하고자 하는지(글로벌 임무)에 대한 정의를 내리고 난 뒤, 세 번째로 할 일은 우리가 나아갈 방향, 다시 말해 기업이 할 일의 영역에 대한 그림을 그리는 것이었다. 기업 방향에 따라 기업 임무를 충족시키려고 노력하는 과정에서 할 일이 무엇인지가 정

해진다. 기업 방향의 설정은 대단한 집중을 요구하는 일이고, 우리는 그런 일에 능숙하지 못했다. 무엇을 할 것인가라는 문제뿐만 아니라 무엇을 하지 않을 것이냐는 문제와도 큰 관계가 있다.

기업 방향은 우리들로 하여금 순탄하게 나아가고 집중력을 유지할 수 있도록 해준다. W.L.고어&어소시에이츠의 경우를 생각해 보자. 고어텍스 박판으로 유명한 이 회사는 델라웨어에 본사를 두고 장갑, 운동화, 슬리핑백 용 직물에서 합성인공혈관, 수술용 체장막, 프리미엄 기타줄, 치실에 이르기까지 헤아릴 수 없을 정도로 다양한 제품을 만들어낸다. 그러나 이 회사는 새로운 제품을 개발하기 위해 무조건 매달리는 것이 아니라, 오로지 PTFE인공불소중합체의 혁신에만 관심이 있다. PTFE는 제품명인 테플론으로 더 잘 알려져 있는데, 이 회사의 기업 방향을 PTFE가 결정한다고 해도 과언이 아니다.

세븐스 제너레이션의 경우 기업 방향을 수립하는 것은 엄청나게 힘든 과제였다. 우리가 누구이고 무엇을 믿는지에 대해 17년간 씨름했는데도 여전히 사명과 비전을 규정해서 집중하기가 어려웠다. 우리가 몸담고 있는 민감하면서도 포괄적인 문화에서는 하지 말아야 할 일이 무엇인지 분명하게 정의하기가 어려웠다. 그러나 몇 차례의 열띤 토론 끝에 우리는 하나의 방향을 정했다. 그 방향에 따라 우리의 진략적 목적이 무엇인지, 어디서 어떻게 그 목적을 추진할 것인지가 정해졌다. 전략적 목적은 '지속가능성과 기업 책임 분야에서 선두적인 역할을 하는 것' 이고, 목적 추진 방법은 '인류 건강과 환경 건강의 교차점에서 퍼스널 케어와 가정용품 시스템을 통해서' 라고 정해졌다.

기업 방향은 전략적인 집중이 가능하도록 해주면서, 그 기업을 진정한 정체성 및 글로벌 임무와 결합시켜 주는 접착제와 같다. 기업 방향은 기업의 모든 구성원들로 하여금 일치된 방향으로 생각할 수 있도록 만들어 준다. 인류의 건강과 환경에 긍정적으로 기여하지 않고, 개인 관리나 가정 관리와 무관한 일이라면 아무리 매력 있는 사업 기회라도 우리는 거부할 것이다. 물론 많은 경우 말하기는 쉬워도 그대로 실천에 옮기기는 어려울 것이다.

많은 기업이 책임과 지속가능성 선언을 하면 회의적인 반응을 받았다. 소비자들은 기업들이 기업 목표를 짤 때 그런 가치를 거의 사용하지 않으며, 그런 가치를 사원들의 머리와 마음에 생생하게 주입시키는 일은 더더욱 하지 않는다고 생각하기 때문이다. 세븐스 제너레이션에서 우리는 수많은 주요 결정들을 내릴 때 글로벌 임무와 기업 방향을 적용한다. 그렇게 하는 게 정직할 뿐만 아니라 전략적으로도 유익하기 때문이다. 이렇게 함으로써 우리는 앞으로 3~5년 동안 가정 용품과 퍼스널 케어 업계에서 지속가능성의 중요성을 앞장서서 이끌어나갈 것이다. 그렇게 하면 우리가 선두를 유지하는 전략을 세우는 데도 도움이 될 것이다. 기업 의식을 세우는 것은 우리가 하는 다른 어떤 일 못지않게 경쟁력을 높여 준다.

기업 의식이 전략을 결정한다

기업 의식은 기업 전반, 특히 일반 소비재 산업에 만연해 있는 모방적 사고에 균형을 잡아 준다. 많은 대형 일반소비재 기업이 점진적인 변화를 추구하는 데 만족하는 듯하다. 그들이 내세우는 '혁신' 가운데 많은 부분은 새로운 색상('흰색 보다 더 흰')이나 새로운 향기('계곡수보다 더 신선한')를 만들어 내는 정도이다. 하지만 이는 대부분의 사람들에게 없어도 되는 사소한 혜택이다. 세븐스 제너레이션은 혜택을 가져다 주는 생산에만 집착하는 게 아니라, 조금이라도 삶을 향상시키기 위해 노력하는 부문에서 경쟁한다. 많은 기업들의 경우, 전략이란 크게 보아 가장 높은 가격으로 물건을 사갈 가장 많은 구매자를 찾는 것에 불과하다. 그런 경우에는 전략적 토론도 보나마나 같은 질문으로 시작해 도달하는 결론도 하나같이 똑같다. 제품의 품질 향상, 비용 절감, 마케팅 캠페인 강화와 같은 내용들이다. 그러고 나면 남는 건 2위 자리를 차지하기 위한 레이스에 뛰어드는 일뿐이다.

세븐스 제너레이션은 남다른 기업이 되고 싶어 한다. 우리는 이윤이나 시장을 첫 번째로 생각하지 않는다. 우리가 토론할 때 이윤이나 시장에 대한 얘기는 한참 뒤에 나온다. 처음에는 큰 전략적 결정부터 이야기하는데, 다음과 같이 두 가지 색다른 질문을 먼저 던진다. 이 사업 기회가 우리의 글로벌 임무와 일치하는가? 더 높은 기준을 설정하고 진정한 가치를 제공하는가? 이 질문에 대해 그렇다는 대답을 얻게 되면, 그것은 정직한 사업 기회이고, 우리가 추구하는 목적과 일치한다는 결론을 내린다. 그 다음에 우리는 이렇게 묻는다. 만약 이 기회를 추진한다면 이를 성공시킬 능력, 다시 말해, 기술과 의지, 자원은 있는가? 다시 말해 이 기회가 업계를 크게 뒤흔들 만한 혁신을 일으킬 것인가?

물론 이게 전략을 수립하는 기존의 통상적인 방법은 아니다. 우리 회사의 전략 소싱 담당 최고경영자로 오기 전에 P&G와 클로록스의 경영진이었던 게리 엠블턴은 이런 일은 한 번도 본 적이 없다며 이렇게 말했다. "얼마나 많은 일반 소비재 기업이 새로운 사업에 착수할 때 사명과 기업 방향 선언을 가지고 출발하겠어요? 나는 절대로 그렇지 않다고 생각합니다."

독특한 가치와 사명을 가지고 전략을 수립하기 때문에 우리는 회사와 산업의 미래에 대한 독창적인 청사진을 만드는 데 유리한 위치에 서게 된다. 경제적인 의미에서뿐만이 아니라 기대치라는 측면에서도 그렇다. 우리는 회사 구성원, 이해 관계자, 경쟁사 및 고객들이 기대 수준을 높게 가지도록 해줄 유리한 위치에 있는 것이다. 우리는 2009년에 야자유 제품의 출현과, 그것이 열대우림에 미칠 파괴적 효과에 맞서 지속가능한 방식으로 재배한 야자유를 세제에 사용하는 북미 최초의 일반 소비재 기업이 되었다. 우리가 달성하려고 하는 목표가 바로 이런 것이다.

대부분의 사람들은 야자유로 만든 제품이 석유로 만든 것보다 자연적이며 지속가능하다고 생각한다. 우리도 그렇게 생각했다. 하지만 우리가 틀렸다. 야자유는 세상에서 가장 많이 팔리는 식물성 기름이다. 슈퍼마켓 선반에 놓인 제품 가운데 50%가 이를 함유하고 있다.(16) 그러나 그것의 성공은 심각한 사회적, 생태적 비용을 치루고 얻어진 것이다.

지난 몇 십 년간 야자유 생산은 거의 여섯 배나 증가했다. 대규모 플랜테이션으로 향하는 길을 닦으려고 인도네시아나 말레이시아의 울창한 열대우림이 어마어마한 양으로 베어졌다. 이런 삼림 파괴는 엄청난 양의 이산화탄소를 방출하며 지구 기후변화에 심각한 영향을 주고(17) 최악의 멸종 위기에 내몰린 종種들의 핵심 서식지를 빼앗는다. 야자유 생산과정에서 우리는 토착민들을 그들의 땅에서 몰아내고 공기와 지표수를 살충제로 뒤덮는다. 세제 대부분에 전통 야자유를 사용하면서도 우리는 반드시 지켜야 할 임무 가운데 두 가지를 지키지 않았다. 하나는 '세상을 보다 더 공정하고 평등한 곳으로 만들자'는 것이고, 다른 하나는 '환경을 되살리자'는 것이었다.

세븐스 제너레이션은 '토양에서부터 병에 담기기까지의 경로'를 추적해 우리가 사용하는 성분의 생태학적, 사회적 측면을 제대로 알기 위한 노력의 일환으로 야자유에 초점을 맞췄다. 야자유는 바로 우리가 세제류 제품에서 가장 많이 쓰는 성분이기 때문이었다. 야자유가 지속가능한 방식으로 생산되지 않으면 우리 세제도 지속가능하지 않은 것이다. 원재료 수급 전문가 두 명이 수마트라 섬의 리아우 주로 날아갔다. 인도네시아 야자유 산업 개발의 최전방인 곳이다. 우리는 열대우림이 야자유 플랜테이션으로 빠르게 변해가는 과정을 그들이 보고 들은 대로 전해 들었다. 그들이 하는 말을 우리의 글로벌 임무와 비교해 보니 진정으로 지속가능한 야자유 개발에 힘써야겠다는 생각이 들었다.

물론 아직 긴 여정의 초기 단계에 서 있을 뿐이지만 우리는 주목할 만한 진전을 이루어냈다. 세븐스 제너레이션은 회사의 전체 세제 포트폴리오에 필요한 야자유를 충당하기 위해 지속가능한 야자유 '생산 크레딧' (이산화탄소 크레딧을 본떠 만들었다)을 구매한 업계 최초의 기업이 되었다. 지속가능한 야자를 생산하는 이들에게 프리미엄 가격을 지불함으로써 세븐스 제너레이션은 그런 생산자들을 지원하고, 녹색 야자유 제품 시장의 확대를 주도했다. 야자유 크레딧을 구매한 것은 우리 제품 생산에 쓸 지속가능한 야자유 공급을 충분히 확보하기 위한 광범위한 전략의 첫 단계이다.

지속가능한 야자유만을 사용하고자 하는 세븐스 제너레이션의 고집은 '인류와 환경의 건강이 교차하는 지점' 을 선도할 것을 요구하는 우리의 기업 방향과 한치의 오차 없이 맞아 떨어진다. 이런 태도는 세븐스 제너레이션을 특별한 기업으로 만들고, 이에 따라 우리는 업계에 영향을 미쳐 뒤흔들 위치에 놓이게 된다. 전통적인 일반 소비재 기업들이 조금 더 좋은 제품, 조금 더 낮은 가격으로 경쟁 우위를 주장할 때 우리는 차원이 완전히 다른 시장을 만들 기회를 갖게 된 것이다.

마찬가지로 중요한 것은, 지속가능한 야자유 산업의 확대를 지원하는 노력은 '가르치고 영향을 미친다' 는 우리의 임무를 온전히 충족시켜 준다는 점이다. 우리는 최초가 되고 싶고, 또한 경쟁사들이 우리 뒤를 따라 주었으면 한다. 그래서 우리는 지속가능한 야자유의 공급망 구축에 따르는 어느 정도의 리스크와 어려움을 감수하려고 한다. 그것이 같은 업계의 많은 기업들에게 대의에 동참할 길을 터준다는 것을 알기 때문이다. 그런 식으로 우리는 영향을 미친다. 그렇게 함으로써 우리는 차별 점을 잃을 수도 있겠지만 상관없다. 세븐스 제너레이션은 더 높은 기준을 정하고, 그 기준점을 계속 높여갈 것이다.

기업 의식을 개발하기 위해 세븐스 제너레이션이 기울이는 노력에는 파트너와 경쟁사들로 하여금 성공에 대해 세븐스 제너레이션이 내린 정의를 따르게 만들려는 목적이 숨어 있다. 우리가 하는 대로 따라 하면, 그들이 더 나은 기업이 되는 데 도움이 될 수 있을 것이다. 물론 쉽지 않은 일이다. 세븐스 제너레이션에서 일하는 많은 이들이 지금도 낡은 사고 패턴을 부수고자 노력하고 있고, 명분에 따라 전략을 구축하는 게 현명한지에 대해 질문을 던지며, 변화가 무엇을 가져다줄지 여전히 두려워하고 있다. 하지만 우리는 기업이 이득과 시장보다 사명과 의미를 우선시 할 때 비로소 특별한 무엇을 보여줄 수 있다고 확신한다. 우리가 하는 일에 더 높은 수준의 의식을 불어넣으면 좋은 일은 저절로 따라올 것이다.

액션 아이템: 기업 의식 불어넣기

1. 회사 내 많은 이들에게 묻는다. 가능하다면 전 직원에게 이렇게 물

어 본다. '세상에 가장 필요로 하는 것 가운데 특별히 우리만이 제공할 수 있는 게 무엇인가?'

2. 회사의 목적, 업무 과정, 가치를 분명히 정리함으로써 회사의 본질, 핵심 정체성을 확립한다.

3. 여러 부서가 모여 회의를 갖고 다음의 두 가지 질문을 허심탄회하게 제기한다.

■ 우리가 하는 행동 가운데 우리의 가치와 일치하지 않는 부분이 어디인가?

■ 행동과 가치가 일치를 이루려면 어떻게 해야 하나?

4. 후속 회의는 다음의 두 가지 질문에 초점을 맞춘다.

■ 어떤 원칙에 따라 우리가 협력해야 하나?

■ 우리가 투명해지기 꺼리는 부분은 무엇이고, 그 이유는 무엇인가?

5. 위의 질문들에 대한 대답을 들으면 다음의 마지막 질문을 생각하는 데 도움이 될 것이다. '보다 책임 있고 지속가능한 회사를 만드는 데 적합한 우리만의 독특한 사업은 무엇일까?'

| 에필로그 |

이 책을 통해 우리는 기업이 좋은 제품을 파는 것에서 더 나아가 사회적, 환경적인 난제들을 푸는 쪽으로 추구하는 가치를 바꾸면, 지금과는 전혀 다른 새로운 기회들이 생겨난다는 점을 보여주려고 했다. 책임 있게 행동하는 것이 어떤 것인지에 대한 기존의 인식을 바꾸고, 사회에 해를 덜 끼치면 된다는 식의 점진적인 사고를 버리고, 세상의 모든 사물을 더 좋은 상태로 되돌려 놓겠다는 확장적인 사고를 가지면 과거와는 다른 기회를 맞게 된다는 사실을 보여주려고 한 것이다.

기회 있을 때마다 우리는 기업 책임에 대한 기존의 생각을 버리라고 주문했다. 많은 기업들이 소비자와 종업원들의 요구에 따라 기존의 생각을 바꾸게 될 것이다. 앞으로 자원은 점점 더 줄어들고, 그에 따라 기업도 더 큰 선善을 위해 기여해야 한다는 기대가 높아질 것이다. 좋은 기업의 길로 들어선 이단적인 기업들을 살펴봄으로써 우리는 책임의 기준을 끌어올리는 최상의 길은 다음과 같은 여섯 가지 원칙을 지키는 혁신이라는 점을 보여주려고 했다. 그것은 바로 사명과 협력, 투명성, 진정성, 커뮤니티, 그리고 의식의 여섯 가지 덕목이다.

우리는 노보 노디스크와 린든 랩, 나이키, 에치, 세븐스 제너레이션, 그리고 IBM 같은 다양한 기업들이 이 원칙을 어떻게 활용해서 사업의 새로운 지평을 열어 가는지 살펴보았다. 그리고 이들 기업의 중간 관리자와 중역들이 이제 기업 책임은 기업의 평판을 좋게 하는 장신구가 아니라, 진정한 혁신을 동반해야 하는 것임을 어떻게 실천으로 나타내 보이는지도 알아 보았다.

　　이제 관심은 다음은 누가 나설 것이냐이다. 누가 나서서 지속가능성을 증진시키는 데 있어서 전통적이고 점진적인 접근법을 뛰어넘을 것이냐 하는 것이다. 어떤 기업이 나서서 더 큰 열망을 품으면 더 많은 것을 성취하게 된다는 사실을 보여줄 것인가? 우리는 여러분 모두가 그 주인공이 될 수 있다고 믿는다. 물론 그것은 쉽지 않은 도전이다. 하지만 문제는 첫발을 내딛는 것이다. 이베이와 파타고니아, IBM의 사례에서 본 것처럼 그 일은 조직 내의 누구라도 시작할 수 있다. 마지막으로 당부하고 싶은 것은 일단 이 여정을 시작하게 되면 다음과 같은 말을 명심하라는 것이다.

　　책 첫머리에서 우리는 기업들에게 핵심 목적을 재정립하라고 주문하면서 다음과 같은 질문을 제기했다. 바로 "세상에 가장 필요한 것 중에서 우리가 특별히 잘 할 수 있는 게 무엇일까?" 하는 물음이었다. 이제 여러분이 답할 차례다. 이 물음에 있는 '우리'를 '나'로 바꾸어서 자문해 보라. 세상을 보다 지속가능하고 보다 공정한 곳으로 변화시킬 우리의 능력은 우리가 할 역할에 대한 정의를 새롭게 내리는 것에서 시작된다. 모든 가능성은 우리의 마음과 심장에서 시작된다.

　　마지막 장에서 우리는 세븐스 제너레이션이라는 이름의 유례에 대해 다음과 같은 인용문을 소개했다. "우리가 내리는 결정이 앞으로 다가올 일곱 세대seven generations에까지 미칠 영향을 고려해 최대한 신중을 기한다." 앞에서 밝혔듯이 이 인용문은 이로쿼이 부족 연맹 창설 문서에서 따온 것이다. 16세기 말 이 위대한 법전에 따라 끊임없는 분쟁 상태에 놓여 있던 북부 이로쿼이의 5개 부족은 연맹을 결성했다. 이 법전에 따라 이로쿼이 부족들은 평등의 정신, 피지배민의 동의, 그리고 무엇보다도 오늘 그들이 하는 일이 내일의 운명을 결정짓는다는 인식의 기반 위에 여성 부족장이 이끄는 새로운 부족 연맹으로 재편되었다. 이 법전은 지금도 강력한 영감을 던져 주며, 특히 앞으로 더 나은 세상을 만들기 위해 우리 모두가 마음에 새겨야 할 철학을 담고 있다.

지난 여러 해 동안 세븐스 제너레이션이라는 이름을 보다 '분명한 의미를 가진' '현대적인' 이름으로 바꾸라고 하는 목소리들이 있었다. 하지만 우리는 그런 제안을 거절했다. 우리의 이름은 다소 문제가 있다 해도 아름답고 풍부한 유산을 갖고 있다. 우리는 평생을 그 유산의 정신에 맞게 살아 왔다. 외람되지만 우리는 여러분도 우리처럼 하라는 말을 하고 싶다.

우리는 세븐스 제너레이션을 통해, 그리고 이 책에서 소개한 여러 혁명적인 운동가들의 행동을 통해 소중한 교훈을 배웠다. 이 교훈들이 앞으로 더 나은 세상을 만드는 데 도움이 될 것이다. 현실적인 제약을 극복하고 변화를 두려워하지 않는다면, 사회와 환경을 계속 새롭게 보충해 나가겠다는 목표는 분명히 실천 가능한 것이다. 다음 세대들이 우리에게 그렇게 하라고 요구한다.

참고문헌

프롤로그

1 Peter M. Senge, Bryan Smith, Sara Schley, Joe Laur, and Nina Kruschwitz, The Necessary Revolution: How Individuals and Organizations Are Working Together to Create a Sustainable World (New York: Double day, 2008).

1 책임혁명의 시작

1 'Triodos' 는 그리스어 tri hodos('세 갈래 길' 이라는 뜻)에서 온 말. 여기서는 투자전략의 세 가지 고려사항인 사회,환경, 재정적인 영향을 의미한다.
2 저자와의 인터뷰에서 인용함.
3 '기업의 사회적 책임' corporate social responsibility' CSR로 쓰기도 하고 '기업 책임' corporate responsibility로 쓰기도 한다.
4 Gould developed the theory with the paleontologist Niles Eldredge.
5 Adam Smith, The Theory of Moral Sentiments (Cambridge University Press, 2002), p.1
6 Drucker is quoted by David Cooperrider, director of Case Western Reserve University's Center for Business as Agents of World Change, in "The Business Case for Social Responsibility," ASAE & the Center for Association Leadership; http://www.asaecenter.org/PublicationsResources/content.cfm?ItemNumber=27918.
7 Lee Scott 은 2009년 2월에 월마트 CEO 직에서 물러났다.
8 Jeremy Oppenheim, Sheila Bonini, Debby Bielak, Tarrah Kehm, and Peter Lacy, "Shaping the New Rules of Competition: UN Global Compact Participant Mirror,"

McKinsey & Company, July 2007.

9 Daniel Franklin, "Just Good Business," The Economist, January 17, 2008.

10 M. Todd Henderson and Anup Malani, "Capitalism 2.0," Forbes, March 10, 2008.

11 Speech by Patrick Cescau, group chief executive of Unilever, at the 2007 INDEVOR Alumni Forum in INSEAD, Fontainebleau, France (May 25, 2007).

12 Quoted by Jo Marchant, "Interview" The Environmental Activist," New Scientist, October 15, 2008.

13 Bryan Walash, "Gambling on Green," Time, December 12, 2007.

14 Quoted from Google's "Company Overviw, http://www.google.com/corporate/.

15 As described by Whole Foods cofounder and CEO John Mackey in his article, "Rethinking the Social Responsibility of Business," Reason, October 2005; http://www.reason.com/news/show/32239.htm.

16 Quoted from Genzyme's "Our Commitment," www.genzyme.com/commitment/commitment_home.asp.

17 The business strategist Gary Hamel, with Bill Breen, shows how mission attracts top talent and elicits bigger contributions from people in The Future of Management (Boston: Harvard Business School Press, 2007). So too does Bob Willard in his book The Sustainability Advantage: Seven Business Case Benefits of a Triple Bottom Line (Gabriola Island, British Columbia, Canada: New Society Publishers, 2002).

18 Howard Schultz and Dori Jones Yang, Pour Your Heart into It: How Starbucks Built a Company One Cup at a Time (New York: Hyperion, 1997).

19 Jessica Dicker, "Best Employers, Great Returns," CNNMoney.com, January 18, 2007; http://money.cnn.com/2007/01/17/magazines/fortune/bestcompanies_performance/

20 Julia Boorstin, "No Preservatives, No Unions, Lots of Dough," Fortune, September 15, 2003.

21 Jonah Bloom, "Recession Provides a Chance to Build a Better Capitalism," Advertising Age, December 8, 2008.

22 According to the Biennial edition, "Report on Socially Responsible Investing Trends in the United States,"published by the Social Investment Forum in March 2008.

23 Richard Stengel, with reporting by Jeremy Caplan, "The Responsibility Revolution," Time, September 21, 2009

24 According to the report, "in the 16 of 18 industries examined, companies recognized as sustainably focused outperformed their industry peers over both a three and six-month period, and were well protected from value erosion. Over

three months, the performance differential across the 99companies in this analysis worked out to 10 percent; over six months, the differential was 15 percent."

25 Joe Manget, Catherine Roche, and Felix Mnnich, "Capturing the Green Advantage for Consumer Companies," Boston Consulting Group, January 2009

26 Anthony Ling, Sarha Forrest, Marc Fox, and Stephan Feilhauer, "GSSUSTAIN," Goldman Sachs Global Investment Research, June 2007, p.5; http://www.unglobalcompact.org/docs/summit2007/gs_esg_embargoed_until030707pdf.pdf

27 George Pohle and Jeff Hittner, "Attaining Sustainable Growth Through Corporate Responsibility," IBM Institute for Business Value, February 2008.

28 Thomas L. Friedman, "Et Tu, Toyota?" New York Times, October 3, 2007.

29 Felicity Barringer and Andrew Ross Sorkin, "Prominent Green Group to Help Buyout Firm," New York Times, May 1, 2008.

30 "The Seven Sins of Greenwashing: Environmental Claims in Consumer Markets," TerraChoice Environmental Marketing, April 2009.

31 Toby Webb, "Unilever's CEO: Social Innovation and Sustainability the Only Game in Town," Ethical Corporation, May 30, 2007; http://www.ethicalcorportioninstitute.com/ .

32 David Roberts, "Energy Efficiency and Sex," Grist, April 29, 2009; http://www.grist.org/article/2009-04-29-energy-efficiency-and-sex

33 Joseph Pine and James Gilmore, "The End of Corporate Social Responsibility," Harvard Business Publishing, December 26, 2007; http://blogs.harvardbusiness.org/cs/2007/12/the_edn_of_corporate_social_re.html

34 William C. Taylor and Polly LaBarre make a compelling case for "strategy as advocacy" in their book, Mavericks at Work: Why the Most Original Minds in Business Win (New York: William Morrow, 2006).

2 가치에 충실한 기업

1 Portions of this chapter are based on material that first appeared in the following publications: Kermit Pattison, "Wal-Mart Loved Organic Valley's Milk: So Why Cut Off the Flow?" Inc., July 2007; Mike Hughlett, "Volatility in Dairy Business Will Begin to Affect Organic Milk Business," Chicago Tribune, April 27, 2008;

Daniel Franklin, "Just Good Business," The Economist, January 19, 2008; Tricia Holly-Davis, "Can Profits Be Made on Eco Investments?" The Sunday Times (London), April 26, 2009; Elizabeth Day, "He's the Man Who Gave 〈arks & Spencer a Life-Saving Makeover," The Observer (England), May 31, 2009; Anya Kamenets, "Ebay's Fair-Trade Marketplace," Fast Company, September 17, 2008.

2 오가닉 밸리 경영진과 관련된 인용문은 저자와의 인터뷰를 토대로 했다.

3 Quoted from the "Farmers with a Mission" section of Organic Valley's Wet site; http://www.organicvalley.coop/our-story/our-cooperative/

4 Quoted from the "Our Mission" section of Medtronic's Web site; http://www.medtronic.com/about-medtronic/our-mission/

5 The quote can be found at any number of Ben & Jerry's franchises, including this one in Washington, CD; http://www.dcbenjer.com/

6 The following articles and books greatly informed our thinking about mission, purpose, and values: former Medtronic CEO Bill George showshow a shared mission and values align people and empower leaders in True North: Discover Your Authentic Leadership, Written with Peter Sims (San Francisco: Jossey-Bass, 2007); Gary-Hamel provides a definitive account of the power of purpose at Whole Foods Market and Google in The Future of Management, written with Bill Breen (Boston: Harvard Business School Press, 2007); Rosabeth Moss kanter demonstrates that mission and values can change even mega-corporations in "Transforming Giants," Harvard Business Review, January 1, 2008; http://harvardbusiness.org/product/transforming-giants/an/R0801B-PDF-ENG; in Mavericks at Work: Why the Most Original Minds in Business Win (New York: William Morrow, 2006), William C. Taylor and Polly LaBarre put some real brio into the power-of-purpose argument, by showing how it animates outfits like ING Direct USA and the ad agency GSD&M; Mohan Nair convincingly demonstrates that mission yields real motivation in "How Causes Can Animate Companies," Strategy + Business August 28, 2007.

7 Bo Burlingham, "Jim Collins: How to Thrive in 2009," Inc., April 2009; http://www.inc.com/magazine/20090401/in-times-like-these-you-get-a-chance.html

8 Quoted from the "Sustainability" section of Halliburton's Web site; http://www.halliburton.com/AboutUs/default.aspx?navid=981&pageid=2279

9 Quoted from the "Environment" section of ExxonMobil's Web site; http://www.exxonmobil.com/corporate/community_environment.aspx

10 Viktor E. Frankl, Man's Search for Meaning (New York: Beacon Press, 1959), p. 122; http://www.webwinds.com/frankl/quotes.htm

11 James C. Collins and Jerry I. Porras, Built to Last: Successful Habits of Visionary Companise (New York: Harper Business, 1995).

12 Kanter's study I expanded in her book SuperCop: How Vanguard Companies Create Innovation, Profits, Growth, and Social Good (New York: Grown Business, 2009)

13 Rosabeth Moss Kanter, "Transforming Giants," Harvard Business Review, January 1, 2008; http://harvardbusiness.org/product/transforming-giants/an/R0801B-PDF-ENG

14 William C. Taylor and Polly LaBarre, Mavericks at Work: Why the Most Original Minds in Business Win (New York: William Morrow, 2006).

15 "Organic Valley Culminates 2005 with Launch of 'Generation Organic,'" Organic Valley, December 19, 2005; http://www.organicvalley.coop/newsroom/press-releases/details/article/organic-valley-culminates-2005-with-launch-of-generation-organic

16 Marjorie Kelly, "Not Just for Profit," Strategy + Business, Spring 2009, p.53.

17 Another data point demonstrating that employee-owned companies deliver outsized performance: in "CoCo Companies: Work, Happiness, and Employee Ownership," a paper published in February 2007 by the UK's Employee Ownership Association, Richard Reeves reports the "The Employees Ownership Index has consistently outperformed [London's] FTSE All-Share. In cash terms, an investment of £100 in the EOI in 1992 would have been worth £349 at the end of June 2003; the same amount invested in the FTSE all-Share would have been worth £161." http://www.employeeownership.co.uk/news%5Cfiles%5C23_1.pdf

18 Kanter, in "Transforming Giants," presents convincing evidence that even multinational corporations are using values to resolve "long-standing contradictions."

19 Quoted by the journalist and blogger Marc Gunther in his piece, "A Crisis Is a Terrible Thing to Waste," The Business of Sustainability; http://www.marcgunther.com/?p=438.

20 Angela Cortez, "Organic Milk Co-ops Respond to Drop in Demand," Natural Foods Merchandiser, June 10, 2009; http://naturalfoodsmerchandiser.com/tabId/119/itemId/3894/Organic-milk-coops-respond-to-drop-in-demand.aspx

21 이베이 경영진과 관련된 인용문은 저자와의 인터뷰를 토대로 한다.

22 Among Marks and Spencer's many philanthropic efforts: in 2009, employees raised £1.25 million in 125 days for local charities.

23 M&S Was one of the pioneers of Business in the Community, a UK-based non-profit that's mobilized more than 850 companies to undertake a sweeping range of worthy initiatives, including closing the gap on gender pay, disclosing greenhouse-gas emissions, and campaigning for economic renewal in distressed communities; http://bitc.org.uk/community/economic_renewal/strategy_and_vision/index.html

24 The billionaire boss of the British retail company Arcadia Group, Green withdrew his offer after failing to win sufficient backing from shareholders.

25 Unless otherwise noted, this comment and all others attributed to Marks & Spencer executives are drawn from interviews conducted by the authors.

26 Rose는 2010년 7월 M&S의 최고경영자에서 물러나 회장으로 자리를 옮겼다.

27 Sarah Butler, "Shoppers Look Behind the Label to Vote M&S the Greenest," The (London) Times, March 28, 2007.

28 "Just Good Business," The Economist, January 19, 2008.

29 Joel Makower, "How Bad is Greenwashing, Really?" GreenBiz.com, July 5, 2008; http://www.greenbiz.com/blog/07/06/how-bad-is-greenwashing-really

30 Sunday Times, May 25, 2008.

31 Thomas L. Freidman, Hot, Flat, and Crowded: Why We Need a Green RevolutionAnd How It Can Renew America (New York: Farrar, Straus & Giroux, 2008),

32 According to a report tin the Christian Science Monitor, roughly 5 to 10 percent of global CO_2 emissions are related to the manufacture and transportation of cement, a major ingredient of concrete. Tony Azios, "Industry Scrambles to Find a 'Greener' Concrete," Christian Science Monitor, March 12, 2008; http://www.csmonitor.com/2008/0312/p14s01-stgn.html

3 공동체를 지향한다

1 Portions of this chapter are based on material that first appeared in the following publications: Joe Nocera, "The Sinatra of Southwest Feels the Love," New York Times, May 24, 2008; Philip Rosedale, as told to Michael Fitzgerald, "How I Did It," Inc., February 2007; Sara Corbett, "Portrait of an Artist as an Avatar," New York Times, March 8, 2009; Janet Rae-Dupree, "Even the Giants Can Learn to

Think Small," New York Times, August 3, 2008; Bill Breen, "The 6 Myths of Creativity," Fast Company, December 2004; Jared Sandberg, "A Modern Conundrum: Where Work's Invisible, So Are Its Satisfactions," Wall Street Journal, February 19, 2008.

2 On April 16, 2009, Southwest reported a first-quarter loss of $0.03 per share.

3 Katrina Brooker, "The Chairman of the Board Looks Back," Fortune, May 28, 2001; http://money.cnn.com/magazines/fortune/fortune_archive/2001/05/28/303852/index.htm

4 Charles Fishman, "The War for Talent," Fast Company, July 1998; http://www.fastcompany.com/magazine/16/mckinsey.html

5 Articles and books the advanced our thinking about creating a "responsible," workplace: Steffan Stern explores the challenges of "Winning the engagement of employees" in "How to Get Staff to Care About Their Work," Financial Times, January 31, 2008; Julian Birkinshaw looks at the world through the eyes of "those who are managed" and it's not a pretty sightin his article, "What Does It Feel Like to Bee Managed?" Labnotes, September 2008; Gary Hamel makes a deep, compelling case that companies that are organized around a community model outperform bureaucracies, in The Future of management, written with Bill Breen (Boston: Harvard Business Scholl Press, 2007); the power of the community-based management model is powerfully articulated by Wilbert ("Bill") L. Gore, the founder of W. L. Gore & Associates, in an unpublished paper, "The Lattice OrganizationA Philosophy of Enterprise" we strongly encourage the company to publish Bill Gore's paper.

6 "Closing the Engagement Gap: A Road Map for Driving Superior Business Performance," Towers Perrin Global Workforce Study 2007-2008; http://www.towersperrin.com/tp/getwebcachedoc?webc-HRS/USA/2008/200803/Gws_Global_Report20072008_31208.pdf

7 "Rethinking Corporate Social Responsibility: A Fleishman-Hillard/National Consumers League Study," May 2007; http://www.csrresults.com/CSR_ExecutiveSummary07.pdf

8 Gary Hamel with Bill Breen, The Future of Management (Boston: Harvard Business Scholl Press, 2007).

9 Julian Birkinshaw, "What Does It Feel Like to Be Managed?" LabNotes, MLab, September, 2008. http://www.managementleb.org/files/LabNotes9.pdf. Birkinshaw is the cofounder, along with Gary Hamel, of MLab (aka the

Management Lab), whose mission is to "accelerate the evolution of management."

10 Breen, "The 6 Myths of Creativity" http://www.fastcompany.com/magazine/89/creativity.html?page=0%2C1

11 Charles Fishman, "The Anarchist's Cookbook," Fast Company, July 2004; http://www.fastcompany.com/magazine/84/wholefoods.html?page=0%2C2

12 Quoted from "The Company" section of Linden Lab's Web site; http://lindenlab.com/about

13 Sandberg, "A Modern Conundrum."

14 린든 경영진과 관련된 인용문은 저자와의 인터뷰를 토대로 했다.

15 As reported by Corbett, "Portrait of an Artist as an Abata."

16 Samuel A. Culbert, "Get Rid of the Performance Review!" Wall Street Journal, October 20, 2008; http://online.wsj.com/atricle.SB122426318874844933.html

17 Rosedale, "How I Did It," Inc., February 2007.

18 Steven Greenhouse, "Working Life (High and Low)," New York Times, April 20, 2008.

19 See "About SourceForge.net," http://sourceforge.net/about

4 투명하라

1 Among the books and articles that influenced our thinking on transparency, these three stand out: one of the best and most entertaining explorations of transparency's implications for business is Clive Thompson's "The See−Through CEO," Wired, March 2007; Don Tapscott and David Ticoll were among the first to spot transparency's ascent in their landmark book, The Naked Corporation: How the Age of Transparency Will Revolutionize Business (Free Press, 2003); Shel Holtz and John C. Havens deliver a valuable manual in Tactical Transparency: How Leaders Can Leverage Social Media to Maximize Value and Build Their Brand (San Francisco: Jossey−Bass, 2009).

2 Clive Thompson, "The See−Through CEO," Wired, March 2007

3 George Phole and Jeff Hittner, "Attaining Sustainable Growth Through Corporate Social Responsibility," IBM Institute for Business Value, February 2008.

4 Sheila Bonini, Noemie Brun, and Michelle Rosenthal, "McKinsey Global Survey Results: Valuing Corporate Responsibility," McKinsey Quarterly, February 2009; http://www.mckinseyquarterly.com/Valuing_ccorporate_social_responsibility_Mc

Kinsey_Global_Survey_Results_2309

5 "Edelman Trust Barometer 2009: The Tenth Global Opinion Leaders Survey," Edelman, January 2009.

6 "Edelman Trust Barometer 2009," p.4

7 Portions of this chapter are based on material that first appeared in the following publications: Yvon Chouinard, Let My People Go Surfing: The Education of a Reluctant Businessman (Penguin Press HC, 2005); Louder Than Words (Patagonia, 1999), http://mbianchi.com/docs/louder_than_words.pdf; Lorinda R. Rowledge, Russell S. Barton, and Kevin S. Brady, Mapping the Journey: Case Studies in Strategy and Action Toward Sustainable Development, (Greenleaf Publishing, 1999); http://www.Greenleaf-publishing.com/content/pdfs/pata.pdf Alissa Walker, "Measuring Footprints," Fast Company, April 2008l http://www.fastcompany.com/magazine/124/measuring-footprrints.html Claudia H. Deutsch, "Seeking a Joint Effort for Greener Athletic Shoes,"New York Times, September 29, 2007; Heather Green and Kerry Capell, "Carbon Confusion," Business Week, March 17, 2008.

8 Susan Casey, "Patagonia: Blueprint for Green Business," Fortune, May 29, 2007; http://money.cnn.com/magazines/fortune/fortune_archive/2007/04/02/8403423/index.htm

9 Quoted from "Our Reason for Being" on Patagonia's Web site; http://www.patagonia.com/web/us/patagonia.go?slc=en_US&sct=US&assetid=2047.

10 파타고니아 경영진과 관련된 인용문은 저자와의 인터뷰를 토대로 했다.

11 Chouinard, Surfing, p.212.

12 Quoted from Lorinda R. Rowledge, Russell S. Barton and Kevin S. Brady, Mapping the Journey: Case Studies in Strategy and Action Toward Sustainable Development, (Greenleaf Publishing, 1999).

13 Chouinard, Surfing, p. 205.

14 Jacob Gordon, "The TH Interview: Yvon Chouinard, Founder of Patagonia," TreeHugger, February 7, 2008; http://www.treehugger.com/files/2008/02/the_th_interview_yvon_chouinard.php

15 Alex Steffen, blogging at World Changing, likes Chronicles overall but has a few quibbles; http://www.worldchanging.com/archives//007543.html

16 Steffen, "The Footprint Chronicles, Grey Matters," World Changing, November 8, 2007.

17 "The Timberland Company; 2006 Corporate Social Responsibility Report,"

Timberland, p. 21; http://www.timberland.com/include/csr_reports/2006_TBL_CSR_Report_Full.pd

18 Quoted from a presentation that Rick Ridgeway gave on November 17, 2008 at the "Opportunity Green: 2008" conference held at UCIA. Video of Ridgeway's talk is posted on "Melodies in Marketing," http://www.melodiesinmarketing.com/2008/11/17/the-patagonia-story-rick-ridgeway/

19 See the "Transparency & Accountability" section of Timberland's Web site, http://www.timberland.com/cop/index.jsp?page=../include/csr_reports

20 팀버랜드 경영진과 관련된 인용문은 저자와의 인터뷰를 토대로 했다.

21 Thomas L. Friedman, "9/11 and 4/11," New York Times, July 20, 2008; http://www.nytimes.com/2008/07/20/opinion/20fredman.html

22 Simon Zadek, "The Path to Corporate Responsibility," Harvard Business Review, December 1, 2004.

23 "European Convention for the protection of Vertebrate Animals Used for Experimental and Other Scientific Purposes,"Council of Europe, December 2, 2005

24 Quoted from Miguel Bustillo, "Wal-Mart to Assign New 'Green' Ratings," Wall Street Journal, July 16, 2009.

5 진짜 좋은 기업

1 Portions of this chapter are based on material that first appeared in the following publications: Nicholas Ind, "Patagonia: The World's Most Au-thenic Brand?" Glasshouse Partnership; http://www.glasshousepartnership.com/downloads/nicholas-ind-on-patagonia-and-brand-authenticity.pdf Lorinda R. Rowledge, Russell S. Barton, and Kevin S. Brady, Mapping the Journey: Case Studies in Strategy and Action Toward Sustainable Development (Greenleaf Publishing, 1999); Yvon Chouinard, Let My People Go Surfing: The Education of a Reluctant Businessman (New York: Penguin Press, 2005); Eugenia Levenson, "Citizen Nike," Fortune, November 17, 2008; Thomas W. Malone, Wanda J. Orlikowski, and Peter M. Senge, "In Praise of the Incomplete Leader," Harvard Business Review, February 2007; Simon Zadek, "The Path to Corporate Responsibility," Harvard Business Review, December 2004; Bill Breen, "Who Do You Love?" Fast Company, May 2007; "A Stitch in Time," The Economist, January

19, 2008; Richard Locke, Fei Qin, and Alberto Brause, "Does Monitoring Improve Labor Standars? Lessons from Nike,"MIT Sloan Working Paper No. 4612-06, MIT Sloan School of Management, July 2006; Reena Jana, "Quality Over Green," Business Week, January 28, 2008.

2 Thomas Friedman, "Et Tu, Toyota?" New York Times, October 3, 2007.

3 John Grant, The New Marketing Manifesto: The 12 Rules for Building Successful Brands in the 21st Century (Texere Publishing, 2000).

4 Among the recent spate of books on authenticity that contributed to our understanding, these three stand out: David Boyle does a masterful job of exploring the line between fake and real in Authenticity: Brands, Fakes, Spin, and the Lust for Real Life(Harper Perennial, 2003); James H. Gilmore and B. Joseph Pine II limn the "Appeal of real" for consumersand what that means for companiesin Authenticity: What Consumers Really Want (Harvard Business School Press, 2007); and Richard Florida, in his landmark book The Rise of the Creative Class: And How It's Transforming Work, Leisure, Community, and Everyday Life(Basic Books, 2002), shows how the search for the authentic influences where cultural creatives live and work, and what they buy.

5 David Boyle, Authenticity

6 Gilmore and Pine, Authenticity: What Consumers Really What.

7 "The Six Sins of Green washing: A Study of Environmental Claims in North American Consumer Markets," Terra Choice Environmental Marketing, November 2007; http://www.terrachoice.com/files/6_sins.pdf

8 Joseph Romm, "BP Joins 'Biggest Global Warming Crime Ever Seen," Grist, December 19, 2007; http://www.grist.org/article/proof-that-beyond-petroleum-was-greenwashing

9 Brian Stelter, "When Chevron Hires Ex-Reporter to Investigate Pollution, Chevron Looks Good," New York Times, May 11, 2009.

10 John J. Fialka, "As It Polishes Green Image, GE Fights EPA," Wall Street Journal, February 13, 2007.

11 Ben Elgin, "GreenUp to a Point," Business Week, March 3, 2008.

12 Vesela Veleva, "Time to Get Real: Closing the Gap Between Rhetoric and Reality," Boston College Center for Corporate Citizenship, December 2007; http://www.bcccc.net/index.cfm?fuseaction=document.showDocumentByID&DocumentID=1172

13 Michael E. Porter and Mark R. Kramer, "Strategy and Society: The Link Between

Competitive Advantage and Corporate Social Responsibility," Harvard Business Review, December 1, 2006l http://harvardbusiness.org/product/strategy-and-society-the-link-between-competitive-/an/R0612D-PDF-ENG

14 Nicholas Ind, "Patagonia: The World's Most Authentic Brand?"

15 For example, see Lorinda R. Rowledge, Russell S. Barton, and Kevin S. Brady, Mapping the Journey: Case Studies in Strategy and Action Toward Sustainable Development.

16 Chouinard, Surfing.

17 Nicholas Ind, "Inside Out," Propeller, 2002; http://nicholasind.com/articles/artcles_insideout.html

18 Chouinard, Surfing.

19 파타고니아 경영진과 관련된 인용문은 저자와의 인터뷰를 토대로 했다.

20 To learn more about impact investing, see Jessica Freireich and Katherine Fulton, "Investing for Social & Environmental Impact: A Design for Catalyzing an Emerging Industry," Monitor Institute, January 2009; http://www.monitorinstitute.com/impactinvesting/documents/InvestingforSocialandEnvImpact_FullReport_004.pdf. The report tracks how "profit-seeking investment to generate social and environmental good is moving from a periphery of activist investors to the core of mainstream financial institutions.

21 나이키 경영진과 관련된 인용문은 저자와의 인터뷰를 토대로 했다.

22 Zadek, "Path to Corporate Responsibility."

23 Richard M. Locke, "The Promise and Perils of Globalization: The Case of Nike," teaching case for the Sloan School of Management.

24 Kim Mackrael, "A Natural Step Case Study: Nike," The Natural Step, January 2009; http://www.thenaturalstep.org/sites/all/files/Nike%20Case%20Study_Jan2009.pdf

6 협력하는 기업

1 Portions of this chapter are based on material that first appeared in the following publications: Josh Bernoff and Charlene Li, "Harnessing the Power of the Oh-So-Social Web," MIT Sloan Management Review, April 1, 2008; Max Chafkin, "The Customer Is the Company," Inc., June 2008; Clive Thompson, "The Revolution in Micromanufacturing," Wired, February 2009; Rob Walker,

"Handmade 2.0," New York Times Magazine, December 16, 2007; Linda Tischler, "The Fast 50: Etsy," Fast Company, February 2009; Pan Kwan Yuk, "A Business Crafted for Artisans," The Financial Times, February 26, 2008; Jessi Hempel, "Big Blue Brainstorm," Business Week, August 7, 2006; Steve Hamm, "Thinking the Future," Business Week, March 9, 2006; Ian Williams, "IBM Makes a Splash in Water Technology,: BusinessGreen.com, March 16, 2009.

2 Mary Pilon, "Credit Cards Get the Axand Blender," Wall Street Journal, June 18, 2009.

3 '플라스텍토미' Plastectomy라는 용어는 폭스 비즈니스 뉴스의 진행자 데이브 램지가 처음 쓴 것으로 알려져 있다.

4 Bernoff and Li, "Harnessing the Power of the Oh-So-Social Web"

5 These and other examples of customers leveraging the Web to fight back are chronicled in Charlene Li and Josh Bernoff's Groundswell: Winning in a World Transformed by Social Technologies(Boston: Harvard Business School Press, 2008).

6 Shoshana Zuboff and James Maxmin, The Support Economy: Why Corporations are Failing Individuals and the Next Episode of Capitalism (New York: Penguin Books, 2002).

7 Over the past decade, few business concepts have had as much appeal as cocreation and open innovation. Some of the most insightful explorations of democratic idea generation and production: James Surowiecki convincingly shows how groups are sometimes smarter than the smartest person in them in his classic book The Wisdom of Crowds (New York: Random House, 2004); Don Tapscott and Anthony D. Williams were also among the first to spot the rise of collective knowledge as a force for egalitarian creation in their groundbreaking book Wikinomics: How Mass Collaboration Changes Everything (New York: Portfolio, 2006); two more recent books powerfully demonstrate the implications of mass collaboration and social media for business: Jeff Howe, Crowdsourcing: Why the Power of the Crowd Is Driving the Future of Business (New York: Crown Business, 2008), and the aforementioned Li and Bernoff's Groundswell.

8 Working Assets' cell-phone company is marketed have supported the CREDO Mobile brand.

9 Over the years, Working Assets' customers have supported the ACLU, Greenpeace, Doctors Without Borders, and the Organic Consumers Association, among many other groups.

10 Max Chafkin, "The Customer Is the Company," Inc., June 2008.

11 Michael Tomasello, "How Are Humans Unique?" New York Times Magazine, May 25, 2008, p.15.

12 This point, as well as a deeper exploration of the origins of "Etsy," can be found at "Et si," The Name Inspector, http://www.thenameinspector.com/etsy/

13 에치 경영진 관련 인용은 저자와의 인터뷰를 토대로 했다.

14 이 책이 출간된 뒤 에치는 새 사무실로 이전하고 종합적인 생태 사무실 계획에 돌입했다.

15 Quoted from Slow Food's "Our Philosophy," http://www.slowfood.com/about_us/eng/philosophy.lasso

16 Rob Walker, "Handmade 2.0," New York Times Magazine, December 16, 2007.

17 Clive Thompson, "The Revolution in Micromanufacturing," Wired, March 2009.

18 Clive Thompson makes this point in "The Revolution in Mincoromanufacturing."

19 Jessica Bruder, "the Etsy Wars," Fortune Small Business, July 15, 2009.

20 Quoted from the video clip "GreenXchange," http://sciencecommons.org/projects/greenxchange/

21 Agnes Mazur, "GreenXchange: Creating a Meta-Map of Sustainability," NaturalPath, May 5, 2009; http://www.naturalpath.com/sustainability/green-xchange-creating-meta-map-sustainability.

22 "Deep Dive Briefing Material: Water and the Oceans," IBM Global Innovation Outlook, Atlanta, September 23, 2008.

23 Ariel Schwartz, "Big Blue Sees Green, Plunges into Water Management," Fast Company, March 13, 2009; http://www.fastcompany.com/blog/ariel-schwartz/sustainability/ibm-plunges-water-magagement

24 "global Innovation Outlook 2.0," IBM Gloval Innovaton Outlook, March 2006; http://www.ibm.com/ibm/gio/media/pdf/GIO_06_Book_SnglPgs_zz.pdf

25 Richard R. Ellsworth, Leading with Purpose: The New Corporate Realities (Palo Alto: Stanford Business Books, 2002), p.115.

26 Ellsworth, Leading with Purpose

27 IBM 경영진 관련 인용은 저자와의 인터뷰를 토대로 했다.

7 사회적 책임을 넘어

1 Reich makes a powerful, though ultimately unpersuasive, case for this view in his provocative book Supercapitalism: The Transformation of Business, Democracy, and Everyday Life (New York: Knopf, 2007).

2 Quoted from Elspeth Cisneros, "Robert Reich, Supercapitalim," Prosper, December 2007; http://www.prospermag.com/article/283-160

3 A point that's made in Wikipedia's definition of "corporation" http://en.wikipedia.org/wiki/Corporation

4 Marjorie Kelly, The Divine Right of Capital: Dethroning the Corporate Aristocracy (San Francisco: Berrett-Koehler, 2001); http://p2pfoundation.net/Divine_Right_of_Capital.

5 Much of this discussion is drawn from Seventh Generation's work with Carol Snaford and our interviews with her. Connect with Carol at http://carolsanford.com/index.html.

6 We highly recommend Peter M. Senge. C. Otto Scharmer, Joseph Jaworski, and Betty Sue Flowers, Presence: An Exploration of Profound Change in People, Organizations, and Society(New York: Doubleday Publishing/Society for Organizational Learning, 2005).

7 From Carol Snaford's Web site, http://carolsanford.com/about.htm.

8 David Brooks, "The Power of Posterity," New York Times, July 28, 2009.

9 Jeff Bezos, Julia Kirby, and Thomas A. Stewart, "The Institutional Yes: An Interview with Jeff Bezos," Harvard Business Review, October1, 2007.

10 For a vivid description of how completely Sam Walton's "presence" continues to permeate Wal-Mart, See Charles Fishman's excellent book The Wal-Mart Effect: How the World's Most Powerful Company Really? Worksand How It's Transforming the American Economy (New York: Penguin, 2006).

11 In 2004, Seventh Generation won the Small Business Corporate Stewardship Award, Which is given to the nation's best example of corporate citizenship among small enterprises. That same year, Fast Company magazine picked Seventh Generation as one of its "Fast 50: The World's Most Innovative Companies," a coalition of New England's transportation and environmental organizations selected Seventh Generation as one of New England's "best workplace for commuters" and the Minnesotabased Alliance for Sustainability honored Seventh Generation for "Great accomplishment"across a wide range of sustainability endeavors. Also that year, Vermont Business for Social Responsibility awarded Jeffrey Hollender its Terry Ehrich Award "for having created a business model that encompasses a healthy and productive workplace, welcomes and promotes flexibility for employees, and has a key focus on the importance of life-friendly policies."

12 In 1966, Charles Krone developed the Task Cycle for Procter & Gamble's Lima, Ohio, manufacturing business. In the early 1970s, Krone and Carol Sanford used the Task Cycle with Dupont, as well as many other companies in the following decades. Sanford, with permission, developed an augmented version of the Cycle for Seventh Generation.

13 Seventh Generation's mission is 'to inspire a more conscious and sustainable world by being an authentic force for positive change."

14 개정된 세븐스제너레이션의 글로벌 임무(2009년 6월);

Provide regenerative & effective product solutions

We develop household and personal care products that delight and systemically regenerate the health and wellbeing of our consumers and our environment.

Restore our environment

We ensure that natural resources are used at a rate that is always below their rate of depletion. We will actively contribute to repairing the damage and ensure the raw materials we use are regenerative of the world's natural systems.

Build coalitions that create new possibilities

No one can solve challenges we face alone; we must set aside what divides us and come together around our common responsibility to future generations to generate systemic solutions and brighter possibilities.

Create a just and equitable world

We believe happy, healthy people make the world a better place; we will create a just and equitable world through the marketplace. We will proudly "give back" by volunteering our time, our knowledge and by donating 10% of our profits to support organizations working for positive change.

Inspire conscious consumption

Holding the past, the present, and the future in the same mind, we will create a world rich in values as contrasted to a world rich in artifacts. We're dedicated to being "provisioners" of greater consumer consciousness and personal development through dialogue and education that encourages people to understand how their decisions today impact the next seven generations.

15 According to the Environmental Working Group.

16 According to the Roundtable on Sustainable Palm Oil, http://www.rspo.

org/resource_centre/RSPO_Presentation_Basic.ppt. An article in the New York Times reports that 40% of the products on Australian supermarket shelves contain palm oil; http://www.nytimes.com/2009/09/10/business/energy-environment/10palm.html?pagewanted=2

17 Greenpeace reports that Indonesia's place as one of the planet's top three greenhouse gas emitters is driven largely by deforestation; http://www.greenpeace.org.uk/forests/palm-oil.

찾아보기

옮긴이 **손정숙**은 서강대 경영학과를 졸업하고 서울신문 문화부 국제부 경제부 기자로 일했다. 지금은 전문 번역가로 활동하고 있으며 옮긴 책으로는 '투자의 전설 앤서니 볼턴' '내 인생을 바꾼 한권의 책' '달콤한 불행' '훌륭한 인생에 관한 여섯 개의 신화' 등이 있다.

감수자 **박희준**은 서울대 영어영문학과와 같은 학교 대학원을 졸업했다. 서울신문 사회부 경제부 국제부 기자 와 파이낸셜 뉴스 논설위원, 정치경제부장을 거쳐 지금은 아시아경제신문 부국장 겸 정보과학부장으로 있다.

책임혁명

초판 1쇄 인쇄 | 2011년 1월 2일
초판 1쇄 발행 | 2011년 1월 6일

지은이 | 제프리 홀렌더 · 빌 브린
옮긴이 | 손정숙
감수 | 박희준
펴낸이 | 이기동
편집주간 | 권기숙
홍보 | 노효성
마케팅 | 이동호 유민호
주소 | 서울시 성동구 성수1가 1동 656-410 홍성빌딩 4층
이메일 | icare@previewbooks.co.kr
홈페이지 | www.previewbooks.co.kr

전화 | 02)3409-4210
팩스 | 02)3409-4201
등록번호 | 제206-93-29887호

교열 | 이정인
편집디자인 | 에테르
인쇄 · 제본 | 상지사 P&B

ISBN 978-89-962763-7-1 03320